★升级版★

U0734568

新编公文写作一本通

格式、技巧与范例大全

/ 第2版 /

笔杆子训练营◎编著

人民邮电出版社

北 京

图书在版编目（CIP）数据

新编公文写作一本通：格式、技巧与范例大全 / 笔杆子训练营编著. -- 2版. -- 北京：人民邮电出版社，2021.4
ISBN 978-7-115-55936-4

Ⅰ. ①新… Ⅱ. ①笔… Ⅲ. ①公文－写作 Ⅳ. ①C931.46

中国版本图书馆CIP数据核字(2021)第019221号

内 容 提 要

本书共 10 章，具体包括公文基础知识，公文要素与格式说明，公文行文规则与规范，以及党政机关公文，法规、规章公文，公务往来公文，告启公文，礼仪公文，活动庆典公文和计划公文 7 类公文范例与解析。本书设置了"专家点拨""写作技巧""扩展阅读"等栏目，并提供了大量的公文写作电子模板和案例，帮助读者更好地理解公文写作的技巧。

本书可以作为党政机关、企事业单位人员学习公文写作的案头参考书。

◆ 编　　著　笔杆子训练营
　　责任编辑　刘 尉
　　责任印制　王 郁　焦志炜

◆ 人民邮电出版社出版发行　　北京市丰台区成寿寺路 11 号
　　邮编　100164　电子邮件　315@ptpress.com.cn
　　网址　https://www.ptpress.com.cn
　　北京七彩京通数码快印有限公司印刷

◆ 开本：787×1092　1/16
　　印张：15　　　　　　　　　　　2021 年 4 月第 2 版
　　字数：358 千字　　　　　　　　2025 年 11 月北京第 10 次印刷

定价：59.80 元

读者服务热线：(010)81055256　印装质量热线：(010)81055316
反盗版热线：(010)81055315

前　言

我们都知道，公文就是公务文书，但大家真的了解公文吗？

公文写作是照本宣科、依葫芦画瓢的工作？很多人认为公文写作都是千篇一律的，内容差别不大。实际上，同类公文的相同之处只是公文的写作格式，如标题的结构，发文机关是否省略，开头是否要概述目的、意义等。但对于不同领域、不同工作而言，公文的内容则是不同的，我们应当根据实际情况、实际需要进行公文的撰写，切忌滥用、错用公文。

公文写作枯燥乏味，毫无乐趣可言？公文的内容主要是文字，文字就一定枯燥乏味吗？答案自然是否定的。那关于工作的文字就肯定没有任何乐趣？也不尽然！公文写作有时需要引经据典，有时需要通过各种案例来引出观点，这些生动的案例都使公文并不像想象中那么单调乏味。只要认真研究公文，就会发现其中的妙处。

"公文写作以见政绩为重点"，这种观点难免以偏概全了。绝大多数的公文，都是以指导工作为前提的。没有上级对下级的指示，下级的工作就没有参考；没有下级对上级的意见、请示，上级就无法得知下级的工作情况和具体想法。

公文为什么这么重要？原因在于它是国家机关、企事业单位及其他各种社会组织在行使职权和实施管理的过程中所形成的具有法定效力与规范格式的文书，是传达政令，指导、布置和商洽工作，请示和答复问题，报告和交流情况，联系公务，记载工作活动的重要工具。因此，规范的公文是机关单位和组织执行规章制度并进行规范化管理的重要依据。公文对建立一个现代化、标准化、规范化、高效化的组织有着不可小觑的作用。

本书在编写过程中，以党和国家现行的公文行文规则为依据，全面且系统地展现了当前公文学研究的新成果，具有较高的指导价值和现实效用。同时，本书并没有从一开始就介绍各类公文的具体写作方法与格式要求，而是首先介绍了与公文相关的各种基础知识，如公文的作用、特点、分类、拟制方法、版面用纸要求等，这些内容可以让读者在正式学习公文写作之前对公文有较为全面的认识，为后面学习公文写作打下坚实的基础。只有这样，读者才能在面对各种各样的公文时，做到胸有成竹、行文流畅，顺利地完成公文写作。

本书本着使读者快速理解，迅速掌握常用公文的写作技巧，从而在撰写公文时既标准规范又得心应手，最终成为"笔杆子"这一目的出发，全面而通俗地讲解了各种公文的格式和写作方法，并引入了大量的实用范例，方便党政机关、企事业单位人员在各种具体情况中理解、把握公文的写作要领。

本书自第1版推出后，深受广大公文写作者的青睐，在同类书中取得了很好的销售成绩。

为了回馈读者，本次改版重点对范例进行了更新，并增加了50多个新的范例以供参考。全书语言更加严谨和准确，并修正了第1版中的一些具有瑕疵的内容，进一步提升了质量，以帮助更多的公文写作者解决工作和学习中的各种问题，最终提高自己的公文写作水平。

【本书特色】

- **先讲理论，后讲范例**。本书对公文的基础知识进行了全面讲解，在此基础上，再依次介绍各类公文的写作方法，这样便于读者更好地消化与吸收。

- **种类齐全，范例丰富**。本书对各类公文都给出了典型的范例，让读者可以参考学习，并对各类公文的特点、类型、写作方法、写作格式进行了详细讲解，从而使读者对公文有更系统的认识。

- **栏目多样，知识面广**。本书设置了"专家点拨""写作技巧""扩展阅读"等栏目，在丰富本书内容的同时，可以使读者获取更多与公文相关的有实用价值的内容。

- **海量模板与案例下载**。本书提供了大量的公文写作模板和案例，读者可登录人邮教育社区（http://www.ryjiaoyu.com/）免费下载使用。此外，读者也可以直接扫描本书前勒口下方的二维码，填写邮箱地址，便可自动以邮件形式接收资源。

本书在编写过程中，参考了一些公文写作书籍，在此对这些书籍的作者和对本书的出版给予帮助与支持的朋友们表示衷心的感谢。恳请专家、读者对书中的疏漏和不成熟之处进行批评指正。

编者

2020年12月

目　录

> **第5章**

法规、规章公文范例与解析

> **第6章**
公务往来公文范例与解析

> **第7章**
告启公文范例与解析

> 第10章
计划公文范例与解析

参考文献

第1章

公文基础知识

公文，是公务文书的简称，是各级各类国家机构、社会团体和企事业单位在公务活动中，按照特定的格式，经过一定的处理程序，形成和使用的书面材料和文件。

在处理各种公务的过程中，公文是一种必不可少的工具，它可以在扩大宣传、增加影响、促成合作、消除弊端、展示礼仪等方面，更好地为各种公务活动服务。换句话说，正确掌握公文的写作方法和使用方法，是提高处理公务能力和优化公务活动结果的一种有效手段。

而要想真正掌握各种公文的写作方法，则应该对公文的特点与作用、分类、拟制与办理、用纸与版面、印制与装订等有所了解，为后期学习公文写作打下基础。

1.1 » 公文的特点与作用

公文是指法定的组织和个人在公共事务活动中形成并固定使用，以直接发挥其社会管理效能和法定效力的文书等信息载体，是国家机构与其他社会组织在公务活动中为行使职权、实施管理而制作的具有法定效用和规范格式的文件。

1.1.1 公文的特点

公文有其自身的特点，主要体现在公务性、可靠性、特定性、实用性、时效性、规范性、政策性和权威性几个方面。

1．公务性

公务性，指的是公文以处理公共事务为内容。即公文的内容反映和传达的是社会组织的公务信息。

2．可靠性

可靠性即真实性，指的是公文涉及的事实以及所引用的材料和数据都必须真实可靠，不得有任何虚假和错漏。写作公文时一定要核准材料和数据，确保可靠性和真实性。

除材料和数据要真实可靠以外，公文在方针政策方面也应该真实可靠。制定方针政策时，要从客观实际出发，要遵循事物发展的客观规律，要科学地进行拟定。

3．特定性

特定性首先是指公文的作者是特定的，公文必须是由法定的作者拟定和发布，这和文学作品的作者没有特殊限定是有区别的。公文的法定作者是指依据法律法规确立的，能以自己的名义行使其法定权利和承担一定义务的机关、组织或相应的法定代表人。也就是说，有权进行公文写作的社会组织，必须依照法律在有关政府部门登记注册。

其次，公文的读者，即公文的行文对象也是具有特定性的，不同的公文面向的读者不同，这是由公文自身具有的特定功能而决定的。如在公文格式上的"主送机关""抄送机关"等元素，就是为了指定目标读者而对公文做的格式设置。

最后，公文的处理程序也是特定的。公文的处理质量、处理过程和处理结果直接关系到国家利益和广大人民群众的切身利益。因此，公文的处理程序具有高度的政治性、权威性、周密性和机密性，对公文进行处理时必须要履行法定的程序。

4．实用性

公文是用来处理公务的文书。作者必须根据现实需要，针对实际问题而制发（制作和发布）公文，且要有明确的写作目的。特别是党政机关制发的公文，要求深入实际、联系群众、调查研究、实事求是、认真负责，克服官僚主义、形式主义、文牍主义，行文要少而精，注重效用。

另外，公文的制发是为了解决现实生活中出现的问题和矛盾，也是党政机关或企事业单位传达意图、颁布法规，进行公务活动的工具，这就进一步要求公文要有实用性，能够解决实际问题，能够在各种公务活动中真正起到作用。

5．时效性

时效性即时间性。公文所针对的问题，总是在特定的时间范围之内的，一旦该时期结束，公文的实用价值也会减弱甚至消失。所以，公文的写作、传递和办理，都要求迅速及时。

公文是党政机关、企事业单位在进行各种活动时形成的文书，是解决问题的一种手段，每一份公文都有具体的拟定目标和公务职能。这就要求利用公文进行公务处理、解决问题时要迅速、及时，因此公文必须具有一定的时效性。如在公文中明确规定生效时间，或未明确规定，而是将成文日期作为生效时间等，都体现了公文的时效性。

6．规范性

公文的撰写，从起草到成文，再到收发、传递、执行、立卷、归档、销毁等各个方面，都要遵循一定的规范化制度。同时，每一种公文都有其特定的格式，在文体、结构、用纸尺寸、文件标记等方面都有统一规定，且只适用于特定的范围，用来表达特定的内容。随着社会和科技的发展，公文的标准化和现代化变得越发重要，对公文的格式也有了更加严格的规定，这都对公文的规范性提出了更高的要求。

7．政策性

党政机关的公文是党政机关行使管理职能、办理具体事务的重要工具，是维护和发展社会主义制度、建设物质文明和精神文明的保障。各级党政机关制发的公文都必须用来贯彻执行党和国家的有关政策，执行国家的法律法规。因此，公文具有明显的政策性，是观点鲜明且郑重严肃的一种文体。

8．权威性

公文是为表达意志、处理公务等工作活动而拟定的，是各级党政机关和企事业单位处理公务、开展工作、进行管理的法定依据。要想实现这些目的，公文就必须具有一定的权威性，否则就无法保证任务的顺利执行和工作的成功开展。

1.1.2 公文的作用

公文是应用文中最重要、用途最广泛的文体之一，它具有以下几个方面的作用。

1．领导和指导作用

公文虽然种类繁多，但都体现了党和国家的意志，是党政机关进行管理的工具。上级机关通过制发公文来传达党的路线方针政策，颁布国家的法律法规，组织开展各种公务活动，以及责成下级机关严格按照所发公文的要求，采取切实有效的措施予以贯彻落实。当然，上级机关制发的公文不一定都具有指令作用，有的只对本行业、本系统的业务工作提出原则性的指导意见，要求下级机关结合本地区、本部门的实际情况，灵活地贯彻执行。但无论是哪种情况，公文一经拟定与下发，下级机关，无论是各个行政机关还是企事业单位，都必须严格执行公文中的规定。如果脱离了公文的领导和指导作用，那么管理工作就会变得无章可循。

2．规范和约束作用

党政机关所使用的公文中，有一部分是用来颁布行政法规、发布各种命令、制定法律的，如条例、规定、办法等。这类公文是一定范围内人们行动的准则或行为的规范，具有明显的规范作用和约束作用，一旦制发生效，各行政机关和企事业单位就必须遵照执行，不得违反。党和国家通过强制手段保证公文的执行，以维护它的权威性，使其真正起到规范和约束作用。

3．宣传和教育作用

要想顺利并及时地贯彻实施党和国家的路线方针政策，除了要制定正确的、符合广大人民群众利益的路线方针政策外，还需要利用公文进行宣传。党政机关在制发许多重要的公文时，往往要在做出工作部署、提出贯彻要求的同时，分析国际国内形势，阐明党的理论、路线、方针、政策和国家的法律法规，对广大干部群众进行宣传教育，以便统一思想认识，增强贯彻执行的自觉性。一些公文，如表彰性或批评性的通告，就是为了达到宣传教育目的而制发的，其宣传和教育作用尤为突出。

另外，党和国家的各级机关会制发一部分可以对广大干部群众进行思想教育的公文，以提高人们的认识，启发人们的觉悟，增强人们建设新时代中国特色社会主义的信心，以及调动建设新时代中国特色社会主义的积极性。

4．依据和凭证作用

公文作为处理公务的专用文书，反映了发文机关的意图，具有法定的效力，是收发机关做出决策、处理问题、开展工作的依据和凭证。公文的时效性，本身也是各机关进行各种公务活动的依据。上级机关制发的公文，如决议、决定、通知等，是下级机关开展工作的依据和凭证；下级机关制发的公文，如请示、报告等，是上级机关做出决策、指导工作的依据和凭证；平级或不相隶属机关制发的公文，如各种函件等，则是双方交流情况、洽谈工作的依据和凭证。

当然，公文在完成其使命后，会被整理归档，这也会对各项工作起到记载、参考等作用。

5．沟通和联系作用

党政机关、企事业单位和其他社会组织都要通过制发公文来联系和商洽工作，传递和反馈信息，介绍和交流经验，公文在其中便起到了很好的沟通和联系作用，是它们之间的桥梁和纽带。例如，公告、通告、通知、通报、报告、请示、函等都具有沟通交流的作用，可以增强各个机关单位之间的联系，实现更好的沟通，既方便上情的下达，也方便下情的上传。有了公文这座交流与沟通的"桥梁"，党政机关、企事业单位、社会组织就都有可能做到有效沟通、互相了解，可以更好地进行配合、协作，有利于各项工作的开展。

6．组织和协调作用

公文是党和国家、各单位制订计划、进行决策并予以实施的载体，这些计划和决策依附公文而化为具体的执行过程。因此，公文是党和国家、各单位进行各种组织活动的重要工具，是组织各种机关单位进行活动、实施计划与决策的工具。例如，上级可以通过命令、意见、决议等公文对下级的工作进行组织并提出具体实施要求；下级也可以通过请示、报告等公文对上级的工作计划、意图等进行深入了解与掌握，从而顺利开展活动。

公文的协调作用则是指调整与改善各个行政机关、各个部门以及各个社会团体之间的关系，使之协调、有序，最终使各项工作顺利开展，各种管理工作有条不紊地进行。例如，通过制定决议、决定来规范协调人们的活动；通过颁布法令来纠正不良行为；通过制定条例、规定来规范约束人们的行为等。公文的这种协调作用，有利于党和国家、企事业单位、社会各界组织齐心协力完成各项工作。

1.2 » 公文的分类

公文的种类很多，按照行文关系、性质作用、来源、秘密程度、紧急程度、地位等标准，可以划分出不同的类型。

1.2.1 按照行文关系来划分

行文关系可以理解为公文的传递方向，按这种标准划分，公文可以分为下行文、上行文、平行文。

◆ **下行文：**指上级机关向所属下级机关发送的各类公文，如命令（令）、决定、决议、公告、通告、通知、通报、批复等。下行文可以逐级行文，即上级机关把公文下发到直属的下一级机关；也可以多级行文，即上级机关将公文同时下发到其领导范围内的多层机关；还可以直接发送给基层群众，即上级机关通过登报、张贴、广播电视传送等方式，直接向广大人民群众行文。

◆ **上行文：**指下级机关向上级领导机关呈送的各类公文，如请示、报告等。需要注意的是，行文关系根据隶属关系和职权范围来确定，下级一般不得越级请示和报告。也就是说，下级机关只能向直接主管的上级领导机关行文，特殊情况下才可越级行文。

◆ **平行文：**指同级机关或没有隶属关系的机关之间往来的各类公文，如通知、函、议案等。如同级的行政机关、企事业单位和其他社会组织之间，只要有公务需要联系，都可以通过函的形式来洽谈工作、询问或答复问题、审批事项等。

1.2.2 按照性质作用来划分

按照性质作用来划分，公文可以分为指令性公文、报请性公文、规定性公文、告知性公文、计划性公文、商洽性公文、证明性公文、实录性公文、多用性公文。

◆ **指令性公文：**指上级机关给下级机关布置工作，阐明工作活动的指导原则、方法和措施时使用的公文，如决议、命令、决定、批复、指示性通知等。指令性公文是下级机关开展和安排工作的依据，也是上级机关解决问题和指导工作的手段，直接反映上级机关的意见与意图，内容明确具体，语言精练确切，具有一定的强制性。

◆ **报请性公文：**指下级机关向上级机关报告工作、反映情况、请求指导和批复的公文，如请示、报告、带有请求批准事项的函、议案等。报请性公文一般是上行文，其内容独立，使用汇报性语气。

◆ **规定性公文：**指行政机关对某项具体工作或行动做出直接、明确、规范的要求的具有约束力的公文，如规定、办法、守则、细则等。规定性公文具有行文的针对性、使用的普遍性两个特点，内容以说明为主，简明扼要，多用肯定语气。

◆ **告知性公文：**指公开发布重大事件、重要事项，或者在一定范围内公布应当遵守或周知的事项时使用的公文，如公告、通告、通报等。告知性公文一般没有具体的受文对象，主要以登报、广播和张贴等方式发布，用语严谨庄重，简明易懂。

◆ **计划性公文：** 指行政机关对一定时期内的工作事先进行筹划安排而形成的公文，如规划、计划、方案等。计划性公文在内容上一般重点突出、目标明确、任务具体、要求可行、措施得当，具有预设性、针对性、指导性等特点。

◆ **商洽性公文：** 指不相隶属机关或单位之间相互商洽工作、询问或答复问题，或向有关主管部门请求批准有关事项的公文，如各类函件等。商洽性公文以其灵活简便的优点深受各机关、企事业单位、社会组织的青睐，使用频率较高。

◆ **证明性公文：** 指有关单位向有关方面提供某件事情或某个人的身份、经历、职务、职称、工作等真实状况的公文，如介绍信、证明信等。特别是制式介绍信、制式证明信等，因其简明、正规等优点，为大多数单位采用。

◆ **实录性公文：** 指对有关情况进行记录整理而形成的公文，如纪要、会议记录等。实录性公文的内容要求准确，不能擅自修改，也不能有疏漏。

◆ **多用性公文：** 指适用于多种情形的公文，如函、批复、意见、通知等。这类公文又可细分为多种类型，可以用于许多公务活动。

1.2.3 按照来源来划分

按照来源来划分，公文可以分为外发公文、收进公文、内部公文3种。

◆ **外发公文：** 指本机关制作的向外机关发出的公文，简称发文。外发公文是为传达本机关意图而发往需要与本机关联系的机关的文件。

◆ **收进公文：** 指本机关收到的从外机关发来的公文，简称收文。收进公文是为传达外机关的意图而发送到本机关的文件。如国家林业和草原局向国务院发出的报告，对国务院而言就是收进公文。又如上级机关发来的指示、通知，下级机关送来的报告、请示，同级机关或不相隶属机关送来的公函等，都是本机关的收进公文。

◆ **内部公文：** 指本机关制作并在内部使用的公文。如机关内部的规章制度、会议记录、工作计划、经验总结以及内部的通知、通报等。

1.2.4 按照秘密程度来划分

按照秘密程度来划分，公文可以分为绝密公文、机密公文、秘密公文、普通公文4种。其中绝密公文、机密公文、秘密公文，是指内容涉及党和国家机密，需要控制知密范围和知密对象的公文。

◆ **绝密公文：** 指内容涉及党和国家最重要的秘密，一旦泄露会使国家的安全和利益遭受特别严重损害的公文。这类公文的最长保密期限为30年。

◆ **机密公文：** 指内容涉及党和国家重要的秘密，一旦泄露会使国家的安全和利益遭受严重损害的公文。这类公文的最长保密期限为20年。

◆ **秘密公文：** 指内容涉及党和国家一般的秘密，一旦泄露会使国家的安全和利益遭受一定损害的公文。这类公文的最长保密期限为10年。

◆ **普通公文：** 指内容不涉及党和国家的任何秘密，可以在各级机关、各有关单位内部传阅的公文。

1.2.5 按照紧急程度来划分

按照紧急程度来划分，公文可以分为特提公文、特急公文、加急公文、平急公文4种。所谓的紧急程度，就是对公文承办时限的要求。

◆ **特提公文：** 指事情特别重大、特别紧急，需要打破常规，优先迅速传递办理的公文。特提公文是国务院新的公文处理办法为电报新设的紧急等级，强调其在公文处理中的特殊性。

◆ **特急公文：** 指内容特别重要，情况特别紧急，需要迅速传递办理的公文。特急公文是发文机关要求受文机关紧急处理的公文。它要求在安全、保密的前提下，把承办时间压缩到最短。

◆ **加急公文：** 指内容很重要、情况很紧急，需要马上传递的公文，如公文中的"加急"件、电报中的"加急"件等。加急公文在紧急程度上仅次于特急公文，受文机关在处理时也要争分夺秒，以免延误。

◆ **平急公文：** 指内容比较重要、情况比较紧急、应该及时传递办理的公文，如公文中的"急件"、电报中的"平急"件等。平急公文虽然在急缓程度上比特提公文、特急公文、加急公文低一些，但时限要求也很紧迫，不可掉以轻心。

> 👤 **专家点拨**
>
> 以纸质印发形式传递的公文，其紧急程度只有2种，分别是"特急"和"加急"；以电报形式传递的公文，其紧急程度则有4种，即"特提""特急""加急""平急"。

1.2.6 按照地位来划分

按照地位来划分，公文可以分为法定公文和普通事务性公文2种。

◆ **法定公文：** 指党和国家在公文管理法规中做出了明确规定，具有规范的格式、严格的行文规则和处理程序，一经印发即具有法律效力的公文。如各种条例、办法类公文等。

◆ **普通事务性公文：** 指各级机关和各类组织在法定公文之外，处理日常工作时经常使用的公文。这类公文没有法定的格式和效力，灵活性比较大。如总结、简报、计划、调查报告等。

1.3 » 公文的拟制与办理

无论是从事行政事务，还是从事专业工作，都要学会公文的写作方法，同时还应该了解并熟悉如何通过拟制、办理公文来传达政令政策、处理公务，以协调各种关系，使工作正常、高效地进行。

1.3.1 公文拟制

公文拟制主要涉及三大环节，分别是公文起草、公文审核以及公文签发。

1. 公文起草

公文起草是指公文写作者按照领导或领导机关的指示精神，从领命、准备、构思到写完公文初稿的行为过程。起草公文时应注意以下7点。

（1）符合党的理论路线方针政策和国家法律法规，完整准确体现发文机关意图，并同现行有关公文相衔接。

（2）一切从实际出发，分析问题实事求是，所提政策措施和办法切实可行。

（3）内容简洁，主题突出，观点鲜明，结构严谨，表述准确，文字精练。

（4）文种正确，格式规范。

（5）深入调查研究，充分进行论证，广泛听取意见。

（6）公文涉及其他地区或者部门职权范围内的事项，起草单位必须征求相关地区或者部门意见，力求达成一致。

（7）机关负责人应当主持、指导重要公文起草工作。

2．公文审核

公文文稿签发前，应当由发文机关办公厅（室）进行审核。审核时应重点注意以下6点。

（1）行文理由是否充分，行文依据是否准确。

（2）内容是否符合党的理论路线方针政策和国家法律法规；是否完整准确体现发文机关意图；是否同现行有关公文相衔接；所提政策措施和办法是否切实可行。

（3）涉及有关地区或者部门职权范围内的事项是否经过充分协商并达成一致意见。

（4）文种是否正确，格式是否规范；人名、地名、时间、数字、段落顺序、引文等是否准确；文字、数字、计量单位和标点符号等用法是否规范。

（5）其他内容是否符合公文起草的有关要求。

（6）需要发文机关审议的重要公文文稿，审议前由发文机关办公厅（室）进行初核。

3．公文签发

公文签发是指机关领导对审核的文稿进行最后的审定并签署印发，是文件定稿的最后环节，是领导对公文进行严格把关的一项决策性程序。签发公文时应注意以下2点。

（1）经审核不宜发文的公文文稿，应当退回起草单位并说明理由；符合发文条件但需要进一步研究和修改的，由起草单位修改后重新报送。

（2）公文应当由本机关负责人审批签发。重要公文和上行文由机关主要负责人签发。党委、政府的办公厅（室）根据党委、政府授权制发的公文，由受权机关主要负责人签发或者按照有关规定签发。签发人签发公文时，应当签署意见、姓名和完整日期；圈阅或者签名的，视为同意。联合发文由所有联署机关的负责人会签。

1.3.2　公文办理

公文办理主要是与接收公文、发布公文、保管公文等相关的工作，具体包括收文办理、发文办理和整理归档。

1．收文办理

收文办理是指收进外部送达本机关、本单位的公务文书和材料，包括文件、电报、信函等。收文办理的主要程序如下。

（1）签收。对收到的公文应当逐件清点，核对无误后签字或者盖章，并注明签收时间。

（2）登记。对公文的主要信息和办理情况应当详细记载。

（3）初审。对收到的公文应当进行初审。初审的重点是：是否应当由本机关办理，是否符合行文规则，文种、格式是否符合要求，涉及其他地区或者部门职权范围内的事项是否已经协商、会签，是否符合公文起草的其他要求。经初审不符合规定的公文，应当及时退回来文单位并说明理由。

（4）承办。阅知性公文应当根据公文内容、要求和工作需要在确定范围后分送。批办性公文应当提出拟办意见并报本机关负责人批示或者转有关部门办理；需要两个以上部门办理的，应当明确主办部门。紧急公文应当明确办理时限。承办部门对交办的公文应当及时办理，有明确办理时限要求的应当在规定时限内办理完毕。

（5）传阅。根据领导批示和工作需要将公文及时送传阅对象阅知或者批示。办理公文传阅应当随时掌握公文去向，不得漏传、误传、延误。

（6）催办。及时了解和掌握公文的办理进展情况，督促承办部门按期办结。紧急公文或者重要公文应当由专人负责催办。

（7）答复。公文的办理结果应当及时答复来文单位，并根据需要告知相关单位。

2．发文办理

发文办理指的是机关内部为制发公文而进行的一系列管理活动，其主要程序如下。

（1）复核。已经发文机关负责人签批的公文，印发前应当对公文的审批手续、内容、文种、格式等进行复核；需要进行实质性修改的，应当报原签批人复审。

（2）登记。对复核后的公文，应当确定发文字号、分送范围和印制份数并详细记载。

（3）印制。公文印制必须确保质量和时效。涉密公文应当在符合保密要求的场所印制。

（4）核发。公文印制完毕后，应当对公文的文字、格式和印刷进行检查后分发。

需要注意的是，涉密公文应当通过机要交通、邮政机要通信、城市机要文件交换站或者收发件机关机要收发人员进行传递，通过密码电报或者符合国家保密规定的计算机信息系统进行传输。

3．整理归档

整理归档指的是各机关、企事业单位和社会组织对活动中形成的、办理完毕的、应作为文件档案保存的各种纸质文件材料，按相互之间的联系和不同的价值，进行保管和再利用。整理归档时需要注意以下几点。

（1）对于需要归档的公文及有关材料，各机关等应当根据有关档案的法律法规以及机关档案管理规定，及时收集齐全、整理归档。

（2）对于两个以上机关联合办理的公文，原件由主办机关归档，相关机关保存复印件。

（3）机关负责人兼任其他机关职务的，在其履行所兼职务过程中形成的公文，由其兼职机关归档。

1.4 » 公文的用纸与版面

公文是一种特殊的文体，它的各种特点决定了其特殊性。因此对公文的用纸与版面也有非常明确的标准和要求。

1.4.1 公文用纸主要技术指标

公文用纸在纸张定量、纸张类型、纸张白度、横向耐折度、不透明度、pH值等参数上有明确的规定，具体如下。

- ◆ **纸张定量：**$60g/m^2 \sim 80\ g/m^2$。即每平方米纸或板纸的质量，俗称"克重"。
- ◆ **纸张类型：**胶版印刷纸或复印纸。
- ◆ **纸张白度：**80%～90%。即纸张显示出来的白色的纯度。
- ◆ **横向耐折度：**≥15次。即纸张抵抗横向往复折叠的能力。
- ◆ **不透明度：**≥85%。即纸张的透光度。
- ◆ **pH值：**7.5～9.5。即纸张的酸碱值。

1.4.2 公文版面

公文版面主要涉及幅面尺寸、版心与页边尺寸、文字内容等，这些也有严格的规定。公文版面的部分参数如图1-1所示。

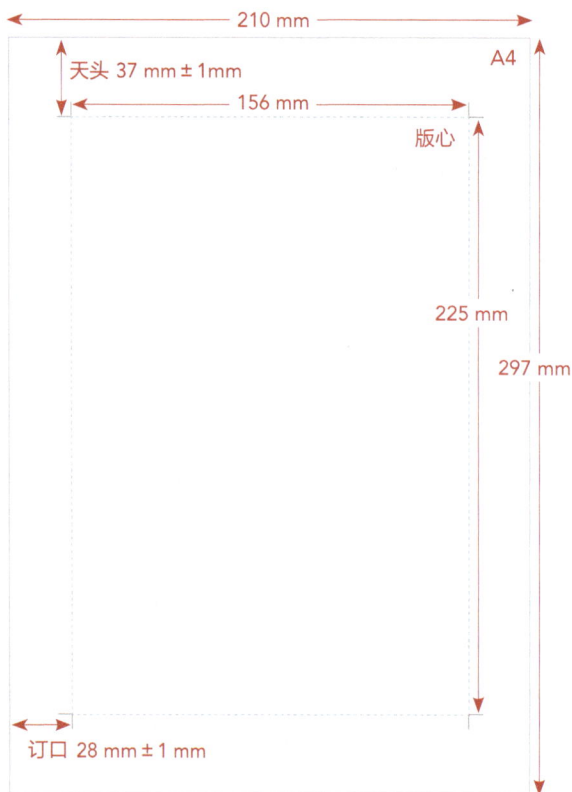

图1-1 公文版面的部分参数

1．幅面尺寸

幅面尺寸即纸张大小，公文用纸采用A4型纸，其成品幅面尺寸为210 mm×297 mm（前者表示宽度，后者表示高度）。

2．版心与页边尺寸

公文用纸的版心尺寸与页边距的规定如下。

◆ **版心：** 即图1-1中内侧虚线矩形框的范围。公文版心的尺寸为156 mm×225 mm（前者表示宽度，后者表示高度）。

◆ **天头：** 即版心上边框与纸张上边框之间的距离。公文纸张的天头距离规定为37 mm±1mm，即36mm～38 mm。

◆ **订口：** 即版心左边框与纸张左边框之间的距离。公文纸张的订口距离规定为28 mm±1 mm，即27mm～29 mm。

3．文字内容

公文写作对文字内容的格式也有严格规定，主要涉及字体、字号、行数、字数、文字的颜色等。

◆ **字体和字号：** 公文所用文字的格式一般规定为3号仿宋体字。特定情况下可以进行适当调整。

◆ **行数和字数：** 一般每面排22行，每行28个字，并撑满版心。特定情况下可以进行适当调整。其中，行表示公文中纵向距离的长度，一行是指一个汉字的高度加3号汉字高度的7/8的距离。字表示公文中横向距离的长度，一字是指一个汉字宽度的距离。

◆ **文字的颜色：** 写作公文时，如无特殊说明，所用的文字颜色均为黑色。

1.5 » 公文的印制与装订

公文的印制与装订也是学习公文写作时需要了解的一个方面。印制主要涉及打印方面的相关规定和要求；装订则主要针对打印后如何按规定将多页公文装订在一起。

1.5.1 公文印制

对公文印制的要求，主要包括两个方面，一是公文版面和内容在印制出成品时的规定，二是对印制效果的规定，具体如下。

（1）公文印制时，要求版面干净无底灰，字迹清楚无断笔画，尺寸标准，版心不斜，误差不超过1mm。

（2）公文应该双面印刷，页码套正，两面误差不超过2mm。黑色油墨应达到色谱所标BL100%，红色油墨应达到色谱所标Y80%、M80%。同时，印制出的成品应着墨实、均匀，字面不花、不白、无断笔画。

1.5.2 公文装订

对公文装订的总体要求是：公文应左侧装订，不掉页，2页页码之间误差不超过4 mm，裁切后的成品尺寸允许误差±2 mm，四角呈90°，无毛茬或缺损。

另外，对于骑马订或平订的公文，其装订有特殊规定，具体如下。

（1）订位为两钉外订眼距版面上下边缘各70 mm处，允许误差±4 mm。

（2）无坏钉、漏钉、重钉，钉脚平伏牢固。

（3）骑马订钉锯均订在折缝线上，平订钉锯与书脊间的距离为3 mm～5 mm。

（4）包本装订公文的封皮（封面、书脊、封底）与书芯应吻合、包紧、包平、不脱落。

👤 专家点拨

骑马订是指将书页对折后，钉锯订于折缝线上的装订方法，由于多张书页对折并分开后，装订时的动作类似马匹上鞍，因此被称为骑马订；平订则是从封面装订至封底的一种装订方法，如图1-2所示。

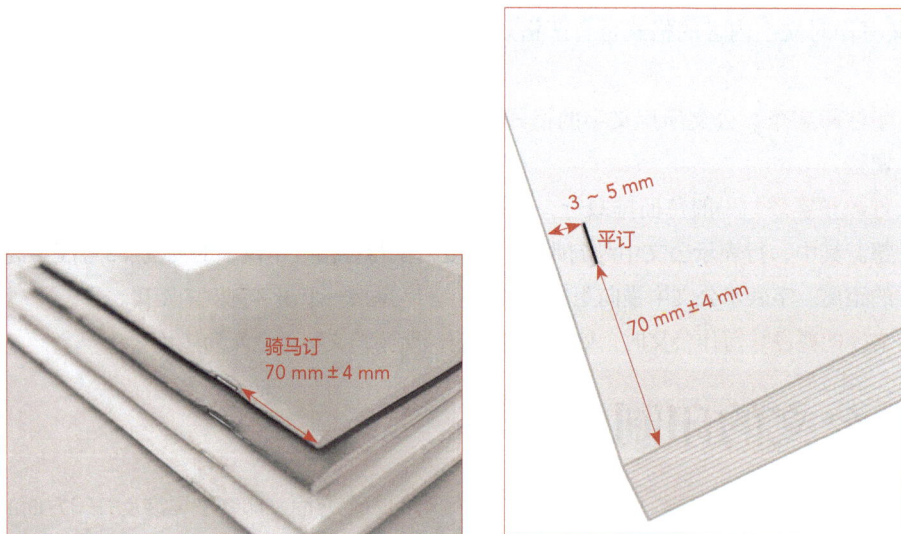

图 1-2　骑马订和平订的示意图

第2章

公文要素与格式说明

公文由许多要素构成，这些要素都有相应的写作格式。本书按照《党政机关公文格式》的划分标准，将版心内各公文格式要素划分为版头、主体、版记3部分。

公文首页红色分隔线以上的部分称为版头；公文首页红色分隔线（不含）以下、公文末页首条分隔线（不含）以上的部分称为主体；公文末页首条分隔线以下、末条分隔线以上的部分称为版记。

版头、主体、版记各自又包含许多要素，本章将对这些要素的格式进行详细说明，为后面公文的写作打下坚实的基础。

扫一扫

党政机关公文格式

2.1 » 版头

公文的版头包括六大要素，分别是份号、密级和保密期限、紧急程度、发文机关标志、发文字号、签发人。图2-1所示为标准的公文版头格式。

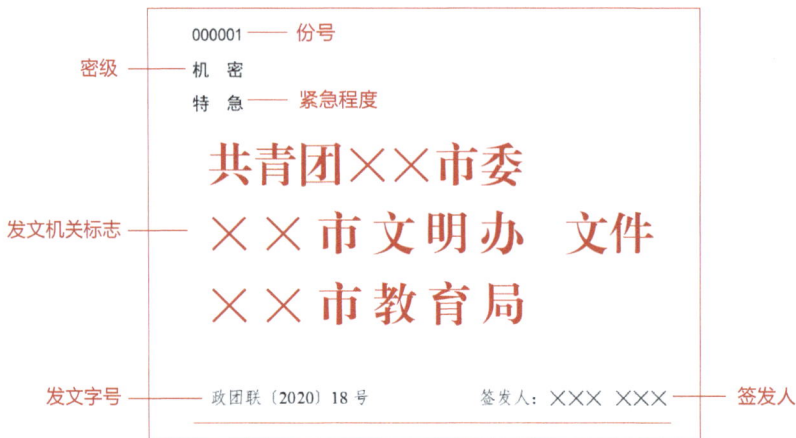

图 2-1　公文版头格式

2.1.1　份号

份号是指公文印制份数的顺序号，一般用6位3号阿拉伯数字表示，标注在首页版心左上角第一行，如图2-1所示的"000001"，常用黑体。如印制了10份，则每份公文的份号分别为"000001～000010"这10个序列数字。

需要注意的是，一般公文不要求标注份号，涉密公文，即绝密、机密、秘密3类公文则需要标注份号。另外，"办法"类公文一般只要求绝密、机密级别标注份号。

> **扩展阅读**　**份号与字号的区别**
>
> 份号与字号均是公文中的要素，但二者并不是同一概念。主要区别有以下几点：（1）内涵不同；（2）标识范围不同；（3）标识位置不同；（4）标识方法不同。扫描右侧二维码可详细了解二者的区别。
>
> 扫一扫
> **份号与字号的区别**

2.1.2　密级和保密期限

涉密公文必须标注密级，即绝密、机密、秘密，一般用3号黑体字，顶格编排在版心左上角第二行；保密期限中的数字用阿拉伯数字进行标注。密级和保密期限两者之间用"★"隔开，如"绝密★30年""机密★20年""秘密★10年"，如图2-2所示。

如果没有注明保密期限，则应按照国家保密期限的规定上限进行处理。《中华人民共和国保守国家秘密法》规定："确定国家秘密的密级，应当遵守定密

扫一扫
《中华人民共和国保守国家秘密法》

权限。中央国家机关、省级机关及其授权的机关、单位可以确定绝密级、机密级和秘密级国家秘密；设区的市、自治州一级的机关及其授权的机关、单位可以确定机密级和秘密级国家秘密。"

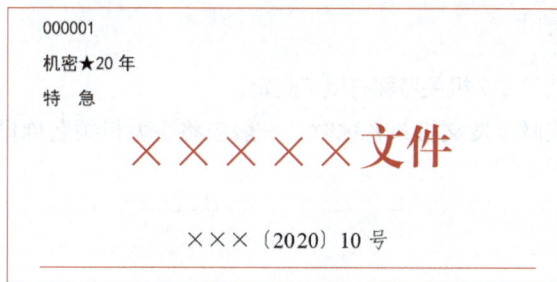

图 2-2　密级和保密期限的标注方法

2.1.3 紧急程度

紧急公文需要标注紧急程度，即"特急"或"加急"，一般用3号黑体字，顶格编排在版心左上角，紧急程度两个汉字之间空出一个汉字的距离。

当公文上需要同时标注份号、密级和保密期限，以及紧急程度这三大要素时，应该按照从上到下的顺序，依次编排份号、密级和保密期限、紧急程度。

扩展阅读　简述公文的紧急程度

从机关公文处理的具体实践来看，紧急公文一般以电报的形式发送，使用红头文件发送的情况较少，因而红头文件一般不标注紧急程度。个别文件确实需要标注紧急程度时才编排在公文之上，注意两字之间空一个汉字的间距。可扫描右侧二维码进行详细了解。

扫一扫

简述公文的紧急程度

2.1.4 发文机关标志

发文机关标志由发文机关全称或者规范化简称加"文件"二字组成，也可以使用发文机关全称或者规范化简称，而不用加上"文件"二字。如"中国共产党××市委员会文件"或"中国共产党××市委员会"。

就字体格式而言，发文机关标志应该居中排布，文字的上边缘与版心上边缘的距离约为35 mm，一般使用小标宋体字，颜色为红色，这样能使发文机关标志更加醒目、美观和庄重，如图2-3所示。

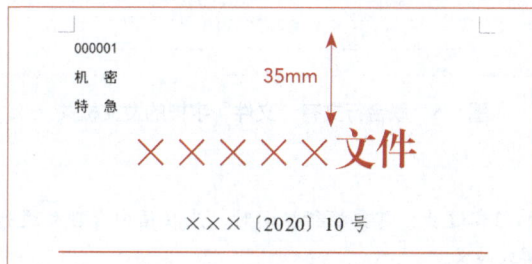

图 2-3　发文机关标志距版心上边缘的距离

✎ **写作技巧**

民族自治地方的公文，其发文机关标志可并用少数民族的文字和汉字，但要注意的是，少数民族的文字应当排在汉字的上方。

如果是联合行文，则对发文机关名称有以下规定。

（1）需要同时标注联署发文机关名称时，一般应将主办机关名称排列在最前面，如图2-4所示。

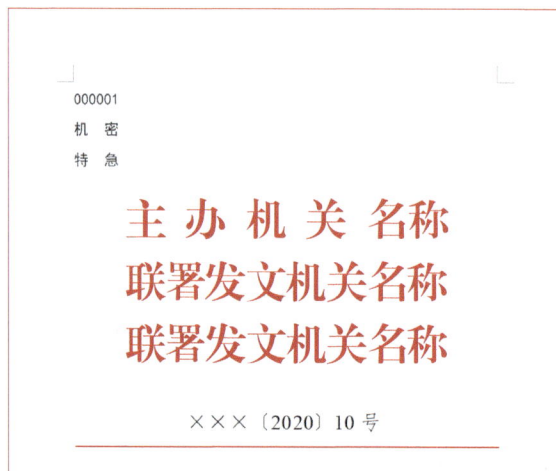

000001

机 密

特 急

主 办 机 关 名 称

联署发文机关名称

联署发文机关名称

×××〔2020〕10 号

图 2-4　联合行文无"文件"字样的发文机关

（2）需要标注"文件"字样时，应将该"文件"二字放置在发文机关名称右侧，以联署发文机关名称为准上下居中排布，如图2-5所示。

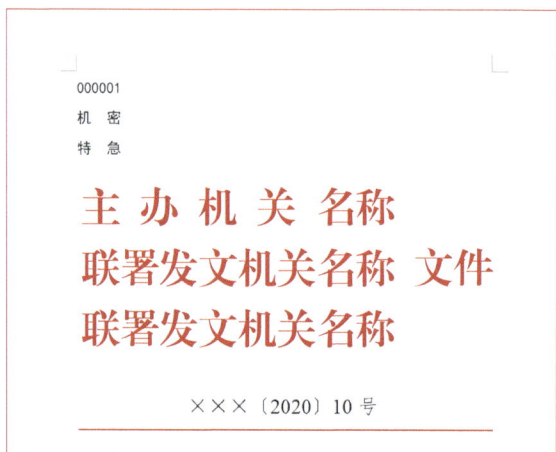

000001

机 密

特 急

主 办 机 关 名 称

联署发文机关名称 文件

联署发文机关名称

×××〔2020〕10 号

图 2-5　联合行文有"文件"字样的发文机关

👤 **专家点拨**

如果发文机关标志的内容过长，需要换行显示时，应在语句合理处进行切换，保证语句连贯，确保阅读时不会产生误解或歧义。

2.1.5　发文字号

发文字号编排在发文机关标志下空两行的位置，居中排布，它主要由发文机关代字、年份和发文顺序号3个部分组成。

◆ **发文机关代字：**由发文机关自行拟定，固定使用，不能经常更改，其构成方式一般为"地名代字＋机关代字＋分类代字"。如国务院办公厅发出的函件，其发文机关代字为"国办函"，又如济南市人力资源和社会保障局发出的文件，其发文机关代字为"济人社发"。

◆ **年份：**发文字号中的年份应标注为全称，用"〔　〕"括起来，不用加"年"字，如〔2020〕。

◆ **发文顺序号：**发文顺序号不加"第"字，不编虚位，如"1"应标注为"1"，而不能标注为"01"，同时需要在阿拉伯数字后加"号"字。

> **扩展阅读** | **浅谈发文字号规范化**
>
> 正确使用发文字号，也是公文写作规范化的一个方面。建议扫描右侧的二维码，查看其他专业人士对发文字号的规范化的说明，这对用好发文字号会有很大帮助。
>
> 扫一扫
>
> 浅谈发文字号规范化

发文字号的标注格式如图2-6所示。

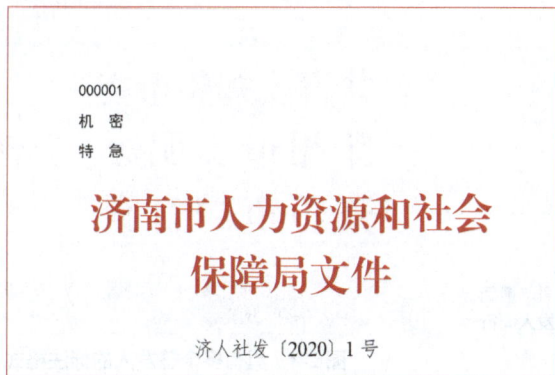

000001

机　密

特　急

济南市人力资源和社会保障局文件

济人社发〔2020〕1 号

图 2-6　发文字号的标注格式

2.1.6　签发人

签发人就是签发文件的人，是机关单位的领导人，一般为单位的正职或主要领导授权人。公文如果是上行文，则需要标注签发人。签发人的编排格式由"签发人"3个字、全角冒号（占一个汉字宽度）和签发人姓名组成。"签发人"3个字用3号仿宋体字，签发人姓名用3号楷体字。此时应在居右空一字的位置标注签发人，并将其编排在发文机关标志下空两行的位置；在居左空一字的位置标注发文字号，如图2-7所示。

图 2-7　上行文的签发人的标注格式

专家点拨

在发文字号下方 4 mm 处应添加一条与版心宽度相同的红色分隔线，分隔线粗细大致为 1 磅（约等于 0.35 mm），这是公文的第一条分隔线。

公文具有多个签发人时，应依次均匀编排，一般每行排两个姓名，回行时下一行的第一个签发人姓名与上一行的第一个签发人姓名对齐。此时同样应该在居左空一字距离处标注发文字号，但其需要与最后一个签发人姓名处在同一行，如图2-8所示。

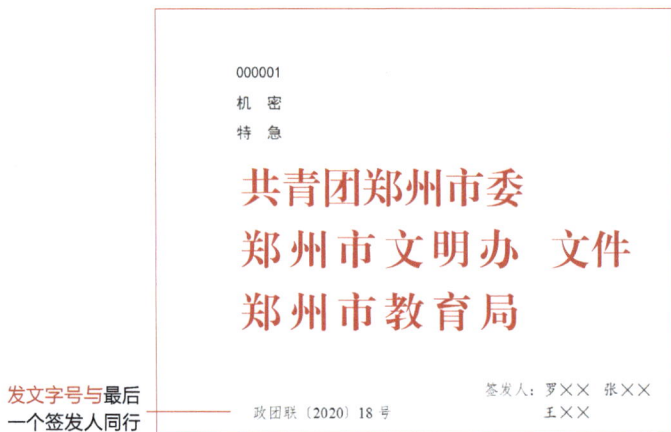

发文字号与最后一个签发人同行

图 2-8　具有多个签发人的标注格式

2.2 » 主体

公文的主体是公文需要传达和表达的具体内容，主要包括标题，主送机关，正文，附件说明与附件，发文机关署名、成文日期与印章，附注等元素。

2.2.1 标题

公文标题编排在分隔线下空两行的位置，一般用2号小标宋体字，居中排布。如果标题内容过长，可分多行居中排布。回行时，要做到词意完整、排列对称、长短适宜、间距恰当。总体来看，多行标题排列的外形类似于（倒）梯形或菱形，如图2-9所示。

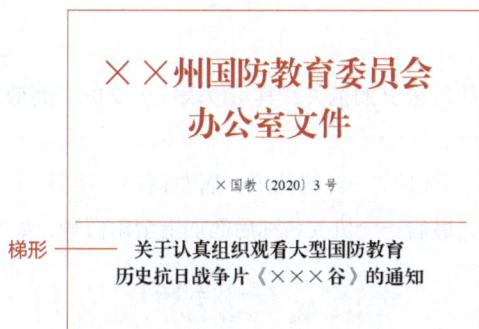

图 2-9　多行标题的排列效果

公文标题的内容，则一般由"发文机关＋事由＋文种"组成，其中事由一般用"关于……"结构。标题的具体形式有以下几种。

◆ **发文机关+事由+文种：** 这是最常见的公文标题形式，如"中共蒙城县委、蒙城县人民政府《关于改进工作作风、加强党风廉政建设的规定》的通知"。

◆ **事由+文种：** 这种形式省略了发文机关，如"关于做好教育实践活动查摆问题的通知"。

◆ **发文机关+文种：** 这种形式省略了事由，即主要内容，如"中共中央通知"。

◆ **文种：** 这种形式只保留了公文种类，常用于公开发布的公告、通告等公文。

关于公文标题的编写，还需要注意以下3点。

（1）公文标题中除法规、规章名称加书名号外，一般不加标点符号。

（2）标题中包含多个发文机关名称时，各名称之间用空格分开，不加顿号，如图2-10所示。

（3）多行标题排列不适合采用上下长度一样的长方形，或上下长、中间短的沙漏形，一般只适合按（倒）梯形或菱形排列。

图 2-10　标题包含多个发文机关的情况

扩展阅读　转发公文标题的写法

　　转发公文，特别是转发通知时，经常会遇到转发的层次较多的情况，标题中会反复出现"关于""转发""通知"等词语，看起来十分累赘，理解起来也很困难。为使标题简练、流畅，方便理解，转发这样的公文时可以采取一定的方法来进行处理，具体方法可扫描右侧二维码查看。

扫一扫

转发公文标题的写法

2.2.2 主送机关

主送机关即负责处理、执行公文的机关，其可以表明公文的空间效力范围，即明确对公文负法定办理或答复责任的机关对象。

主送机关应编排于公文标题下空一行的位置，居左顶格，用3号仿宋体字，应使用全称、规范化简称或同类型机关的统称，最后一个机关名称后面加上全角冒号，如图2-11所示。

××市文体旅游局文件

×× 文体旅字〔2013〕42 号

**关于印发《××市文化产业园区
管理试行细则》的通知**

×× 新区管委会、各区人民政府（管委会）、市府直属各单位：

图 2-11　主送机关的编排方法

关于主送机关的编排，需要注意以下3点。

（1）如果主送机关名称较长，需要回行编排时，回行后仍然顶格编排。

（2）上行文，如报告、请示等公文只有一个主送机关。

（3）公开发布的公文一般不写主送机关，如公告、决议、公报、通告等。

2.2.3 正文

公文首页必须显示正文，正文一般用3号仿宋体字，编排于主送机关名称的下一行，每个自然段段首要缩进两个汉字的距离，回行时顶格编排，但是数字、年份不能回行。

正文中如果包含许多段落层次的序数，则段落层次的序数，第一层为"一、"，黑体字；第二层为"（一）"，楷体字；第三层为"1."，仿宋体字；第四层为"（1）"，仿宋体字，如图2-12所示。

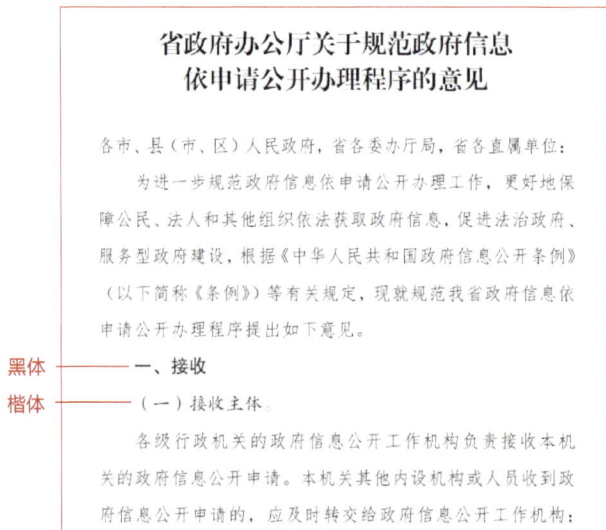

**省政府办公厅关于规范政府信息
依申请公开办理程序的意见**

各市、县（市、区）人民政府，省各委办厅局，省各直属单位：

为进一步规范政府信息依申请公开办理工作，更好地保障公民、法人和其他组织依法获取政府信息，促进法治政府、服务型政府建设，根据《中华人民共和国政府信息公开条例》（以下简称《条例》）等有关规定，现就规范我省政府信息依申请公开办理程序提出如下意见。

黑体 —— 一、接收

楷体 —— （一）接收主体

各级行政机关的政府信息公开工作机构负责接收本机关的政府信息公开申请。本机关其他内设机构或人员收到政府信息公开申请的，应及时转交给政府信息公开工作机构；

图 2-12　包含段落层次序数的正文编排方法

2.2.4 附件说明与附件

附件与公文正文具有同等的效力，是附属于主件的文字材料，对正文起补充说明的作用，主要包括随文转发、报送的文件，随文下发的制度、规定、报表、名单等。如果公文中包含附件，则需要编排附件说明和附件的内容。

1. 附件说明

附件说明能够说明此文件包含附件，并显示出附件的名称，其编排格式为：使用与正文相同的3号仿宋体字，在正文末尾空一行，并在左侧缩进两个汉字的位置编排"附件"二字，后面用全角冒号标注，并书写出附件的具体名称，名称后面不加标点符号，如图2-13所示。

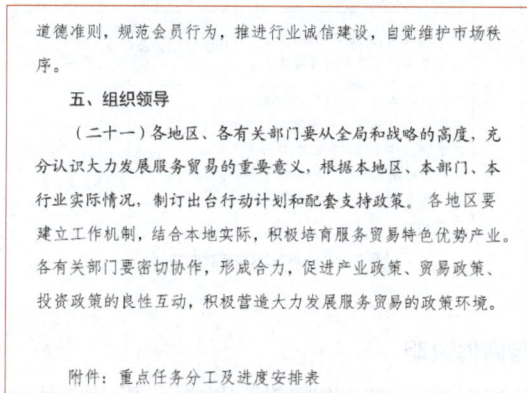

道德准则，规范会员行为，推进行业诚信建设，自觉维护市场秩序。

五、组织领导

（二十一）各地区、各有关部门要从全局和战略的高度，充分认识大力发展服务贸易的重要意义，根据本地区、本部门、本行业实际情况，制订出台行动计划和配套支持政策。各地区要建立工作机制，结合本地实际，积极培育服务贸易特色优势产业。各有关部门要密切协作，形成合力，促进产业政策、贸易政策、投资政策的良性互动，积极营造大力发展服务贸易的政策环境。

附件：重点任务分工及进度安排表

图 2-13　附件说明的编排方法

如果公文中包含多个附件，则需要使用阿拉伯数字标注出附件的顺序号和附件的具体名称，名称后面同样不加标点符号。如果附件的名称较长需要回行编排时，应该与上一行附件名称的首字对齐，如图2-14所示。

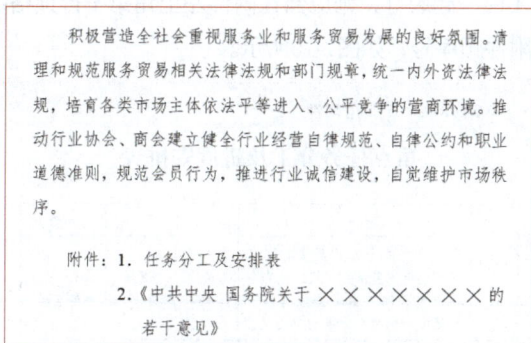

积极营造全社会重视服务业和服务贸易发展的良好氛围。清理和规范服务贸易相关法律法规和部门规章，统一内外资法律法规，培育各类市场主体依法平等进入、公平竞争的营商环境。推动行业协会、商会建立健全行业经营自律规范、自律公约和职业道德准则，规范会员行为，推进行业诚信建设，自觉维护市场秩序。

附件：1. 任务分工及安排表

2.《中共中央 国务院关于××××××的若干意见》

图 2-14　包含多个附件的附件说明编排方法

2. 附件

附件应当在下一页面编排，与版记编排在同一页，并与公文正文一起装订。"附件"二字及附件顺序号用3号黑体字顶格编排在版心左上角第一行。附件标题一般用2号小标宋体字，居中编排，上下各空一行，也就是说，附件标题编排在第三行，附件正文编排在第五行。另外，附件顺序号和附件标题必须与附件说明中的表述完全一致，附件内容的编排格式与正文格式相同，如图2-15所示。

附件
重点任务分工及进度安排表

序号	工作任务	负责部门	时间进度
1	在有条件的地区开展国际服务贸易创新发展试点。依托现有各类开发区和自由贸易试验区规划建设一批特色服务出口基地。	░░░░░░░░░░░░	2015 年上半年启动
2	拓展海关特殊监管区域和保税监管场所的服务出口功能，扩充国际转口贸易、国际物流、中转服务、研发、国际结算、分销、仓储等功能。	░░░░░░░░░░░░	持续实施
3	探索对外商投资实行准入前国民待遇加负面清单的管理模式。	░░░░░░░░░░░░	2015 年 3 月实施
4	积极参与多边、区域服务贸易谈判和全球服务贸易规则制定。建立面向全球的高标准自由贸易区网络，依托自由贸易区战略实施，积极推动服务业双向互惠开放。	░░░░░░░░░░░░	持续实施

图 2-15　附件的编排方法

扩展阅读　**谈谈附件与附件说明**　　　　　　　　　　扫一扫

公文附件本身所附的位置，附件及附件说明的标注格式，以及附件的处理方法，都是日常工作中容易被忽视的问题。一旦遇到这些问题，如果处理起来拿捏不准，则极易出错，最终会导致公文不符合规定。扫描右侧二维码，可以进一步学习附件与附件说明的写作方法。

谈谈附件与附件说明

　　如果附件与公文正文不能一起装订，则应当在附件左上角第一行顶格编排公文的发文字号并在其后标注"附件"二字及附件顺序号，如图2-16所示。

××府办〔2015〕8 号附件
重点任务分工及进度安排表

序号	工作任务	负责部门	时间进度
1	在有条件的地区开展国际服务贸易创新发展试点。依托现有各类开发区和自由贸易试验区规划建设一批特色服务出口基地。	░░░░░░░░░░░░	2015 年上半年启动
2	拓展海关特殊监管区域和保税监管场所的服务出口功能，扩充国际转口贸易、国际物流、中转服务、研发、国际结算、分销、仓储等功能。	░░░░░░░░░░░░	持续实施
3	探索对外商投资实行准入前国民待遇加负面清单的管理模式。	░░░░░░░░░░░░	2015 年 3 月实施
	积极参与多边、区域服务贸易谈判和全球服务贸易规则制定。建		

图 2-16　无法与正文一起装订的附件的编排方法

2.2.5 发文机关署名、成文日期与印章

发文机关署名、成文日期、印章这三大要素是公文写作中变化较大的内容。其中，发文机关署名即在公文上签上发出机关的名称；成文日期是指公文发出或生效的时间；印章则是发文机关的印章，是公文生效的标志。由于有的公文需要加盖印章，有的公文不需要加盖印章，有的公文还要加盖签发人签名章，所以下面根据这几种不同的情形来综合介绍发文机关署名、成文日期与印章的具体编排格式。

1．加盖印章的公文

单一机关行文时，成文日期应使用阿拉伯数字将年、月、日标全，如"2020年1月1日"。年份应标全称，月、日不编虚位，即"1"不编为"01"；在成文日期之上，以成文日期为准居中编排发文机关署名，署名应该是发文机关全称或者规范化简称；用红色印章，禁止出现空白印章，且印章要端正，并居中下压发文机关署名和成文日期，使发文机关署名和成文日期处在印章中心偏下的位置，印章顶端则需要与正文（或附件说明）末尾相距一行之内，如图2-17所示。

> 👤 **专家点拨**
>
> 成文日期以发文机关的领导人签发日期为准，联合行文以最后签发机关的领导人签发日期为准，须经会议讨论通过的重要公文，如决议等，则以会议通过的日期为准，电报以发出日期为准。另外，决定、决议、公报、通告、纪要等公文的成文日期可编排在标题下方，用括号标注。

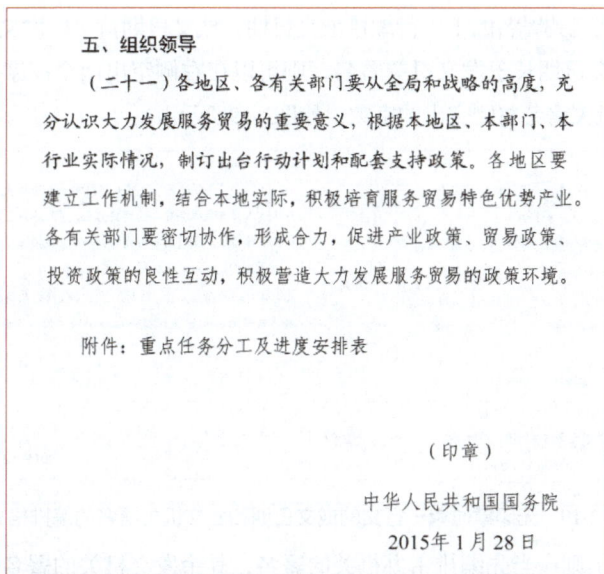

五、组织领导

（二十一）各地区、各有关部门要从全局和战略的高度，充分认识大力发展服务贸易的重要意义，根据本地区、本部门、本行业实际情况，制订出台行动计划和配套支持政策。各地区要建立工作机制，结合本地实际，积极培育服务贸易特色优势产业。各有关部门要密切协作，形成合力，促进产业政策、贸易政策、投资政策的良性互动，积极营造大力发展服务贸易的政策环境。

附件：重点任务分工及进度安排表

（印章）

中华人民共和国国务院

2015年1月28日

图 2-17　单一行文时发文机关署名、成文日期和印章的编排格式

如果是联合行文，则应将各发文机关署名按照发文机关的顺序整齐排列在相应位置，并将印章一一对应、端正、居中下压发文机关署名。最后一个印章端正、居中下压发文机关署名和成文日期。印章之间排列整齐、互不相交或相切，每排印章两端不得超出版心，首排印章顶端同样需要与正文（或附件说明）末尾相距一行之内，如图2-18所示。

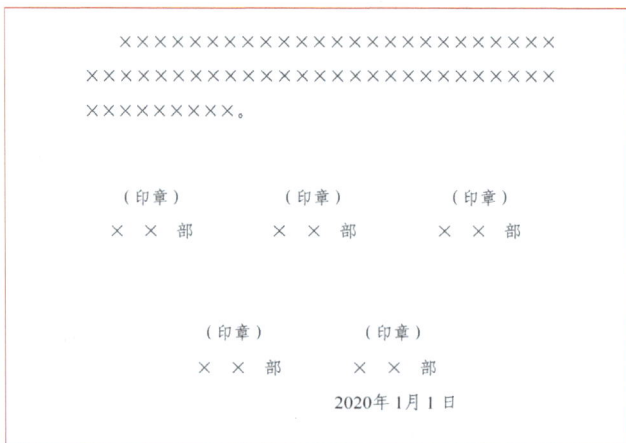

图 2-18 联合行文时发文机关署名、成文日期和印章的编排格式

👤专家点拨

公文中有发文机关署名的，就应当加盖发文机关印章。联合上报的公文，由主办机关加盖印章；联合下发的公文，联合发文的机关都应加盖印章。

2．不加盖印章的公文

单一机关行文时，在正文（或附件说明）末尾空一行，且在右侧空出两个汉字的位置编排发文机关署名，然后在发文机关署名的下一行编排成文日期，成文日期首字以发文机关署名首字为准右移两个汉字。如果成文日期长于发文机关署名，则可以在右侧空出两个汉字的位置处编排成文日期，并相应增加发文机关署名右侧空出的字数，如图2-19所示。

图 2-19 无印章时单一行文的成文日期和发文机关署名的编排格式

如果是联合行文，则应当先编排主办机关的署名，其余发文机关的署名依次向下编排，如图2-20所示。

👤专家点拨

在处理联合行文的发文机关署名时，应注意要使所有发文机关名称的显示长度一致，此要求也适用于联合行文时对发文机关标志的处理。

动行业协会、商会建立健全行业经营自律规范、自律公约和职业
道德准则，规范会员行为，推进行业诚信建设，自觉维护市场秩
序。

　　大力培养服务贸易人才，加快形成政府部门、科研院所、高
校、企业联合培养人才的机制。加大对核心人才、重点领域专门
人才、高技能人才和国际化人才的培养、扶持和引进力度。鼓励
高等学校国际经济与贸易专业增设服务贸易相关课程。鼓励各类
市场主体加大人才培训力度，开展服务贸易经营管理和营销服务
人员培训，建设一支高素质的专业人才队伍。

×××× 部 办 公 厅
× × 部 办 公 厅
×××××××总局办公厅
2020 年 1 月 28 日

图 2-20　无印章时联合行文的成文日期和发文机关署名的编排格式

3. 加盖签发人签名章的公文

　　在单一机关制发的公文中加盖签发人签名章时，要在正文（或附件说明）末尾空两行，且右侧
空出四个汉字的位置加盖签发人签名章，并应在距签名章左侧两个汉字的位置标注签发人职务，签
发人职务应当标注全称，以签名章为准上下居中排布。在签发人签名章下空1行，且右侧空出四个
汉字的位置编排成文日期，如图2-21所示。

牌和企业形象。支持企业赴境外参加服务贸易重点展会。积极培
育服务贸易交流合作平台，形成以中国（北京）国际服务贸易交
易会为龙头、以各类专业性展会论坛为支撑的服务贸易会展格局，
鼓励其他投资贸易类展会增设服务贸易展区。积极与主要服务贸
易合作伙伴和"一带一路"沿线国家签订服务贸易合作协议，在
双边框架下开展务实合作。

×××××办公室主任　×××
2020 年 7 月 1 日

图 2-21　单一行文时加盖签发人签名章的编排格式

✍ 写作技巧

　　一般情况下，印章和签名章都使用红色；发文机关署名和成文日期则按正文格式，使用3号仿
宋体字。需要特别注意的是，无论是印章还是签名章，都必须与正文处于同一页，如果页面所剩版
面无法编排印章，则可通过调整字距和行距的方法来调整版面空间，确保印章能与正文处于同一页面。

　　如果是联合行文，则应当先编排主办机关签发人职务、签名章，其余机关签发人职务、签名章
依次向下编排，且与主办机关签发人职务、签名章上下对齐。每行只编排一个机关的签发人职务、
签名章，如图2-22所示。

扫一扫

扩展阅读　**谈行政公文成文日期的规范化**

　　成文日期的作用很大，它可以反映公文内容的时代背景。没有成文日期，受文者就很难处理公文中要求办理的事项，也会给立卷归档带来困难。扫描右侧二维码，可查看规范化的成文日期的相关知识。

谈行政公文成文日期
的规范化

　　支持商协会和促进机构开展多种形式的服务贸易促进活动，通过政府购买服务的形式整体宣传"中国服务"，提升服务贸易品牌和企业形象。支持企业赴境外参加服务贸易重点展会。积极培育服务贸易交流合作平台，形成以中国（北京）国际服务贸易交易会为龙头、以各类专业性展会论坛为支撑的服务贸易会展格局，鼓励其他投资贸易类展会增设服务贸易展区。积极与主要服务贸易合作伙伴和"一带一路"沿线国家签订服务贸易合作协议，在双边框架下开展务实合作。

　　　　　　　　　　××××办公室主任　　×××
　　　　　　　　　　×××××党委书记　　×××
　　　　　　　　　　　　　　2020 年 7 月 1 日

图 2-22　联合行文时加盖签发人签名章的编排格式

2.2.6　附注

　　附注的作用主要是说明公文的发送、阅读和传达范围。请示、报告、函等类别的公文必须标注附注，其他文种视情况而定，下行文也可标注附注。例如，请示类公文应当在附注处注明联系人和联系电话，政府信息公开类公文应当在附注处注明公开属性，党政机关在附注处应注明公文的传达范围等。

　　公文中的附注，用3号仿宋体字，位于成文日期下一行，在左侧缩进两个汉字的位置编排，并用圆括号标注，如图2-23所示。

　　各地区要建立工作机制，结合本地实际，积极培育服务贸易特色优势产业。各有关部门要密切协作，形成合力，促进产业政策、贸易政策、投资政策的良性互动，积极营造大力发展服务贸易的政策环境。

　　附件：重点任务分工及进度安排表

　　　　　　　　　　　　　（公章）
　　　　　　　　　　中华人民共和国国务院
　　　　　　　　　　2015 年 1 月 28 日

附注

（此件公开发布）

图 2-23　附注的编排格式

2.3 » 版记

公文的版记包括抄送机关、印发机关和印发日期等要素。版记应置于公文的最后一页，且版记的最后一个要素应置于该页面的最后一行。

2.3.1 抄送机关

抄送机关是指除主送机关外，还需要执行或知晓公文的其他机关。抄送机关可以是上级机关、下级机关或不相隶属机关。公文中如果包含抄送机关，则一般用4号仿宋体字，在印发机关和印发日期上一行、左右各空一个汉字的位置编排。“抄送”二字后需要加全角冒号和抄送机关名称，各抄送机关名称之间用逗号隔开，回行时与冒号后的首字对齐，最后一个抄送机关名称后面需要标记句号，如图2-24所示。

24	务贸易统计指标体系，加强与国际组织、行业协会的数据信息交流，定期发布服务贸易统计数据。创新服务贸易统计方法，加强对地方服务贸易统计工作的指导，开展重点企业数据直报工作。	商务部牵头，统计局、外汇局、贸促会参加	持续实施
25	鼓励高等学校国际经济与贸易专业增设服务贸易相关课程。	教育部	持续实施

抄送：××××××××，××××，××××，×××××，×××
×××，××××，×××××××，××××，×××××，
××××××，××××，×××××××，××××。

中华人民共和国国务院办公厅　　　　2015 年 1 月 28 日印发

图 2-24　抄送机关的编排格式

如果主送机关过多而导致首页无法显示正文内容，则需要将主送机关移至版记处，此时需将“抄送”二字改为“主送”二字，其余编排方法与抄送机关完全相同，如图2-25所示。

主送：×××××××，×××××，××××××，××××，×
××××××，××××，×××××，××××××，××
××，×××××××，××××，×××××，×××××
×，××××，×××××××，××××，×××××，×
×××××，××××，×××××××，××××，×××
××，××××××，××××，×××××××，××××，
×××××，××××××，××××，×××××××，×
×××。

×××××××××　　　　××××年 ××月 ××日印发

图 2-25　主送机关移至版记处的编排格式

如果既有主送机关又有抄送机关，则应将主送机关置于抄送机关上方，空一行，两者之间不加分隔线，如图2-26所示。

（公章）

中华人民共和国×××部

××××年××月××日

（此件发至省、军级）

主送：×××××××，×××××，××××××，××××，×××××××，××××，×××××，××××××，××××，×××××××，××××，×××××，××××××，××××，××××××，××××，×××××××，××××。

抄送：×××××××，××××，××××，×××××，××××××，××××，×××××××，××××，×××××，××××××，××××，×××××××，××××。

×××××××××　　　　××××年××月××日印发

图 2-26　同时包含主送机关与抄送机关的编排格式

扩展阅读

关于抄送那些事儿

抄送公文时，切忌乱抄乱送；抄报、抄送统一使用“抄送”一词；请示件要慎列抄送单位；抄送时要讲究一定的排列顺序。更多有关抄送的知识，可扫描右侧二维码进行了解。

扫一扫

关于抄送那些事儿

2.3.2 印发机关和印发日期

印发机关和印发日期一般用4号仿宋体字，编排在末条分隔线之上、“抄送”之下，两个要素共用一行。印发机关左侧空出一个汉字的距离，印发日期右侧空出一个汉字的距离。用阿拉伯数字将年、月、日标全，年份应标全称，月、日不编虚位，即“1”不编为“01”，后加“印发”二字。

另外，编排印发机关和印发日期时还应注意以下两点。

（1）印发日期以公文复印的日期为准。

（2）版记中如有其他要素，应当将其与印发机关和印发日期用一条细分隔线隔开。

2.3.3 分隔线

版记中的分隔线与版心等宽，颜色为黑色，首条分隔线和末条分隔线用粗线，推荐高度为0.35 mm。中间的分隔线用细线，推荐高度为0.25 mm。首条分隔线位于版记中第一个要素之上，末条分隔线与公文最后一面的版心下边缘重合。

扫一扫

扩展阅读 **话说公文中的"分隔线"**

　　2012年版《党政机关公文格式》首次提出了分隔线的概念，并针对分隔线的高度（即粗细）给出了推荐值，这样便统一了各机关单位对分隔线的理解和操作规范。扫描右侧二维码，可进一步了解公文中的分隔线。

话说公文中的
"分隔线"

2.4 » 页码和表格

　　除版头、主体、版记之外，页码和表格也是组成公文的重要因素，这些因素同样应按规定进行编排设置。

2.4.1　页码

　　公文中的页码编排，一般用4号半角宋体阿拉伯数字，编排在公文版心下边缘，数字左右各标记一条一字线，如"— 2 —"，一字线上距版心下边缘7mm。单数页码居右且空出一个汉字的距离，双数页码居左缩进一个汉字的距离，如图2-27所示。

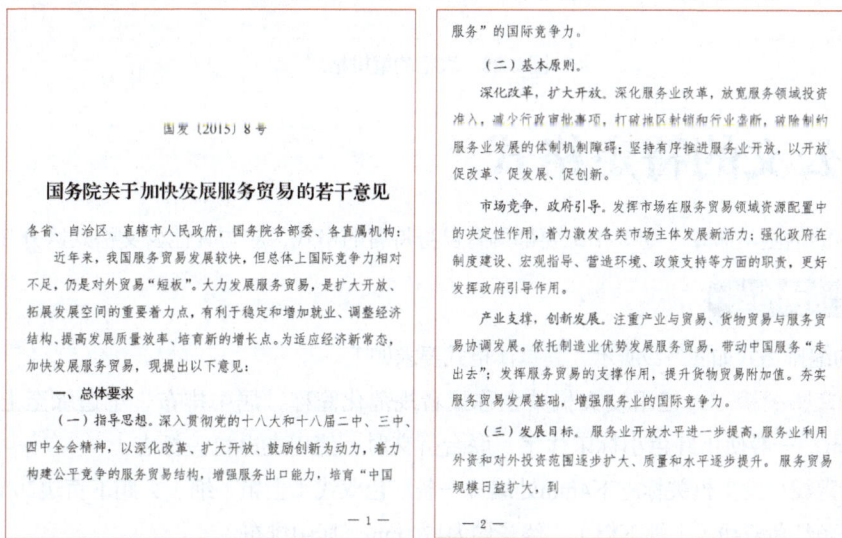

图 2-27　页码的编排格式

关于公文页码的编排，还有以下两点需要注意。

（1）公文的版记页前有空白页的，空白页和版记页均不编排页码。

（2）公文的附件与正文一起装订时，页码应当连续编排。

2.4.2　表格

　　如果公文中存在A4纸型的横向排列的表格，则该页的页码位置也应该与公文中其他页面的页码位置保持一致，不能因横向排列表格而调整页码位置。同时，如果表格所在页面为单数页码，则表头在订口一边，如果表格所在页面为双数页码，则表头在切口一边。也就是说，表头始终保持在表格主体的左侧，如图2-28所示。

图 2-28　表格的编排格式

2.5 » 公文的特定格式

公文中的信函、命令（令）和纪要都具有自身特有的格式，应与其他公文格式区分开。

2.5.1　信函格式

信函的编排格式如图2-29所示，其具体格式要求如下。

◆ **发文机关标志：** 使用发文机关全称或者规范化简称，居中排布，上边缘至上页边为30 mm，一般使用红色小标宋体字。联合行文时，使用主办机关标志。

◆ **分隔线：** 发文机关标志下4mm处编排一条红色双线（上粗下细），距下页边20 mm处编排一条红色双线（上细下粗），线长均为170 mm，居中排布。

◆ **份号、密级和保密期限、紧急程度：** 如需要标注份号、密级和保密期限、紧急程度，应当在第一条红色双线下，版心左边缘处顶格编排，并按照份号、密级和保密期限、紧急程度的顺序自上而下分行排列。第一个要素与该线的距离为3号汉字高度的7/8。

◆ **发文字号：** 应当在第一条红色双线下，版心右边缘处顶格编排，与该线的距离为3号汉字高度的7/8。

◆ **标题：** 居中编排，与其上最后一个要素相距二行。

◆ **正文：** 第二条红色双线上一行如有文字，则与该线的距离为3号汉字高度的7/8。

◆ **版记：** 不加印发机关和印发日期、分隔线。

◆ **页码：** 首页不显示页码。

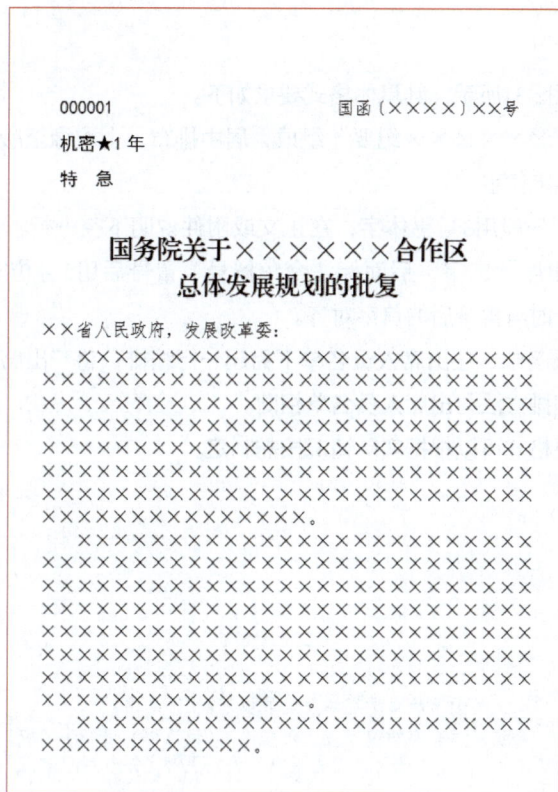

图 2-29　信函的编排格式

2.5.2　命令（令）格式

命令（令）的编排格式如图2-30所示，其具体格式要求如下。

◆ **发文机关标志：** 由发文机关全称加"命令"或"令"字组成，居中排布，上边缘至版心上边缘为20 mm，一般使用红色小标宋体字。

◆ **令号与正文：** 发文机关标志下空两行居中编排令号，令号下空两行编排正文。

◆ **签发人职务、签名章和成文日期：** 签发人职务、签名章和成文日期的编排与其他公文相应要素的编排相同。

图 2-30　命令（令）的编排格式

2.5.3 纪要格式

纪要的编排格式如图2-31所示，其具体格式要求如下。

◆ **纪要标志：** 由"××××××纪要"组成，居中排布，上边缘至版心上边缘为35 mm，一般使用红色小标宋体字。

◆ **出席人员名单：** 一般用3号黑体字，在正文或附件说明下空一行，并在左侧缩进两个汉字的位置编排"出席"二字，后面标注全角冒号，冒号后用3号仿宋体字标注出席人的单位、姓名，回行时与冒号后的首字对齐。

◆ **请假和列席人员名单：** 在出席人员名单下另起一行编排，将"出席"二字更改为"请假"或"列席"，编排方法与出席人员名单相同。

◆ **其余格式：** 纪要格式可以根据实际情况按需制定。

〔2020〕8 号

一、关于《教育学院事业发展规划》（讨论稿）

会议对《教育学院事业发展规划》（讨论稿）进行了研究。会议决定，会后由杨××同志根据讨论意见对之修改后报学院教代会讨论。

二、关于《教育学院教师、职工工作量考核办法》（讨论稿）

会议对《教育学院教职工工作量考核办法》（讨论稿）进行了研究。会议决定，会后由杨××同志根据讨论意见对之修改后报学院教代会讨论。

出席：张×，罗×，程××，张××，宋×，杨××，朱××，陈××，万×，罗××

请假：刘××

列席：赵××，李××，刘××

××大学办公室

2020 年 3 月 6 日

××大学办公室　　　　　　　　2020 年 3 月 6 日印发

图 2-31　纪要的编排格式

第3章

行文规则与规范

　　公文不同于其他文件，它必须符合一定的行文规则与规范，这些规则与规范就是在拟制公文过程中必须遵循的原则和可以参考的规范化建议，包括公文的行文规则、表达方式、语言要求、写作流程等内容。

　　要想熟练地撰写出优秀的公文，就应该非常熟悉行文规则与规范的具体内容，并能融会贯通、举一反三，理解公文的一些共性特征。

　　本章将详细介绍公文的行为规则与规范，通过学习公文写作的各种理论知识，为学习各类公文的写作方法做好充分的准备，打下坚实的基础。

3.1 » 公文的行文规则

行文规则是指各级机关公文往来时需要共同遵守的制度和原则。遵守公文的行文规则，可以使公文的传递方向正确、传递路线快捷，避免公文进入不必要的流通过程。

3.1.1　总体规则

公文的行文规则规定了各级机关的行文关系，即各级机关之间公文的授受关系，它是根据机关的组织系统、领导关系和职权范围来确定的。总体来说，公文行文需要遵守以下两点规则。

（1）行文应当确有必要，讲求实效，注重针对性和可操作性。

（2）行文关系根据隶属关系和职权范围确定。一般不得越级行文，特殊情况需要越级行文的，应当同时抄送被越过的机关。

> **专家点拨**
>
> 不越级行文体现了"一级抓一级、一级对一级负责"的原则。破坏这种原则会造成混乱，也会影响机关办事效率，所以通常不越级行文。若遇到特殊情况，如发生重大的事故、防汛救灾等突发事件或是上级领导在现场办公中特别交代的问题，则可越级行文，特事特办，但要同时抄送被越过的机关。否则，对于越级公文而言，受文机关可退回原呈报机关，或可作为阅件处理，不予办理或答复。

3.1.2　上行文规则

如果是下级机关向上级机关行文，应当遵循以下规则。

（1）原则上主送一个上级机关，根据需要同时抄送相关上级机关和同级机关，不抄送下级机关。

（2）党委、政府的部门向上级主管部门请示、报告重大事项，应当经本级党委、政府同意或者授权；属于部门职权范围内的事项应当直接报送上级主管部门。

（3）下级机关的请示事项，如需以本机关名义向上级机关请示，应当提出倾向性意见后上报，不得原文转报上级机关。

（4）请示应当一文一事。不得在报告等非请示性公文中夹带请示事项。

（5）除上级机关负责人直接交办事项外，不得以本机关名义向上级机关负责人报送公文，不得以本机关负责人名义向上级机关报送公文。

（6）受双重领导的机关向一个上级机关行文，必要时抄送另一个上级机关。

3.1.3　下行文规则

如果是上级机关向下级机关行文，应当遵循以下规则。

（1）主送受理机关，根据需要抄送相关机关。重要行文应当同时抄送发文机关的直接上级机关。

（2）党委、政府的办公厅（室）根据本级党委、政府授权，可以向下级党委、政府行文，其他部门和单位不得向下级党委、政府发布指令性公文或者在公文中向下级党委、政府提出指令性要求。需经政府审批的具体事项，经政府同意后可以由政府职能部门行文，文中须注明已经政府同意。

（3）党委、政府的部门在各自职权范围内可以向下级党委、政府的相关部门行文。

（4）涉及多个部门职权范围内的事务，部门之间未协商一致的，不得向下行文；擅自行文的，上级机关应当责令其纠正或者撤销。

（5）上级机关向受双重领导的下级机关行文，必要时抄送该下级机关的另一个上级机关。

3.1.4 联合行文规则

联合行文，既可联合向上行文，也可联合向下行文。联合行文应当确有必要，单位不宜过多，具体规则如下。

（1）同级党政机关、党政机关与其他同级机关必要时可以联合行文。

（2）属于党委、政府各自职权范围内的工作，不得联合行文。

（3）党委、政府的部门依据职权可以相互行文。

（4）部门内设机构除办公厅（室）外不得对外正式行文。

> **扩展阅读** **党政机关公文行文规则解读**
>
> 了解公文的行文规则时，还应当了解行文关系与行文方式。行文关系是行政机关之间因职权不同所形成的工作关系在行文中的体现。主要有领导关系、指导关系、平行关系、不相隶属关系。可扫描右侧二维码，全方位解读党政机关公文的行文规则。
>
> 扫一扫
>
> **党政机关公文行文规则解读**

3.2 » 公文的表达方式

表达方式是指表述特定内容时所使用的特定语言方法和手段，它是构成文章的一种形式要素。常见的表达方式包括叙述、描写、抒情、议论、说明等。公文的表达方式主要有叙述、说明和议论3种。

3.2.1 叙述

叙述就是将事情的前后经过描述出来，这是公文中使用最普遍的一种表达方式，如决议中提供的事实论据，报告中对事件前因后果的汇报，通报中对错误事实的交代，总结中对事情的转达等，都会用到叙述这种方式。按照不同的标准，可以进一步划分出公文中常用的叙述类型。

1．叙述视角不同

公文可以采用第一人称、第二人称或第三人称等不同的视角进行叙述。

◆ **第一人称：** 即发文机关以自己的视角进行叙述，例如"我""我省""本局"等都是第一人称的常用字词，如图3-1所示。

◆ **第二人称：** 即发文机关向主送机关进行叙述，例如"你""你们""你省""贵单位"等都是第二人称的常用字词，如图3-2所示。

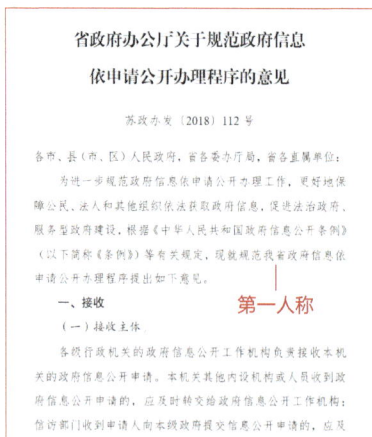

图 3-1　使用第一人称叙述的公文　　　　图 3-2　使用第二人称叙述的公文

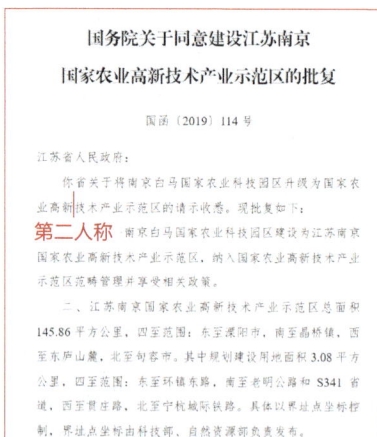

◆ **第三人称：** 即发文机关向主送机关和抄送机关以外的对象进行叙述，如"该同志""该部""该厂"等都是第三人称的常用字词，如图3-3所示。

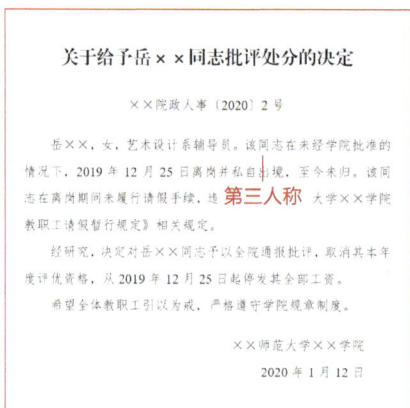

图 3-3　使用第三人称叙述的公文

2．详略程度不同

根据叙述内容的详略程度不同，叙述可分为概叙和细叙两种类型。

◆ **概叙：** 概叙就是简略的叙述，对已有信息进行简明归纳，对事件进行概括表达，特点是篇幅较短，语言简明。如以下关于火灾情况的通报就属于概叙，从总体上介绍了火灾的发生情况，并针对火灾情况进行了相应的总结。

××××年×月×日至×月×日，全区共接报火警3起，无人员伤亡。主要情况通报如下。

1．×月×日，×街道××路7号楼4单元101室发生火灾。过火面积3平方米，经济损失100元。起火原因：生活用火不慎。

2．×月×日，××街道××路301号垃圾废弃站发生火灾。过火面积100平方米，经济损失2000元。起火原因：不明。

3．×月×日，××街道××村一农田发生火灾。过火面积10平方米，经济损失5000元。起火原因：电路接触不良。

从以上情况看，近期我区火灾发生起数较以前有所下降，但住宅房屋类火灾在所有火灾中占较大比例。进入秋季，生产生活用火、用电增加，各类致灾因素增加，各街镇、各单位要综合考虑火灾诱发因素，根据火灾情况通报有针对地进行研判，积极开展居民防火宣传活动，切实做好火灾防控工作。

◆ **细叙：**细叙则是详细的叙述，对事件的描述完整且有细节，特点是篇幅较长、详尽具体、细致全面。如以下同样关于火灾情况的通报就属于细叙，通过详细介绍火灾情况，可以了解各处火灾发生的情况和灭火的情况。

×××年×月×日至×××年×月×日，我区共发生火灾3起，无人员伤亡，现将3起火灾情况予以通报。

1．×××年×月×日×时×分，消防指挥中心接警称××街道××路7号楼4单元101室发生火灾，中队立即出动3车18人赶赴现场。到场了解到，是户主长时间没有照管正在使用的微波炉所致，指挥员立即下达出水命令，中队查无明火和安全隐患后组织返回。

2．×××年×月×日×时×分，消防指挥中心接警称××街道××路301号垃圾废弃站着火，中队立即出动2车16人赶赴现场，到场后发现火势较大。根据垃圾废弃站附近居民的叙述，起火原因不明。向指挥中心汇报需要增援后中队立即出水。由于该垃圾废弃站周围有许多彩钢板建筑，给队员灭火造成了一定的阻碍，增援中队到场后立即供水，灭火后中队组织返回。

3．×××年×月×日×时×分，消防指挥中心接警称××街道××村一农田发生火灾，中队接到命令后立即出动1车8人赶赴现场。经了解，发现可能是电路接触不良引发火情，并已蔓延至田间植物，中队立即出水，检查无明火和安全隐患后中队组织返回。

3．叙述次序不同

按照对事件叙述的次序不同，叙述可分为顺叙、倒叙、插叙、分叙等类型。

◆ **顺叙：**也称正叙，即按照事件发生、发展的先后顺序来进行叙述，是叙述中最常见、最基本的叙述方式。顺叙的优点是井然有序，内容条理清楚，这符合公文的要求，即事实清楚和完整，因此顺叙是公文中使用最多的叙述方式。

◆ **倒叙：**根据表达的需要把事件的结果或某个最重要、最突出的情况提前描述，然后再从事件的开头按事情发展的先后顺序进行叙述。在公文中极少运用这种方式。

◆ **插叙：**在叙述中心事件的过程中，为帮助展开情节等，暂时中断当前的叙述，插入一段与主要事件相关的事情的叙述方式。公文一般只交代主要事件的基本情况，因此对插叙的运用也很少。

◆ **分叙：**对同一时间内发生在不同地方或单位的事件，先后进行叙述。如表彰性通报在叙述不同单位在事件中的积极作用时，就可以用到分叙这种方式。但总体而言，分叙在公文中用得也较少。

✍写作技巧

使用叙述这一表达方式进行公文写作时，应抓住时间、地点、人物、事件、原因、结果这六大要素，其中事件是六大要素的核心。

3.2.2 说明

在公文中可以使用说明这种表达方式来对事物进行科学的解说，对客观事物进行说明或对抽象事理进行阐释。

1．说明的类型

按照不同的标准进行分类，说明可以有多种类型。按照说明对象的不同，说明可分为事物说明和事理说明两类，这是最常见的分类。

- **事物说明：** 以某一个客观存在物来说明该事物的情况。如说明产品，说明单位组织的历史状况等。

- **事理说明：** 以抽象的概念或科学道理来解释事物本身的道理或内部的规律。如解释经济规律等。事理说明虽不直接指向某一具体事物，但是介绍的知识都是客观事物的基本特征和规律。

2．说明的要素

使用说明这种表达方式进行公文写作时，应注意态度的客观性、内容的严密性、语言的准确性，这也是说明的三大要素。

- **态度的客观性：** 不能以个人情感和好恶来说明事物或事情，更不能以先入为主的错误理解来看待说明的对象。事物是不以人的意志为转移的，是客观的。

- **内容的严密性：** 如实反映客观事物，把握事物的特征、本质和规律，正确无误地引导公文阅读者对该事物进行认识。

- **语言的准确性：** 公文中涉及时间、空间、数量、范围、程度、特征、性质、程序等内容时，都要求准确无误、语言简明，具有科学性和严谨性。

3.2.3 议论

议论就是针对某一事件或问题发表见解、表明观点和态度，并以充分的材料来证明自己的观点的正确性。这种表达方式在公文中运用极为广泛。议论有两大论证方法，分别是立论和驳论。

专家点拨

使用议论表达方式写作公文时，要注意把握议论的三要素，即论点、论据和论证。论点即观点和看法，论据是论述论点的依据，论证则是论述论点的过程和方法。这三大要素中，论点是核心，论据是论点的基础，论证则是组织论据证明论点的方法。要想论点成立，则论据必须成立；要想论据成立，则必须保证论证是真实的、典型的且充分的。

1．立论的基本方法

立论也就是证明，指正面阐述观点，说明其正确性，从而建立起论点。立论的基本方法有以下几种。

- **例证法：** 用真实事例作为论据进行立论。夹叙夹议中的"叙"，就是用来表述事实材料，提出论据的。例证法是最容易被接受和最有说服力的方法，也是议论中采用最多的立论方法之一。

- **分析法：** 通过分析问题、剖析事理进行论证，以建立论点，并揭示论点和论据间的因果关系。分析法往往是由原因推导结果，或者由结果推导原因来进行论证的，即因果推论法。

◆ **引证法**：将经典名言或科学公理、常识常理作为论据来证明论点。引证法具有一定的权威性，因此也有很强的说服力。

◆ **对比法**：通过举例加以比较并突出事物本质，从而确立论点。一般把两个特征相反的事物或一个事物截然不同的两面加以比较，使得事物的性质和特点更加凸显。

◆ **类比法**：通过打比方的方式来证明论点，是一种形象化的论证方法。如可以将一些规模、条件相似的单位或企业进行比较，以达到更加准确地论证该单位或企业的真实情况的目的。

2．驳论的基本方法

驳论就是反证法，即通过议论来证明对立论点错误，从而证明自己的论点正确。驳论的方法有以下几种。

◆ **反驳论点**：直接证明对立论点是错误的。具体方法有：①用事实证明对立论点错误；②剖析对立论点的错误及危害性；③引申对立论点，以暴露其谬误；④建立对立的新论点，以驳倒对立论点。

◆ **反驳论据**：不直接反驳对立论点，而是指出对立方产生论点的论据不可靠或者论据不成立，因而依据此论据建立的论点是错误的。

◆ **反驳论证**：不直接反驳论点，而是寻找对立论点在论证过程中存在的逻辑漏洞，从而指出对立方的推理不能成立。常见的逻辑漏洞如概念不清、偷换概念、自相矛盾等。如果对立方论证有问题，那么结论自然不可靠，最终论点也是错误的。

扩展阅读 **浅论公文的表达方法**

扫一扫

要写好一篇公文，不仅要注意表达方法，作者的政治水平、思想水平和知识经验也是非常重要的。但是如果忽视了公文的表达方法，公文的鲜明性和生动性也就无从谈起。可扫描右侧二维码，进一步了解有关公文的表达方法的知识。

浅论公文的表达方法

3.3 » 公文的语言要求

公文不像文学作品那样需要作者有较高的创造力，一些文学造诣较高、文字功底较好的作者也可能写不出符合要求的公文。掌握公文写作中对语言的要求是写好公文的前提和基础。总体来看，公文写作的语言要求可以用以下几个词语来概括，即"明白""准确""直接""平实""简练""规范"。

3.3.1 明白

写出来的公文首先得让受文者看懂，这就要求把事情说清楚，文字表达清楚明白，否则公文内容就无法落实，也就达不到发文目的。

1．语言表达无歧义

文字表达清楚明白，首先要保证文字没有歧义，即一个词语只能有一个明确的意思，而不能有几种解释，否则就可能造成以下5种情况。

◆ **猜测某一种正确的意思：** 即歧义产生后，可以肯定两种解释中只有一种是正确的。如"当时吴××一边站着一个孩子"，这句话就可能让人疑心有两个孩子，把"一边"改为"旁边"，就能消除歧义。

◆ **两种解释都有可能：** 这种情况就可能导致受文者无法理解公文的真实意图。如"这部作品译出了原著的风格和语言的一致性"，到底是原著的风格和语言相一致，还是所译出作品的风格和语言与原著的风格和语言相一致？

◆ **附加语引起歧义：** 这里所说的附加语主要是指"的"字使用不当。如"介绍英国的一部权威著作"，可以理解为这是一部介绍英国情况的权威著作，也可以理解为介绍的是英国的一部权威著作。

◆ **词语搭配不当产生歧义：** 词语搭配不当指的是主谓宾等对象的搭配不当。如"文物、旅游业的保护与改革"，而真实的表达意图是"文物的保护与旅游业的改革"，原句的搭配使得语义混淆不清。

◆ **语意表述不全产生歧义：** 这种情况可能会使读者完全曲解原意。如"妇女在法律上已经平等"，字面上的意思是所有妇女在法律上是平等的，但实际上是说"妇女与男子在法律上平等"，省略了部分内容，就将意图完全改变了。

2．用词易懂

公文中所使用的词语要让人一看就懂，这样才能使人明白公文的意图，而不会让人无法理解，这可以从以下3个方面着手。

◆ **选常用词：** 生僻词不容易让人理解。如"建立了躐等的干部选拔制度"，"躐等"一词是"越级"的意思，已很少使用，用在公文上不太合适。

◆ **不乱用词：** 有些词语单看并不难懂，但乱拼乱凑就容易产生歧义。如"我们不安于这种不合理的幻觉统治"，"幻觉"易懂，"统治"易懂，但"幻觉统治"却让人感到莫名其妙。

◆ **不生造词：** 在公文中使用的必须是通用的、规范的语言，生造词语会导致词义不清，语意不明，让人不易理解或无法理解。如某个函件中的内容为"雅启亲驾，敝舍馈光"，这种生造词语不仅十分生硬、别扭，而且人们只能根据字面来猜测意思，无法理解其真实的意图。

3.3.2 准确

这里所说的准确是指语言表达的准确。在不产生歧义、容易理解的前提下，要求用词恰当而准确。要尽量做到，除了这个词，其他任何词对这个事物的表达都不能这样准确、恰到好处。

1．分清词性

要做到用词准确，首先要分清词性，如动词、名词、形容词等，以避免误用。具体到公文写作中，主要应注意以下6点。

◆ **名词不可误作动词：** 如"改善孩子们读书、写字、算术的环境"，"算术"是名词，这里误作为动词使用，如"让孩子面包"一样，缺少相应的动作，在"算术""面包"前面加一个合适的动词即可解决问题。

- **动词不可误作形容词：**如"在对外开放的过程中，沿海和内地是分别的"，"分别"是动词，这里误作为形容词使用，不知道是想说明沿海和内地是有区别的，还是想说明沿海和内地分别怎么样，如果是前者，在"分别"前面加上"有"字即可解决问题。

- **形容词不可误作动词：**如"没有明确到病根"，"明确"是形容词，这里误作为动词使用，导致语句不通顺。解决此问题，只需要在"明确"后面加上一个真正的动词"认识"即可。

- **名词不可误作形容词：**如"他工作很模范"，"模范"是名词，这里误作形容词使用，将其改为一个形容词就能解决此问题，如将"模范"改为"敬业"。当然，如此修改需要确保的前提是该句要表现的是该人员非常敬业，否则就改变了语句想要表达的内容。

写作技巧

为保证语句意图不变，可以重新调整语句，如"在工作上他是大家的模范榜样"等。对公文而言，意图不变是很有必要的，不可因怕麻烦而简单更改词语，进而改变了原句想要表达的意图。

- **形容词不可误作名词：**如"为社会主义精神建设带来了高昂"，"高昂"是形容词，这里误作为名词使用；解决此问题，只需要在"高昂"后面加上"的士气"即可。

- **副词不可误作形容词：**如"他做过一度军校教员"，"一度"是副词，用在这里导致语句不通，可改为"一次"，或将"一度"提到"做过"之前。

2．辨明词义

辨明词义，目的是要选用最恰当、最贴切的词语，这对于公文语言的准确性而言极为重要。汉语语义丰富，用于表达某一事物的同义词很多，由于同义词的含义非常接近但又有着细微的差别，因此要更加重视所选词语是否准确。具体来看，选词时要注意以下6点。

- **轻重不同：**主要指的是语气的轻重不同。如"称道"和"称奇"，前者是称赞，后者是称赞奇妙，"称奇"比"称道"的语义更重。例如，"没想到失去了双手，竟能凭双脚完成这一篇优秀的文章，这实在是一件令人啧啧称奇的事情。"这里就应该用"称奇"来加强语气。

- **范围不同：**主要指的是词义覆盖的范围不同。如"目前"和"日前"，前者是指说话的时候，后者是指几天前。例如，"河道被洪水冲毁，目前仍在抢修当中。"这里应该使用"目前"来强调修复工作的急迫，现在仍在修复中。

- **适用对象不同：**主要指的是适用对象有上下、内外等区分。如"馈赠"和"捐赠"，前者是赠送礼品，后者是赠送物品给国家或集体。例如，"中国26年来粮食接受联合国捐赠的历史画上了句号。"这里用"捐赠"更为准确。

- **感情色彩不同：**主要指的是褒义词、中性词、贬义词的感情色彩的不同。如"臆造"和"编造"，前者是指凭主观的想法编造，是贬义词，后者是指把资料组织排列起来。例如，"在改革开放的新形势下，我们仍然要从实际情况出发，从中探索出固有的而不是臆造的规律。"这里应该使用贬义词"臆造"来和"固有"形成对比。

- **行动角度不同：**主要指的是主动和被动这两个行为角度的不同。如"受权"和"授权"，前者是接受，后者是授予别人。例如，"就此事件，我社受权发表声明。"这里是接受国家或上级委托有权力做某事的意思，因此应该用"受权"。

◆ **人与物不同：** 主要指的是某些词语只适用于人，不适用于物。如"感到"和"遇到"，前者只适用于人，后者则适用于人或物。例如，"我省今年遭受严重水灾，使农业生产遇到极大的困难。"这里只能用"遇到"，而不能用"感到"。

3.3.3 直接

公文的一个基本特点是产生现实效用，一方面是为某种实际需要而制发的，因此针对性极强；另一方面则必须在现实中发挥作用，因此时效性极强。这就决定了公文语言表达的直接性。无论是叙述、说明还是议论，都必须开门见山、直截了当、一针见血，让受文者迅速了解到公文的意图。

1．语意直接

公文语言表达的直接性，首先是指语意的直接。一句话或一段话所要表达的意思是直接的，不要迂回前进，绕一个大弯后才吞吞吐吐地道出本意。例如，本意是向东走，却不直接讲应该向东，而说向西如何不好，向南有何困难，向北后果如何严重，但言外之意是向东才是正确的。在文学作品中可以如此表达，使读者有想象和回味的空间。但在公文中则必须直接表达意图，只有这样，受文者才能对公文内容准确地加以了解，并贯彻落实。

2．词义直接

公文语言表达的直接性，还强调词义的直接。也就是说，词语本身就有一个最为直接的概念，使用时应该直接使用，而不要使用引申含义。例如，"尽管工作异常艰苦，但他时刻都在想着如何回报母亲。"这里的"母亲"是指祖国，而并非自己的"妈妈"。这样使用，受文者容易理解为"回报自己的妈妈"，直接将"母亲"替换为"祖国"即可。

3.3.4 平实

平实就是平易、实在。平实也是公文语言的一大特色，这是由公文的政治性和实用性决定的。

1．感情朴实

公文语言的平实，首先是感情的朴实。公文中所使用的语言一般不带强烈的感情色彩，语调较为平直，用语较为理性。公文语言所表达的是事物的质和理，因此公文的语言更为"理性"，而文学作品的语言更为"感性"。例如，"我们要学习××同志所具有的远大的理想、坚强的意志、无私的胸怀……"这些语言是一种"理性"的语言，感情朴实，语调平直，具有确定性；如果改为"我们要学习××同志所具有的海燕般的理想，青松般的意志，大海般的胸怀……"，这样的语言虽然富有想象力，但却具有不确定性，不适合用于公文写作。

2．用词朴素

公文语言的平实，还特指用词的朴素。在公文中应当使用平易、浅显、通俗的词语，不使用华丽的辞藻、过分的修饰、形式主义的修辞手法。例如，"我们怀着无比激动、无比崇敬、无比兴奋、无比自豪的心情，在这里举行空前热烈、空前盛大、空前隆重、空前美好的大会，欢迎从前线凯旋的最亲密、最可爱、最真挚的战士，这怎能不让人热血沸腾、群情激奋、汹涌澎湃、斗志昂扬！"这个讲话稿连续使用了3个排比句，显得较虚假，反而弱化了战士凯旋的壮烈场景。

3．不要过多地引经据典

前面说过，写作公文时可以通过引经据典的方式来证明论据论点，但要注意的是，不管哪种公文，都要做到"雅俗共赏"。过多地引经据典，则会适得其反，有卖弄学问、故弄玄虚、华而不实之嫌。一般而言，仅在一些事务性公文中引经据典，如领导讲话、调查报告等。在通用性公文中一般不宜引经据典，特别是在"请示""命令""通告""批复"等庄重严肃的公文中是绝对不能使用的。

3.3.5 简练

公文的针对性、时效性极强，它的拟制和处理都需要快速、高效地进行，所以，语言的简练对公文而言也十分重要。

1．简化结构

公文语言的简练，首先是语言结构简单。一般都是单句多，复句少；短句多，长句少。例如，"任何人不得非法拦截军车。军队的行动任何人不得干预。如果有人不听劝告，后果自负"。这一段话30多字，3个分句，都是单句，也都是短句，一句一层意思，简单明了。写作公文时，推荐多采取这样简单的语言结构来简洁地表达意思。又如，"我们的工农群众就是无比可爱的，可是这里我想说的是他们的子弟，那些拿起枪来献身革命斗争的工农子弟，那些用马克思列宁主义、毛泽东思想武装起来的战士们，我感觉他们是最可爱的人。"这一段话用了80多字，由3个分句组成1句重复句。"可是这里我想说的是他们的子弟""那些拿起枪来献身革命斗争的工农子弟""那些用马克思列宁主义、毛泽东思想武装起来的战士们"，这些都是复句形式，都是从不同侧面在说工农群众的子弟。在散文中可以这样写，但是公文中却不允许这样写，因为公文语言要"实用"。

2．杜绝堆砌

公文语言要极为准确、直接，因而也必须极为简练。不能为了卖弄，或者故作高深，而不管有用无用，不负责任地将一些"漂亮"词语、"新名词"堆在一块，让人看了感觉眼花缭乱，这不仅浪费时间，也使发文者的真正意图无法正确传达给受文者，妨碍对公文的迅速办理。例如，"要在领导机关和人民群众之间建立起十分有效的、能充分发挥作用的、切实产生实际效果的、构成网络循环体系的、立体交叉疏导的、多渠道的联系。"这句话中的词语堆砌，阅读起来非常费力，让人反感，不如直接简化为"在领导机关和人民群众之间建立起广泛有效的联系。"

3．避免重复

公文写作中主要应该注意以下两种可能出现的重复。

◆ **词语重复：**即在一句话中重复使用词语。例如，"新种的成熟期比旧种早熟十天"，这句话中主语部分的"成熟"与谓语部分的"熟"不仅是用词重复，而且语法上也出现了错误，"成熟期"是时间，时间不会"熟"。可去掉的"的成熟期"，也可去掉后面的"熟"字。再比如，"他用目不转睛的目光看着他"，这句话中"目"字使用重复，写成"他目不转睛地看着他"即可。

◆ **语义重复：**即在一句话或一段话中，要表达的语义重复了。例如，"他们不可以也不应该阻止我们前进。"这句话中"不可以"和"不应该"意思相似，不必重复表达。又比如，"一年来的改革实践取得了显著成绩，收到了巨大效果。"，"取得了显著成绩"与"收到了巨大效果"的意思相似，只留下一个即可。

4．去除赘余

赘余是指语句里出现了多余的词语，虽然表面上看并不重复，也没有堆砌，但都是无意义的，去掉后完全不会影响语义。例如，"我们预先有计划有准备地把8个场地都清理干净了。"，"计划""准备"必然在事前，"预先"在这里就显得多余了，应该删去。文章写得好，叫"要言不烦"，文章写得不好，叫"烦而无当"，公文更是这样，应该以简洁为贵。

3.3.6 规范

公文是用来处理公务的，具有强制力和约束力，体现在语言上，就是规范。公文通过规范来体现处理公务时必须持有的严正立场和严肃态度。

1．用规范化的书面语言

公文的语言要庄重严肃，一般不能使用口语、歇后语等，只能用规范化的书面语言，命令、指示、决议等指令性、法规性很强的文件，更是如此。如"改革开放后，农民的收入像芝麻开花节节高，一年比一年高，日子一年比一年过得好，就像吃甘蔗一样越吃越甜。"，这段话是为了表现改革开放后农民的生活现状，但非常口语化。如果改成规范化的语言，如"改革开放后，农民的收入年年增加，日子越过越幸福。"，就会显得更加庄重、严肃。

2．用规范化的公文专用语

在长期办理公务的实践中，已逐渐形成了一套常用的公文专用语，并且已基本趋于规范。公文专用语言简意赅，用于表达公务活动中的有关事宜，使用位置相对固定，在公文语言中有着重要地位。

如下级向上级写"请示"或"报告"时，要用祈请而恳切的语气，以示对上级的尊重，并体现出上下级之间的关系；绝不能用命令的语气，否则就成了要求上级必须按自己的意见办理，当然更不能出现威胁上级之类的词语。反之，上级对下级的行文，如"命令""决定"等，在提出措施或要求时，就需要具体而明确，语气则要坚决、果断，以示上级的严正立场和要求下级执行任务的坚决。再如平行机关或不相隶属机关之间的行文，如"函"等，其语言则要委婉、诚恳、平和、礼貌，要以询问商洽的方式向对方表示自己的意图，以求得到对方的理解与支持。

> **扩展阅读 如何规范公文写作的语言**
>
> 规范公文写作的语言，首先要抓住本质，表述准确；要删繁就简，善于概括；要平实质朴，谨慎修辞；要庄重得体，规范严谨。作为一名合格的公文写作者，应在平时的公文写作中多观察，在实际写作中不断规范自己的公文写作语言。可扫描右侧二维码，进一步了解公文写作语言的规范问题。
>

3.4 » 公文的写作流程

公文的种类很多，但其整个写作流程大致可以划分为三大阶段，即准备阶段、写作阶段和校验阶段。准备阶段涉及主题的明确和材料的搜集，写作阶段则涉及框架的创建和内容的写作。

3.4.1 明确主题

明确发文的主题，即明确制发这份公文想要达到的目的。主题的确定大致有3种情况。

（1）在成文前确定主题，这就是所谓的"主题先行"，这也是公文有别于其他文体的主要特征之一。根据领导意图、上级有关精神，或有关文件、政策等规定要求，预先确定一个主题，再围绕它组织材料，进行写作。因此公文的主题不是通过提炼产生的，而是预先确定的。

（2）有时在领会精神后，确立的只是一个临时的主题，在围绕该主题进行调研，对得到的材料进行分析、归纳后产生的结论才是主题。

（3）如果调研后对原先确定的主题进行了修改，那么需要重新确定主题。

实际上这3种情况是相辅相成的，综合后才能确定出最好的主题。

明确主题后，为了更好地搜集材料、着手写作，还应该思考写作此公文应该选择的文种、受文对象和范围、主要内容等，具体如下。

（1）选择文种。如果是上行文，应该用报告还是请示？如果写报告，应该写专题型报告还是综合型报告？如果写请示，应该写请求批准的请示，还是请求指示的请示？如果是下行文，应该用针对下级机关的请示、意见被动式行文，还是发现普遍存在的问题而主动发文？如果是写批复，应该写指示性批复，还是批准性批复？诸如此类的问题较多，因此文种的选择是首先就应该确定的。

（2）弄清公文的受文对象和范围。这主要是思考公文拟制后，是向上级领导汇报，还是向下级机关指导工作，是给领导和机关人员阅读，还是向全体干部或人民群众传达某种精神等。弄清了受文对象和范围，也可以进一步判断文种的选择是否正确。

（3）公文的主要内容是什么。如果是报告，就要思考汇报什么内容，或反映什么情况；如果是请示、意见，则需要思考要上级审批什么、指示什么、解决什么问题；如果是通知，则需要思考是安排任务，还是传达精神等。

3.4.2 搜集材料

发文的主题确定后，要围绕主题来搜集材料，进行一定的调研工作。搜集材料和调研是一个充分酝酿和构思的过程，通过掌握与分析大量材料，可以更加透彻地理解公文的主题。这里所说的搜集材料，针对的是工作计划、调查报告等内容较复杂的公文，而不是通知、请示、公告等公文；虽然写作通知、请示、公告等公文时也需要搜集材料，但过程比较简单，不需要长时间酝酿和构思。

假设需要搜集部门年度工作报告的材料，就可以从以下5个方面着手。

（1）国家的有关方针政策。

（2）上级的有关精神、要求和布置的任务。

（3）本部门去年工作报告和本年度工作计划。

（4）上级机关下达的工作计划。

（5）本部门一年来制发的主要公文；下级机关单位报送的工作报告、统计报表；有关重要会议文件；本机关大事记等。

专家点拨

　　搜集材料包括搜集直接材料和间接材料两种。如拟制调查报告，搜集的直接材料就可能有调查的结果、调查对象的信息等；间接材料则包括与调查相关的人事安排等。总之，搜集的材料应该全面、细致，但不能滥竽充数，否则会影响公文写作的质量和效率。

3.4.3 创建框架

　　创建框架就是指拟制公文的提纲，安排公文的结构。写作简短的公文时不需要拟制提纲，可以直接写作。但对于篇幅较长的公文而言，则应当拟制提纲，这样可以更熟悉公文的结构，有利于顺利进行写作，避免半路返工。

　　拟制提纲前，可以思考先写什么，再写什么，内容一共分几段、分几层等。对于篇幅长的、非常重要的文件，需要拟出较详细的提纲，如正文分为几个部分，每部分讲哪些问题，各个问题的要点是什么等。对重要的领导性、指导性公文，拟出提纲后还要反复讨论、修改补充，保证后期写作时不会跑题偏题。

3.4.4 着手内容

　　着手内容就是指公文的起草。这个过程中一是要注意观点鲜明，观点和材料结合得要好，才能符合准确性、鲜明性、生动性的要求；二是文字要简练，交代的问题要清楚。例如，只有观点而没有材料，受文对象就很难理解观点，或者理解观点后，不知道怎么学习、怎么贯彻等；只有材料而没有观点，受文者则不知道应该学习和贯彻的内容。

3.4.5 检查校验

　　公文拟定后，一定要反复阅读，耐心地、仔细地逐字逐句检查校验，每个标点符号都不能略过。检查校验可提高文件质量，也可为领导审核签发这份文件打下良好基础。多数好的文章是反复修改出来的，公文更是如此。如删去可有可无的语句和段落，修改表述不清的语句，使观点更鲜明；推敲词句、调整结构，使表达更加准确得当。

扩展阅读　公文写作建议

扫一扫

　　公文写作水平的提高是日积月累的过程，需要公文写作者在写作过程中不断总结经验。这里给出一些公文写作建议，希望可以帮助公文写作者总结公文写作的经验，提高公文写作的效率。可扫描右侧二维码进行学习。

公文写作建议

第4章

党政机关公文范例与解析

党政机关公文是党政机关实施领导、履行职能、处理公务的具有特定效力和规范格式的文书，是传达贯彻党和国家的方针政策，公布法规和规章，指导、布置和商洽工作，请示和答复问题，报告、通报和交流情况等的重要工具。

根据《党政机关公文处理工作条例》第八条的规定，党政机关公文共有15种，分别是决议、决定、命令（令）、公报、公告、通告、意见、通知、通报、报告、请示、批复、议案、函和纪要。

编制党政机关公文时，应严格按照《党政机关公文格式》（2012年新标准）中规定的格式，并结合每种公文自身独有的格式进行操作，不得随意调整和设置格式。这些公文格式是区别不同文种的标志，也是保证公文编制质量和提高工作效率的一种手段。

4.1 » 决议

决议适用于会议讨论通过的重大决策事项，是政府、企业、组织的领导部门就重要事项，经会议讨论通过其决策，并要求进行贯彻执行的重要指导性公文。

4.1.1 决议的特点与类型

1．决议的特点

决议最基本的特点就是决策性和权威性，另外还具有指导性、程序性、表决性等特点，具体如下。

◆ **决策性：** 决议是针对重大问题和重大事项做出的决策，一经形成，就会在较大范围内造成重大影响。

◆ **权威性：** 决议是经过会议讨论通过才能生效并由领导机关发布的，是领导机关意志的反映。决议的内容事关重要决策事项，一经公布，上下都必须坚决执行，不能违背，具有很强的权威性。

◆ **指导性：** 决议表述的观点和对事项的评价都具有指导意义。

◆ **程序性：** 决议必须经过会议讨论，表决通过之后才能形成，有严格的程序性。

◆ **表决性：** 决议是会议的产物，会议是一种群体活动，只有规定数量以上的与会者举手或者投票赞成，才能形成决议。不履行表决手续，决议就不能产生。

2．决议的类型

根据决议涉及的内容范围不同，决议可分为公布性决议、批准性决议和阐述性决议3种类型。

◆ **公布性决议：** 为公布某种法规、提案而写作的决议，也可能是安排某项工作的决议。如重要的、长期的工作、规划等，便可采用公布性决议的形式进行公布与安排。

◆ **批准性决议：** 肯定或否定某种议案的文件。这类决议涉及的内容比较具体，一般用于批准某项报告或文件。

◆ **阐述性决议：** 对某些重大结论的具体内容加以阐述的文件。这类决议涉及的内容是原则性的、非事件性的，影响范围更大，影响时间更长。

4.1.2 决议的写作格式

决议由三大要素构成，分别是标题、成文日期和正文。

1．标题

决议的标题有3种形式，分别如下。

◆ **发文机关+主要内容+文种：** 如"中共××市委关于做好当前民生工作的决议"。

◆ **会议名称+主要内容+文种：** 如"××市人民代表大会常务委员会关于全面深入推进依法治市的决议"。

◆ **主要内容+文种：** 如"关于纪律检查委员会工作报告的决议"。

2．成文日期

决议的成文日期就是决议正式通过的日期，它可以不用像一般公文那样必须编排在公文正文之后，而可以标注在标题之下，此时成文日期的写法有以下两种。

◆ 如果决议的标题中已经写明了会议名称，则成文日期应加括号填写"（××××年×月×日通过）"。

◆ 如果决议的标题中没有会议名称，则成文日期应加括号填写"（××××年×月×日××会第××次会议通过）"。

3. 正文

决议的正文一般可以分为3个部分，分别是决议根据、决议事项和结语。

◆ **决议根据：** 简要说明有关会议审议决议涉及事项的情况，陈述做出决议的原因、根据、背景、目的和意义。

◆ **决议事项：** 写明会议通过的决议事项，或会议对有关文件、事项做出的评价、决定，或对有关工作做出的部署安排、要求和措施。如果是批准事项或通过文件的决议，则相对比较简单，这部分多是强调意义，提出号召和要求；如果是安排工作的决议，则应写明工作的内容、措施、要求；如果是阐述原则问题的决议，则应该有较多的议论，重点在于把道理讲透。

✍ **写作技巧**

阐述性决议一般可使用"夹叙夹议"的写法，即采用概括叙事的方法来介绍具体的情况，给出具体的事实，然后用议论的方法进行正确和公平的论述。

◆ **结语：** 一般紧扣决议事项有针对性地提出期望、号召或执行要求。有的决议可不单列这部分，正文结束便自然结束。

4.1.3 决议的范例

【公布性决议】

公布性决议旨在将重大决议的内容向下级机关或人民群众公布，因此这类决议的内容一般都比较简短，只需要公布相应的内容即可。

中共银建关于选举委员会委员的决议

（2018年6月12日中共银建第四次代表大会会议通过）

中共银建第四次代表大会于2018年6月12日，在×××××××××会堂（××市××区×××××××××号）召开。

会议选举杨×、李××、杨××、郭××、刘××、王××、龙××、黄××、刘××为中共银建第四届委员会委员。

中共银建

2018年6月12日

【批准性决议】

批准性决议的内容一般非常简短，由两个部分构成，即批准前所做的调查、研究或其他工作，以及批准的最终结果。但有的批准性决议如果需要说明一定的看法，如说明会议提出了什么，强调了什么等，那么它的篇幅就会稍长一些。

××县人大常委会关于批准2019年县级财政决算和2020年财政预算变动的决议

×人发〔2019〕××号

××县第八届人大常委会财经工作委员会，对县财政局局长×××受县人民政府委托提交的《关于××县2019年财政决算和2020年财政预算变动的报告》进行了认真审查，认为2019年财政工作支出保障了全县经济和社会各项事业的健康发展，圆满完成了各项收支任务，财政决算客观真实，财经工委同意2019年财政决算。

（略）

结合审计工作报告和县人大常委会财经工作委员会的审查意见，经会议研究，决定批准《关于××县2019年财政决算和2020年财政预算变动的报告》，批准××县2019年县级财政决算，批准2020年的财政预算变动。

××县人大常委会办公室

2019年12月21日

点评： 作为一篇批准性决议，本篇范文非常典型。其篇幅较短，但却详细阐述了批准的原因、待批准的内容和批准的决定，是值得借鉴的批准性决议。

【阐述性决议】

阐述性决议的内容相对较多，会针对某个重大事项进行全面、细致的阐述和论述，也会通过会议的开展来说明会议中的相关内容。阐述性决议往往是某些重要的且长期性工作的参考文件。

中国共产党第十九次全国代表大会关于十八届中央委员会报告的决议

（2017年10月24日中国共产党第十九次全国代表大会通过）

中国共产党第十九次全国代表大会批准习近平同志代表十八届中央委员会所作的报告。大会高举中国特色社会主义伟大旗帜，以马克思列宁主义、毛泽东思想、邓小平理论、"三个代表"重要思想、科学发展观、习近平新时代中国特色社会主义思想为指导，分析了国际国内形势发展变化，回顾和总结了过去五年的工作和历史性变革，作出了中国特色社会主义进入了新时代、我国社会主要矛盾已经转化为人民日益增长的美好生活需要和不平衡不充分的发展之间的矛盾等重大政治论断，深刻阐述了新时代中国共产党的历史使命，确立了习近平新时代中国特色社会主义思想的历史地位，提出了新时代坚持和发展中国特色社会主义的基本方略，确定了决胜全面建成小康社会、开启全面建设社会主义现代化国家新征程的目标，对新时代推进中国特色社会主义伟大事业和党的建设新的伟大工程作出了全面部署……

（略）

大会认为，报告阐明的大会主题对我们党带领人民奋发图强、开拓前进具有十分重大的意义……

（略）

大会强调，经过长期努力，中国特色社会主义进入了新时代……

（略）

大会号召，全党全国各族人民要紧密团结在以习近平同志为核心的党中央周围，高举中国特色社会主义伟大旗帜，认真学习贯彻习近平新时代中国特色社会主义思想，锐意进取，埋头苦干，为实现推进现代化建设、完成祖国统一、维护世界和平与促进共同发展三大历史任务，为决胜全面建成小康社会、夺取新时代中国特色社会主义伟大胜利、实现中华民族伟大复兴的中国梦、实现人民对美好生活的向往继续奋斗！

点评：这篇决议层次清晰严密，事理融会贯通，头尾呼应，浑然一体，符合这类决议的基本写作特点。此决议从开头说明背景，到具体的决议内容，再到结尾发出号召，整个决议非常严密，各个环节之间具有连贯性，让受众理解和贯彻起来也更加容易。

扩展阅读 **决议的写作要领**

扫一扫

决议产生于会议，因此在编制决议前，要准确把握会议中心，然后要用好号召性的文字，还要有快速成文的敏捷性。详细内容可扫描右侧二维码做进一步了解。

决议的写作要领

4.2 » 决定

"决而定之"谓之"决定"。决定属于下行文种，上至党和国家的重大决策和战略部署，下至基层单位的奖惩事宜均可使用。

👤 专家点拨

用决定来安排的行动必须是"重大的"，所处理的事项必须是"重要的"，而布置和处理一般的日常工作时不适宜使用这一文种。

4.2.1 决定的特点与类型

1. 决定的特点

决定具有指导性、严肃性、针对性、强制性和稳定性等特点，具体如下。

◆ **指导性**：决定集中体现了上级领导机关对重要事项的决策，具有较强的理论性、政策性，是指导下级机关的工作准则。

◆ **严肃性**：决定是对重要事项做出的安排，下级机关必须认真如实执行，不能随意变通执行。

◆ **针对性**：决定是根据现实问题做出的安排、部署和决策，具有较强的针对性。

◆ **强制性**：决定是下行文，由上级机关制发，要求下级机关无条件贯彻执行，这就使得决定具有强制性。

◆ **稳定性**：决定要求在较长时间内贯彻执行，并在较长时间内发挥作用。

2. 决定的类型

决定适用于对重要事项做出决策和部署、奖惩有关单位或个人、变更或者撤销下级机关不适当的决策事项等。按照这些用途，决定可分为以下4类。

◆ **法规性决定：** 用于发布权力机关制定、修订或试行的法律文件以及由政府部门制定的行政法规，如"××市人民政府关于修改《××市商品交易市场管理规定》的决定"。

◆ **指挥性决定：** 用于对某个问题、某种事项、某种行动进行决策性的指挥部署，如"××市人民政府关于加快全市工业发展的决定"。

◆ **奖惩性决定：** 用于表彰或处分有关的单位或个人，如"关于表彰××××年度先进集体和先进个人的决定"。

◆ **变更性决定：** 用于变更机构人事安排或撤销下级机关不适当的事项，如"国务院关于撤销××同志××省××职务的决定"。

4.2.2　决定与决议的区别

决定和决议是两个完全不同的文种，可以从制作程序、作用和写法上对二者进行区分。

1．制作程序不同

决定不一定要经过法定会议讨论通过这一程序，既可以是某种会议讨论研究的成果，并将之形成正式文件予以公布，也可以由各级领导机关直接制作并予以公布；决议则必须经过某一级机关或组织机构的法定会议对某一议题进行集体讨论，由法定多数表决通过，然后形成正式的文件，并以会议的名义公布。

换句话说，凡未经有关法定会议讨论通过这一程序，而是直接以领导机关的名义发布的议决性文件，就只能使用决定这一文种。

2．作用不同

不同类型的决定有不同的作用，有的决定要求下级机关执行，有的决定则只是起到知照的作用，并不要求下级机关执行，如某些宣告性的决定；决议则一律要求下级机关执行。

3．写法不同

决定着重提出开展某项工作的步骤、措施、要求等，其要求写得明确、具体，措施也更加实用，行政约束力强，可以直接成为下级机关行动的准则；决议往往写得比较概括，原则性条文更多，尤其是阐述性决议，除指出指令性意见外，还要对决议事项本身的有关问题进行若干必要的论述或说明。

4.2.3　决定的写作注意事项

对于决定这个文种而言，写作时应注意以下3点。

（1）文种使用要正确。决定的内容要和决定这一文种相符，避免把决定与命令等公文文种相混淆，写作之前要用心体会，正确区分。

（2）原因要简短明确。决定是具有强制性的公文，要求下级机关无条件执行。因此，行文时对于做出决定的原因应写得简短明确，不可长篇大论，以示决定的强制性。

（3）事项要具体可行。决定如果要求下级机关无条件执行，那么决定的事项就应该写得具体明确，具有很强的可行性，便于下级机关遵照执行。

4.2.4　决定的写作格式

决定主要由标题、主送机关、正文、发文机关署名和成文日期这几个要素组成，有的决定还可能在标题下包含发文字号等。

1．标题

决定的标题包含发文机关名称、事由和文种三大要素。如"中共中央 国务院关于反腐败斗争××××工作的决定"，会议通过的决定则应当在标题下利用括号注明"（××××年×月×日××会议通过）"。在决定中可将日期放在正文结束后，作为成文日期，也可放在标题下方。

2．主送机关

对于决定而言，主送机关并非必要的因素。一般情况下要写明主送机关，但如果制发对象明确，则可省略主送机关。

3．正文

决定的正文可以分为开头、主体和结尾3个部分，分别对应决定的依据、事项和要求。

◆ **开头：** 一般简要说明发文缘由、依据、目的、意义，通常用"特做出如下决定："或"特决定如下："过渡到下文。

◆ **主体：** 具体说明决定的事项。

◆ **结尾：** 提出执行要求，提出期望、发出号召或说明有关事项。

4．发文机关署名和成文日期

决定的发文机关署名和成文日期与一般公文的格式相同，应该加盖印章使决定具有法定效力。

✍写作技巧

决定注重对事件的缘由和事项进行详略处理，主要有3种写法：（1）略写缘由，详写事项，这是决定的一般写法；（2）详写缘由，简写事项，这种写法要求把缘由写得尽可能详细，因为它是决定事项的依据、前提；（3）不写缘由，只写事项，如果缘由是法定的或众所周知的，在不影响决定事项的权威和效用的情况下，可略去。

4.2.5 决定的范例

【法规性决定】

法规性决定一般由全国人民代表大会及其常务委员会以及国务院做出，这类决定一般没有主送机关、发文机关署名和成文日期，决定自公布之日起施行。法规性决定的正文一般较多，往往采用条文式的方式分条说明。总体来看，法规性决定一般由前言、主体和结尾构成。前言说明做出此决定的依据、原因、目的；主体用词严密准确，具体可行；结尾提出执行要求，最后一般以"本决定自公布之日起施行"结束。

国务院关于加强食品安全工作的决定

国发〔××××〕20号

各省、自治区、直辖市人民政府，国务院各部委、各直属机构：

食品安全是重大的民生问题，关系人民群众身体健康和生命安全，关系社会和谐稳定。党中央、国务院对此高度重视，近年来制定实施了一系列政策措施。各地区、各部门认真抓好贯彻落实，不断加大工作力度，食品安全形势总体上是稳定的。但当前我国食品安全的基础仍然薄弱，违法违规行为时有发生，制约食品安全的深层次问题尚未得到根本解决。随着生活水平的不断提高，人民群众对食品安全更为关注，食以安为先的要求更为迫切，全面提高食品安全保障水平，已成为我国经济社会发展中一项重大而紧迫的任务。为进一步加强食品安全工作，现作出如下决定。

一、明确加强食品安全工作的指导思想、总体要求和工作目标

（一）指导思想。（略）

（二）总体要求。（略）

（三）工作目标。（略）

二、进一步健全食品安全监管体系（略）

三、加大食品安全监管力度（略）

四、落实食品生产经营单位的主体责任（略）

五、加强食品安全监管能力和技术支撑体系建设（略）

六、完善相关保障措施（略）

七、动员全社会广泛参与（略）

八、加强食品安全工作的组织领导（略）

……

（二十八）严格责任追究。建立健全食品安全责任制，上级政府要对下级政府进行年度食品安全绩效考核，并将考核结果作为地方领导班子和领导干部综合考核评价的重要内容。发生重大食品安全事故的地方在文明城市、卫生城市等评优创建活动中实行一票否决。完善食品安全责任追究制，加大行政问责力度，加快制定关于食品安全责任追究的具体规定，明确细化责任追究对象、方式、程序等，确保责任追究到位。

国务院

××××年××月××日

点评：这篇决定在写作结构上采用的是"撮要小标题式"，即在决定的开端处，先用极简明的文字讲明制发本决定的背景、依据和目的，以显示主旨，因此称之为"撮要"；然后再分列小标题，主要表述今后的意见与要求，此谓"小标题"。这种写作结构具有主旨明白显露、层次逻辑严密的特点。一般来说，一些涉及重要事项且内容较多的决定，基本都采用这种写法。

【指挥性决定】

指挥性决定一般是对一些重要事项或事关全局的重大行动做出的决定，具有很强的法定政策性和指导性。指挥性决定的内容可以划分为两个部分，第一部分写明做出决定的背景、根据、目的、意义，第二部分同样适用条文式写法，如果条款较多，还可进一步使用小标题来划分层次。正文的结尾部分可以提出号召、要求，也可以省略。

全国人民代表大会常务委员会关于修改《中华人民共和国建筑法》等八部法律的决定

（2019年4月23日第十三届全国人民代表大会常务委员会第十次会议通过）

第十三届全国人民代表大会常务委员会第十次会议决定：

一、对《中华人民共和国建筑法》作出修改

将第八条修改为："申请领取施工许可证，应当具备下列条件：

"（一）已经办理该建筑工程用地批准手续；

"（二）依法应当办理建设工程规划许可证的，已经取得建设工程规划许可证；

"（三）需要拆迁的，其拆迁进度符合施工要求；

"（四）已经确定建筑施工企业；

"（五）有满足施工需要的资金安排、施工图纸及技术资料；

"（六）有保证工程质量和安全的具体措施。

"建设行政主管部门应当自收到申请之日起七日内，对符合条件的申请颁发施工许可证。"

二、对《中华人民共和国消防法》作出修改（略）

三、对《中华人民共和国电子签名法》作出修改

删去第三条第三款第二项；将第三项改为第二项，修改为："（二）涉及停止供水、供热、供气等公用事业服务的"。

四、对《中华人民共和国城乡规划法》作出修改

将第三十八条第二款修改为："以出让方式取得国有土地使用权的建设项目，建设单位在取得建设项目的批准、核准、备案文件和签订国有土地使用权出让合同后，向城市、县人民政府城乡规划主管部门领取建设用地规划许可证。"

五、对《中华人民共和国车船税法》作出修改

第三条增加一项，作为第四项："（四）悬挂应急救援专用号牌的国家综合性消防救援车辆和国家综合性消防救援专用船舶"。

六、对《中华人民共和国商标法》作出修改（略）

七、对《中华人民共和国反不正当竞争法》作出修改（略）

八、对《中华人民共和国行政许可法》作出修改（略）

《中华人民共和国商标法》的修改条款自2019年11月1日起施行，其他法律的修改条款自本决定公布之日起施行。

《中华人民共和国建筑法》《中华人民共和国消防法》《中华人民共和国电子签名法》《中华人民共和国城乡规划法》《中华人民共和国车船税法》《中华人民共和国商标法》《中华人民共和国反不正当竞争法》《中华人民共和国行政许可法》根据本决定作相应修改，重新公布。

点评：这篇决定的内容虽然是对法律的修改变更，但由于涉及的事项非常重要，且事关全局，具有很强的法定政策性和指导性，因此属于指挥性决定。这篇决定在写法上没有特别之处，只是将修改的法律和对应的内容罗列出来，并在结尾处说明了施行日期，同时还对其他法律法规的修改和公布要求进行了简要说明。就格式而言，此范文没有主送机关和生效标志，但在标题下方做了与决议相同的处理，说明了该决定通过的日期和会议，这进一步说明了此决定的重要性。

【奖惩性决定】

奖惩性决定主要是对一些事迹突出、有典型意义的先进个人或集体进行表彰，或对一些影响较大、群众关心的事故、错误进行处理。仅就奖惩性决定而言，其效果层次低于奖惩性命令，但高于

奖惩性通报。奖惩性决定的内容一般包括4个部分，分别是奖惩对象的情况说明、奖惩的原因和根据、奖惩的决定，以及提出期望和号召，或提出要求并吸取教训。

关于表彰2019年工程建设科学技术奖的决定

中施企协字〔2019〕66号

各关联协会，获奖单位，会员企业：

为深入贯彻落实习近平总书记关于科技创新的重要思想，不断推动工程建设企业实现高质量发展，依据《工程建设科学技术奖评选办法（2019年修订稿）》的规定，对2019年工程建设科学技术奖进行了评定。经中国施工企业管理协会科学技术委员会审定和会长会议批准，决定授予毛××、宗××2位同志工程建设最高科学技术奖；授予"分片掘进式装配地下综合管廊建造技术"工程建设技术发明奖一等奖，授予"零能耗太阳能独立住宅研发设计与施工综合技术"等12项成果工程建设技术发明奖二等奖；授予"敞开式TBM安全高效施工关键技术研究及应用"等60项成果工程建设科学技术进步奖一等奖，授予"大型艺术场馆异形曲面幕墙高精度施工关键技术研究"等308项成果工程建设科学技术进步奖二等奖。

希望获奖单位和个人谦虚谨慎、再接再厉，珍惜荣誉、再立新功。广大工程建设企业和科技工作者要向获奖单位和个人学习，不忘初心、牢记使命，勇攀科技高峰，勇于改革创新，推动工程建设行业科学技术不断取得新的发展、新的进步、新的突破，为实现我国经济高质量发展作出新的更大贡献。

附件：2019年工程建设科学技术奖名单

中国施工企业管理协会

2019年11月14日

【变更性决定】

变更性决定主要涉及职务的任免、机构的变更等情况。这类决定内容简明，直接指出变更的具体情况即可。

全国人民代表大会常务委员会
关于接受冯××辞去第十三届全国人民代表大会
常务委员会委员等职务的请求的决定

（2019年6月29日第十三届全国人民代表大会常务委员会第十一次会议通过）

根据《中华人民共和国全国人民代表大会组织法》第二十三条第三款"常务委员会的组成人员不得担任国家行政机关、审判机关和检察机关的职务；如果担任上述职务，必须向常务委员会辞去常务委员会的职务"的规定，第十三届全国人民代表大会常务委员会第十一次会议决定：接受冯××辞去第十三届全国人民代表大会常务委员会委员及全国人民代表大会农业与农村委员会委员职务的请求，报请第十三届全国人民代表大会第三次会议确认。

扩展阅读 通过范例了解决定写作的要点

　　写作决定时需要抱有严肃慎重、认真负责的态度，不仅要把决定的事项交代清楚，还应该站在更高的角度来提炼观点，使其既体现决定的目的、主旨，同时又能与时俱进，体现时代的特点。可扫描右侧二维码进一步了解决定的写作要点。

通过范例了解决
定写作的要点

4.3 » 命令（令）

　　命令（令）是国家行政机关及其领导人发布的有强制性、领导性、指挥性的下行公文。它适用于依照有关法律公布行政法规和规章；宣布施行重大强制性行政措施；嘉奖有关单位或个人；批准授予和晋升衔级等情形。命令必须严肃审慎，不能滥用、错用。

👤 专家点拨

　　根据《中华人民共和国宪法》和《中华人民共和国地方各级人民代表大会和地方各级人民政府组织法》的规定：全国人民代表大会常务委员会委员长、中华人民共和国主席、国务院总理、各部部长、各委员会主任可以发布命令。

4.3.1 命令的特点与类型

1. 命令的特点

命令具有重要性、权威性、强制性、指挥性等特点，具体如下。

◆ **重要性：** 命令所涉及的事项，无论是发布行政法规和规章，还是宣布施行重大强制性行政措施，都是非常重要的。此外，运用命令对相关人员进行奖惩处理，也是针对影响较大的情况，如果是一般性的表彰先进或批评错误，一般使用通报级别的文种即可。

◆ **权威性：** 除了有权发布命令的领导机关外，其他任何单位和个人均不得发布命令，这正是命令的权威性所在。一经发布，其他任何单位和个人都不得修改或歪曲命令，如果其他公文内容与命令的有关精神相抵触，也一律以命令为准。

◆ **强制性：** 在党政机关公文中，命令是强制性最高的文种。上级机关发布了命令，下级机关不管是否同意，不管有什么困难或问题，都必须无条件执行。违反命令或抗拒执行命令，会受到法律惩罚。

◆ **指挥性：** 命令的内容一般都具有指挥下级机关或有关人员行动的功能。

2. 命令的类型

命令的种类较多，最常用的命令主要有4种，分别是发布令、行政令、嘉奖令和任免令。

◆ **发布令：** 用于发布行政法规和规章的命令，由令文及附件组成，附件即是公布的行政法规和规章。

◆ **行政令：** 用于宣布施行重大强制性行政措施的命令。

◆ **嘉奖令：** 用于嘉奖有关单位或个人的命令，包括授勋令，这类命令一般也称为通令。

◆ **任免令：** 用于人事方面任免人员的命令。

4.3.2 命令的写作格式

命令主要包含标题、发文字号、主送机关、正文，以及发文机关署名和成文日期这几个要素。

1．标题

命令的标题结构较为灵活，一般有以下4种格式。

◆ **发文机关+事由+文种：**如"国务院对民航××机组的嘉奖令"。

◆ **发文机关+文种：**如"中华人民共和国主席令"。

◆ **事由+文种：**如"抗洪抢险的命令""向全国进军的命令"。

◆ **文种：**如"发布令""嘉奖令"。

2．发文字号

命令的发文字号有两种格式。

◆ **文件式：**由机关代字、年份、序号构成，如"国发〔2020〕2号"。

◆ **序号式：**以发令机关的发令顺序按年度编流水号，如"第35号""第124号"。

3．主送机关

命令的主送机关不是必要的，需要明确指定主送机关时应当编排此要素，主送机关较为明显时可以省略。

4．正文

不同类型的命令，其正文的写法各有不同，但总体来讲，一般包括发布命令的根据、事项、执行要求等内容。

5．发文机关署名和成文日期

命令需要由发文机关署名，或签署发令者职务和姓名；成文日期一般写在署名下方，也可以标注在标题之下。另外，命令需要加盖发令机关的公章才能生效。

4.3.3 命令的范例

【发布令】

发布令的标题有两种，一是由发令机关领导人职务加上文种（令）；二是发令机关加上文种（令）。常见的如"中华人民共和国主席令""中华人民共和国国务院令"等。

发布令的发文字号往往采用序号式编号，即所发命令的顺序号。

发布令的正文首先要说明发布的对象，即发布的是哪一个行政法规或条例，然后说明发布的依据，即哪一级组织或哪一次会议在何时通过了本法规或条例。署名落款后可公布具体的法规或条例的内容，最后是此命令的执行要求，即什么时候起施行本法规或条例。

中华人民共和国主席令

第三十五号

《中华人民共和国密码法》已由中华人民共和国第十三届全国人民代表大会常务委员会第十四次会议于2019年10月26日通过，现予公布，自2020年1月1日起施行。

中华人民共和国主席 习近平

2019年10月26日

中华人民共和国密码法

（2019年10月26日第十三届全国人民代表大会常务委员会第十四次会议通过）

目　录（略）

第一章 总　则

第一条 为了规范密码应用和管理，促进密码事业发展，保障网络与信息安全，维护国家安全和社会公共利益，保护公民、法人和其他组织的合法权益，制定本法。

第二条 本法所称密码，是指采用特定变换的方法对信息等进行加密保护、安全认证的技术、产品和服务。

第三条 密码工作坚持总体国家安全观，遵循统一领导、分级负责，创新发展、服务大局，依法管理、保障安全的原则。

…………

第二章 核心密码、普通密码（略）

第三章 商用密码（略）

第四章 法律责任（略）

第五章 附　则

第四十二条 国家密码管理部门依照法律、行政法规的规定，制定密码管理规章。

第四十三条 中国人民解放军和中国人民武装警察部队的密码工作管理办法，由中央军事委员会根据本法制定。

第四十四条 本法自2020年1月1日起施行。

点评： 发布令本身的内容实际上只有一句话，但由于发布令一般都涉及发布法规或条例，为使下级部门贯彻实施，所以会在发布令中将相关法规或条例一并公布。需要注意的是，发布令在说明发布对象后，一定要同时发布施行日期，准确告知新文件的生效日期，甚至说明旧文件的失效日期。

【行政令】

行政令也叫行政法令，是国家领导机关或领导人用于宣布施行重大强制性行政措施的命令类型，目前使用较少。行政令由3个部分构成，即标题、正文和签署。

扫一扫

行政令范例

◆ **标题：** 由发文机关、事由、文种组成，缺一不可，不可简化为两部分或一部分。如"国务院关于实行棉花计划收购的命令"，不能简化为"关于实行棉花计划收购的命令"或"命令"。

◆ **正文：** 一般先写发令目的、实施的起始时间和范围，然后罗列具体内容，最后写明对违令者的处罚。

◆ **签署：** 由署名和成文日期构成。署名为机关或机关领导人，如果是领导人，则需要在姓名前面写明职务；成文日期即签发日期。

【嘉奖令】

嘉奖令是机关对个人、集体取得重大功绩后进行公开表彰的文书，具有正式、庄重的特点。嘉奖令的发文单位级别较高，属于下行文。嘉奖令一经发出，下级机关必须坚决服从和执行。

嘉奖令由标题、正文和结尾3个部分组成。标题与行政令相同，必须写明发令机关、事由和文种，标题下写明发令日期。正文一般由先进事迹、嘉奖内容、号召3个部分组成。

◆ **先进事迹：**写在正文最前面，简明扼要地说明受嘉奖人最主要的功绩，以证明此人确实值得嘉奖。

◆ **嘉奖内容：**说明给予受嘉奖人怎样的奖励，如称号、晋级、物质奖励等。

◆ **号召：**表达发布命令者对有关人员的期望，一般应具体指出要向受嘉奖人学习什么，而不可高喊口号草草了事。

专家点拨

嘉奖令的发文机关一般有：全国人民代表大会常务委员会和委员长，中华人民共和国主席、国务院、国务院总理，国务院各部委及部长、各委员会主任，地方各级人民政府和人民代表大会，以及军队和公、检、法等的领导机关等。

中华人民共和国主席令

第三十四号

为了庆祝中华人民共和国成立70周年，隆重表彰为新中国建设和发展作出杰出贡献的功勋模范人物，弘扬民族精神和时代精神，根据第十三届全国人民代表大会常务委员会第十三次会议的决定，授予下列人士国家勋章、国家荣誉称号：

一、授予于敏、申纪兰（女）、孙家栋、李延年、张富清、袁隆平、黄旭华、屠呦呦（女）"共和国勋章"。

二、授予劳尔·卡斯特罗·鲁斯（古巴）、玛哈扎克里·诗琳通（女，泰国）、萨利姆·艾哈迈德·萨利姆（坦桑尼亚）、加林娜·维尼阿米诺夫娜·库利科娃（女，俄罗斯）、让-皮埃尔·拉法兰（法国）、伊莎白·柯鲁克（女，加拿大）"友谊勋章"。

三、授予叶培建、吴文俊、南仁东（满族）、顾方舟、程开甲"人民科学家"国家荣誉称号；

授予于漪（女）、卫兴华、高铭暄"人民教育家"国家荣誉称号；

授予王蒙、秦怡（女）、郭兰英（女）"人民艺术家"国家荣誉称号；

授予艾热提·马木提（维吾尔族）、申亮亮、麦贤得、张超"人民英雄"国家荣誉称号；

授予王文教、王有德（回族）、王启民、王继才、布茹玛汗·毛勒朵（女，柯尔克孜族）、朱彦夫、李保国、都贵玛（女，蒙古族）、高德荣（独龙族）"人民楷模"国家荣誉称号；

授予热地（藏族）"民族团结杰出贡献者"国家荣誉称号；

授予董建华"'一国两制'杰出贡献者"国家荣誉称号；

授予李道豫"外交工作杰出贡献者"国家荣誉称号；

授予樊锦诗（女）"文物保护杰出贡献者"国家荣誉称号。

中华人民共和国主席 习近平

2019年9月17日

点评：嘉奖令首先一定要说明嘉奖的原因，列出获奖的人员及对应的奖项，上文同时还说明了背景和目的，内容更为全面。

【任免令】

任免令主要用于任免干部和其他重要工作人员。其标题结构一般为"（××单位）关于××职务的任免令"；正文简洁，只需要依次说明人员的任职与免职等具体情况。

中华人民共和国国务院令

第719号

依照《中华人民共和国澳门特别行政区基本法》的有关规定，根据澳门特别行政区行政长官选举委员会选举产生的人选，任命贺一诚为中华人民共和国澳门特别行政区第五任行政长官，于2019年12月20日就职。

总理 李克强

2019年9月4日

点评：任免令通常由"依据"和"任命某职务"两个部分组成。任免令在结构上基本都是"篇段句合一"式，即全文只有一句话，这句话就是一段，也是命令的全文。当然，如果任免对象不止一位，则只需要在"篇段句合一"结构的基础上，罗列出具体的任免情况。

写作技巧

除上述几种外，命令还有惩戒令、撤销令、通缉令、戒严令等许多类型。它们的写法都较为相似，标题为"单位＋关于……的＋文种"的格式，正文可以分为3个部分，即"为什么做？怎么做？做了后怎么办？"。把握好这两点，就能写好各种类型的命令。

4.4 公报

公报也称新闻公报，是党政机关和人民团体公开发布重要决定或重大事项的报道性公文，是经常使用的重要文种。

4.4.1 公报的特点与类型

1．公报的特点

公报是一种兼具重要性、公开性和新闻性的文种，是公文写作中的重要文种之一。

◆ **重要性**：公报的发布机关级别很高，如国务院、全国人民代表大会常务委员会、国务院各部委、最高人民法院、最高人民检察院等，其涉及的内容都是党内外、国内外备受瞩目的重大事件。

◆ **公开性：** 公报即"公开报告"，是一种公之于众的文种，没有主送机关、抄送机关，全国、全世界的人都可以阅读。

◆ **新闻性：** 公报的内容一般都是最近发生的事件和最新做出的决定，是广大人民群众普遍关心的且有知情权但尚未获悉的事项。

2．公报的类型

按内容的不同，公报主要有刊物公报、会议公报、统计公报、联合公报等类型。

◆ **刊物公报：** 属于正式的出版刊物，是其他公文的载体，主要登载发文机关相关的通知、通告、决定、决议、报告等，如中华人民共和国国务院公报、全国人民代表大会常务委员会公报等。

◆ **会议公报：** 主要用来报道重要会议或会谈的决定和情况的公报，一般用于党中央召开的会议。

◆ **统计公报：** 党政机关和人民团体公开发布重大事件或重要决定事项统计数据的报道性公文。

◆ **联合公报：** 发布国家之间、政党之间、团体之间经由会议达成的某种协议。

4.4.2 公报的写作格式

除刊物公报外，公报一般包含标题、成文时间、正文等要素。如果是联合公报，则还要包括签署和日期。

◆ **标题：** 一般由事由和文种构成，如"××市××××年国民经济和社会发展统计公报""中国共产党××届中央委员会第××次全体会议公报"等。

◆ **成文时间：** 用括号在标题下方注明公报发布的年月日。

◆ **正文：** 公报的正文内容非常多，主要是对相关问题进行全面且详细的表述。常见的有分段式、序号式、条款式等写法。分段式写法即每段说明一层意思或一项决定；序号式写法多用于内容复杂、问题头绪较多的公报；条款式写法则多用于联合公报。

◆ **签署：** 会议公报和统计公报没有签署，联合公报则要在正文之后写明签署人的身份、姓名，签署时间、地点。

4.4.3 公报的范例

【刊物公报】

刊物公报是装订成册的正式出版物，其中包含了一个年度内相关机构的所有重大会议和事项，因此刊物公报是这些内容的载体。刊物公报的首页一般包含国徽、公报名称、年份、编号等要素；第二页为刊物内容的目录；第三页开始即为各种通知、意见、决定、决议等的详细内容。

扫一扫

刊物公报范例

【会议公报】

会议公报是将召开的重大会议中通过的内容公之于众，常见的有"中国共产党第××届中央委员会第××次全体会议公报""××峰会公报"等。这类公报主要包括标题、日期和正文3个部分。标题即"××公报"；日期即成文日期，可直接在标题下标注，也可加上括号和会议名称进行详细标

注：正文即罗列会议达成的内容，以及传达会议要求的精神等。

中国共产党第十九届中央委员会第四次全体会议公报

（2019年10月31日中国共产党第十九届中央委员会第四次全体会议通过）

中国共产党第十九届中央委员会第四次全体会议，于2019年10月28日至31日在北京举行。

出席这次全会的有，中央委员202人，候补中央委员169人。中央纪律检查委员会常务委员会委员和有关方面负责同志列席会议。党的十九大代表中的部分基层同志和专家学者也列席会议。

全会由中央政治局主持。中央委员会总书记习近平作了重要讲话。

全会听取和讨论了习近平受中央政治局委托作的工作报告，审议通过了《中共中央关于坚持和完善中国特色社会主义制度、推进国家治理体系和治理能力现代化若干重大问题的决定》。习近平就《决定（讨论稿）》向全会作了说明。

全会充分肯定党的十九届三中全会以来中央政治局的工作。一致认为，面对国内外风险挑战明显增多的复杂局面，中央政治局高举中国特色社会主义伟大旗帜，坚持以马克思列宁主义、毛泽东思想、邓小平理论、"三个代表"重要思想、科学发展观、习近平新时代中国特色社会主义思想为指导，全面贯彻党的十九大和十九届二中、三中全会精神，准确把握国内国际两个大局，着力抓好发展和安全两件大事，加强战略谋划，增强战略定力，坚持稳中求进工作总基调，继续统筹推进"五位一体"总体布局和协调推进"四个全面"战略布局，团结带领全党全国各族人民攻坚克难、砥砺前行，庆祝中华人民共和国成立70周年系列活动极大振奋和凝聚了党心军心民心，庆祝改革开放40周年系列活动增强了将改革进行到底的信心，"不忘初心、牢记使命"主题教育成效明显，深化党和国家机构改革各项工作胜利完成，改革开放全面深化，经济社会保持健康稳定发展，坚决打好三大攻坚战和应对各种风险挑战工作有力有效，国防和军队现代化深入推进……

（略）

全会号召，全党全国各族人民要更加紧密地团结在以习近平同志为核心的党中央周围，坚定信心，保持定力，锐意进取，开拓创新，为坚持和完善中国特色社会主义制度、推进国家治理体系和治理能力现代化，实现"两个一百年"奋斗目标、实现中华民族伟大复兴的中国梦而努力奋斗！

点评：这是一篇典型的会议公报，因此具备会议纪要的一些特性，如点明会议的举行日期、地点，说明出席会议的人员，主持会议的单位等；然后借助公报的方式将会议内容和达成的共识等公之于众，让受众可以在了解会议开展的具体情况的同时，更容易接受会议所要传达的思想和精神。

【统计公报】

统计公报的作用是将大规模的统计活动数据进行汇总并公之于众，如政府年度统计、经济普查、人口普查、工农业普查等，都需要在进行统计分析后，利用公报这一文种向大众汇报相关情况。统计公报的结构与会议公报相似，也是由标题、日期和正文构成。标题和日期的写法也与会议公报相同；正文中只需要将统计的数据全方位且系统地罗列出来，必要时可以给出相关结论。

第四次全国经济普查公报（第一号）
——第四次全国经济普查顺利完成

国家统计局

国务院第四次全国经济普查领导小组办公室

2019年11月20日

根据《全国经济普查条例》规定和《国务院关于开展第四次全国经济普查的通知》（国发〔2017〕53号）要求，我国进行了第四次全国经济普查，普查的标准时点为2018年12月31日，普查的时期资料为2018年度，普查对象是我国境内从事第二产业和第三产业活动的全部法人单位、产业活动单位和个体经营户。按照党中央、国务院统一部署，在各地区、各部门和各级普查机构的共同努力下，经过广大普查人员两年来的艰辛努力以及全国范围内普查对象的积极参与，第四次全国经济普查全面完成方案设计、单位清查、现场登记、事后质量抽查、汇总评估等各项任务，取得重大成果和显著成效。

一、组织领导有力（略）

二、全面摸清家底（略）

三、采用科学方法（略）

四、创新普查方式（略）

五、强化执法监督（略）

六、确保数据质量（略）

总体来看，第四次全国经济普查充分运用了现代信息技术手段，普查全过程公开透明，全面摸清了我国第二产业和第三产业家底，能够真实反映我国经济社会发展状况，达到了预期目标。普查结果显示，2018年年末，全国共有从事第二产业和第三产业活动的法人单位2178.9万个，与2013年第三次全国经济普查相比，增长100.7%；从业人员38323.6万人，增长7.6%；产业活动单位2455.0万个，增长88.3%；个体经营户6295.9万个。

点评：这篇统计公报充分展现了统计公报的特点。首先说明编制此公报的依据，它决定公报的数据内容是否科学、准确和可靠；然后用大量真实的统计数据来展现具体的统计情况，在让人全面了解统计情况的同时，也让人对数据信服。统计类公报都需要将重点放在数据及对比上，通过数据来系统反映统计对象的情况，但这并不是要求数据越多越好，而应该有的放矢，以需要反映出哪些情况来决定使用哪些数据为宜。

【联合公报】

联合公报多是指两个或两个以上的国家、政府、政党就有关重大国际问题、事件的会谈进展和经过、达成的协议等所发表的正式文件，是用以表明双方或多方对同一问题的共同看法的报道，或是经过谈判达成的相关权利和义务的协议文书。

扫一扫

扩展阅读 **联合公报的分类**

联合公报可分为一般联合公报和条约性公报。前者一般是由双方协商决定一个报道稿件，然后在各自国家的重要报刊上发表；后者规定了谈判各方享有的权利和承担的义务，必须经过各自全权代表签署。可扫描右侧二维码详细了解。

联合公报的分类

4.5 » 公告

公告一种向国内外宣布重要事项或者法定事项的公文，上至国家高级权力机关、行政机关，下至各机关部门、人民团体、企事业单位等都可以使用，目的在于让有关方面或人民群众对相关事项及时知晓。

4.5.1 公告的特点与类型

1．公告的特点

公告一般在报刊等传播媒体上公开刊登，它具有非常鲜明的特点。

◆ **广泛性：** 指发布范围非常广泛。公告的内容不只是在国内，还可以在世界范围内公布。也就是说，公告中公布的事项须在国内外构成影响，只对国内，或只与小范围区域有影响的事件，如某铁路局临时增开旅客列车，某商厦春节休假几口等，是不能用"公告"这一文种的。

◆ **单一性：** 指内容单一。公告强调"一文一事"，而不能将几件事都列于同一篇公告之中，如外国领导人向我党和国家领导人当选者祝贺，以及祝贺我国人造卫星顺利升空，这两件关于祝贺的公告只能分开拟制并发布，不能同处于一篇公告中。

◆ **重大性：** 指事项重大。公告的内容必须是能在国际国内产生一定影响的重大事项，或者依法必须向社会公布的法定事项。一般性的决定、指示、通知的内容，都不能用公告的形式发布，因为它们很难产生全国和国际性的意义。

◆ **公开性：** 指公告的传播公开透明。公告虽然是一种公文，但它不在党政机关之间传播，而是通过新闻媒介，如报纸、电台、电视台等公开宣布。

◆ **新闻性：** 指公告的内容及时。公告的内容都是最新的、群众应知而未知的事项，在一定程度上具有新闻的特点。

2．公告的类型

公告主要有要事性公告、政策性公告、任免性公告、法定性公告4种类型。

◆ **要事性公告：** 国家党政机关向国内外宣布重大事项、重要事件的公告。如宣布重大国事活动、重大科技成果，答谢国外有关部门对我国重大活动的祝贺等。如"国务院和中央军委×××年×月×日关于××驻军的公告"，宣布中华人民共和国中央人民政府派驻××地区部队，将于×××年×月×日×时正式进驻××，这一重大历史事件是具有世界性意义的。

◆ **政策性公告：** 凡国家行政机关向国内外发布方针、政策时，均可用此类公告。如根据《中华人民共和国商标法》及其实施细则发布的商标公告，根据《中华人民共和国专利法》发布的申请专利公告，都是政府的职能部门依据有关法令、规定，按照法定程序发布的。目的是通过法律手段对某些专门事项进行鉴定、保护，以引起国内外有关方面的了解，并形成准则。

◆ **任免性公告：** 向国内外宣布人员职务任免事宜时，采用此类公告，这类人员多系国家领导人和政府重要官员。如换届时全国人民代表大会主席团发布的"中华人民共和国全国人民代表大会公告"，其中第二号一般都是公布会议选举国家主席、副主席的结果。

◆ **法定性公告：** 向国内外宣布法定事项或颁布法律、法规而使用的公告。如《中华人民共和国宪法》由中华人民共和国第××届全国人民代表大会第××次会议于××××年×月×日通过"中华人民共和国全国人民代表大会公告"公布施行，这就是最典型的法定性公告。

4.5.2 公告的适用范围

公告的适用范围非常广泛，归纳起来主要有以下几个方面。

◆ 以国家名义向国内外宣布重大事件，有时也授权新华社以公告形式来公开宣布某一事项的有关规定、要求。如公布国家领导人的出国访问，国家领导人的选举结果，洲际导弹、人造卫星的发射等。

◆ 用于人民法院审理案件，如向被告送达法律文书等。

◆ 国家机关使用公告公布事项，只限在自己的职权范围内，基层单位一般不能制发公告。

4.5.3 公告的写作注意事项

写作公告时，应注意以下4点。

（1）公告写作要直陈其事，如实公告；语言要严肃庄重，不发表评论，不加说明，更不能抒情。

（2）公告一般不编号，但如果某一次会议或某一专门事项需要连续发布几个公告时，则应在标题下编号。

（3）不能把公告当作"启事""声明""广告"等文种来使用。不能望文生义，将"公告"理解为"公开告知"有关事项，如声明某业务与本单位无关，揭露有人冒充某报记者等，这类事件就不能使用公告。

（4）公告不是通告，不能在发布所有具有公布性的事项时都使用"公告"这一文种，一定要注意，公告是向国内外宣布重要事项或者法定事项的公文。

4.5.4 公告的写作格式

公告由标题、正文、落款三大部分组成。

◆ **标题：** 可以有3种形式，分别是"发文机关＋事项＋文种""发文机关＋文种""文种"（即公告）。

◆ **正文：** 一般包含事由、事项和结语3个部分。事由即说明公告的原因和目的；事项即告知的内容；结语即希望、要求、警告等，常用"现予公告""特此公告"等习惯用语收尾。

◆ **落款：** 写明发文机关的名称和成文日期。

✍ **写作技巧**

如果发文机关的名称已经在标题中出现，落款处则可以省略不写。另外，成文日期可以直接标注在标题下方，不必在落款处编写。

4.5.5 公告的范例

【要事性公告】

要事性公告是非常重大和有影响力的公告，主要涉及国家的政治、经济、军事、科技、教育、人事、外交等方面需要告知全民的重要事项。其结构比较简单，依次写明标题、公告内容、署名和成文日期即可。

【政策性公告】

政策性公告是将相关的法规或条例等文件正式予以公告，并将文件内容一并发布给公众，使其知晓。政策性公告包括标题、发文字号、正文和落款，如有需要，还可以包括具体的政策内容。

关于深化增值税改革有关政策的公告

财政部 税务总局 海关总署公告2019年第39号

为贯彻落实党中央、国务院决策部署，推进增值税实质性减税，现将2019年增值税改革有关事项公告如下：

一、增值税一般纳税人（以下称纳税人）发生增值税应税销售行为或者进口货物，原适用16%税率的，税率调整为13%；原适用10%税率的，税率调整为9%。

二、纳税人购进农产品，原适用10%扣除率的，扣除率调整为9%。纳税人购进用于生产或者委托加工13%税率货物的农产品，按照10%的扣除率计算进项税额。

三、原适用16%税率且出口退税率为16%的出口货物劳务，出口退税率调整为13%；原适用10%税率且出口退税率为10%的出口货物、跨境应税行为，出口退税率调整为9%。

2019年6月30日前（含2019年4月1日前），纳税人出口前款所涉货物劳务、发生前款所涉跨境应税行为，适用增值税免退税办法的，购进时已按调整前税率征收增值税的，执行调整前的出口退税率，购进时已按调整后税率征收增值税的，执行调整后的出口退税率；适用增值税免抵退税办法的，执行调整前的出口退税率，在计算免抵退税时，适用税率低于出口退税率的，适用税率与出口退税率之差视为零参与免抵退税计算。

……

九、本公告自2019年4月1日起执行。

特此公告。

财政部 税务总局 海关总署

2019年3月20日

点评：一般情况下，政府规章、部门规章等等级较高的法规条例会以发布令的形式公布，针对企业、单位的办法和条例等会以公告的形式公布。上述范文是一篇典型的政策性公告，其内容是告知与增值税改革相关的各项政策。对于这类政策性公告而言，标题下方一般需要标注发文机关、公告的年份和字号，正文首先可以说明执行该政策的原因、目的，然后准确说明政策内容，结尾则要注意两点，一是告知此公告正式开始执行的日期，二是注意以"特此公告"等习惯性用语收尾。

【任免性公告】

任免性公告是将重大人事变动公之于众，它与变更性决定不同，变更性决定只需要将人事变更的情况通知相关部门，任免性公告则必须让人民群众知晓，因此公布国家领导或重要机关的人事变动时才会使用公告。任免性公告的写法比较简单，依次编写标题、发文字号、具体的人事变动情况和落款。

全国人民代表大会常务委员会公告

〔十三届〕第二号

湖南省人大常委会决定接受向长江辞去第十三届全国人民代表大会代表职务。依照《中华人民共和国全国人民代表大会和地方各级人民代表大会代表法》的有关规定，向长江的代表资格终止。

第十三届全国人民代表大会代表丁玉华因病去世。全国人民代表大会常务委员会对丁玉华代表的去世表示哀悼。丁玉华的代表资格自然终止。

截至目前，第十三届全国人民代表大会实有代表2 979人。

特此公告。

全国人民代表大会常务委员会

2018年8月31日

【法定性公告】

法定性公告是依照有关法律和法规的规定，将其中的重要事情和主要环节以公告的方式向全民公布。法定性公告结构简单，通常情况下只包含标题和正文。

国家税务总局浙江省税务局关于自然人税收管理系统搬迁升级的公告

按照自然人税收管理系统搬迁升级的部署要求，国家税务总局浙江省税务局将于2019年9月21日开始进行自然人税收管理系统（个人所得税部分，以下简称"ITS"）搬迁升级工作。届时，ITS系统业务将暂停对外办理，现将有关事项通告如下：

一、暂停办理业务的时间及范围

（一）暂停办理业务时间

2019年9月21日7时至2019年9月23日8时。

（二）暂停办理业务渠道

全省各级税务机关办税服务厅、政务服务中心办税窗口、委托代征单位等办税服务场所（即税务大厅端）、扣缴义务人使用的扣缴客户端及Web和App端。

（三）暂停办理业务范围

ITS系统暂停办理所有业务。

二、恢复业务办理安排

2019年9月23日8时，以上暂停业务渠道恢复办理。

三、注意事项

（一）请广大纳税人、扣缴义务人妥善安排时间，提前办理系统切换期间停办的涉税事项，避免因系统切换造成影响。

（二）系统切换完成业务恢复办理初期，请广大纳税人、扣缴义务人合理安排时间，错峰办理涉税事项，避免因大厅拥堵导致办税时间延长。

……

特此公告。

国家税务总局浙江省税务局

2019年9月20日

点评：这是一篇法定性公告，它的结构顺序符合人们认识事物的思维方式，条理清晰，自然顺畅，一目了然。在受众为公众的情况下，这种写法非常合适。首先说明公告的依据，然后逐次罗列公告内容，清楚交代具体事项，避免含混不清的内容或容易引起歧义的内容，让受众可以顺利了解并消化此公告。

4.6 » 通告

通告属于周知性文种，适用于在一定范围内公布应当遵守或者周知的事项。通告的使用面比较广泛，一般机关、企事业单位甚至临时性机构都可使用，但强制性的通告必须依法发布，其限定范围不能超过发文机关的权限。

专家点拨

通告与公告同属周知性公文，但各有特点。通告所宣告的事项多属于专业性或业务性的，多涉及公安、交通、金融方面；公告发布的则为重大事项。

4.6.1 通告的特点与类型

1．通告的特点

通告是各级机关、团体常用的具有周知性和一定约束力的文种，具有周知性、法规性、务实性和广泛性等特点。

◆ **周知性**：通告的内容要求一定范围内的人群或特定的人群普遍知晓，以使他们了解有关政策法令，遵守某些规定事项，共同维护社会公务管理秩序。

◆ **法规性**：通告常用来颁布地方性的法规，这些法规一经颁布，特定范围内的部门、单位和民众都必须遵守、执行。

◆ **务实性**：通告是一种直接指向某项事务的文种，务实性比较突出；其内容一般属于业务方面的问题，而且多为局部的、具体的问题，交通、金融、能源部门等使用通告的频率比较高。

◆ **广泛性：** 通告不只是对本组织或成员发出，还是对本组织之外的社会成员发出的，对象范围较广。

2．通告的类型

通告是在公布社会各有关单位和个人应当遵守或者周知的事项时所使用的公文文种。按公布的内容不同来划分，通告有以下3种类型。

◆ **知照性通告：** 公布的是需要有关单位和个人周知的某些事项，如通告停电、停水、电话号码升位等。

◆ **办理性通告：** 公布的是要求有关单位和人员办理的事项，要求办理的事项多为注册、登记、年检等公共行为。

◆ **禁管性通告：** 公布的是一些令行禁止的事项，如交通管制、违禁物品查禁等事项。

4.6.2 通告与公告的区别

通告与公告是初学公文写作者容易混淆的两个文种。实际上，它们之间是有明显区别的，具体可以从发文机关级别、发布内容、告知对象和发布方式等方面来辨析。

◆ **发文机关级别：** 公告通常是由级别较高的领导机关，或者法定的有关职能部门等高级机关制发，普通单位不能用公告行文；通告的发文机关很多，任何机关单位都可以制发。

◆ **发布内容：** 对国内外宣布具有重大影响的事件，才用公告，如国家主席出访等；通告的内容比较平常，局部的有关业务工作方面的具体事项都可通告。

◆ **告知对象：** 公告的范围一般是国内外人士；通告只针对一定范围内的单位或人员。

◆ **发布方式：** 公告一般用发文件、登报、广播等方式发布；通告除了这些形式外，还可使用张贴这种发布方式。

4.6.3 通告的写作格式

通告使用广泛，因此更应该规范其写作格式。总体来看，通告包含的要素主要有标题、发文字号、正文和落款4种。

1．标题

通告的标题可以有4种写法，具体如下。

◆ 由发文机关、事由、文种3个部分共同构成，如"关于××区××街施工期间禁止机动车由南向北行驶的通告"。

◆ 由发文机关、文种组成，如"中华人民共和国公安部通告"。

◆ 由事由和文种构成，如"关于清理整顿河道污染的通告"。

◆ 只标记文种"通告"二字。

2．发文字号

通告的发文字号有多种编排方法。如果是政府发布通告，则要有正规的发文字号，如"××市人民政府关于整治市区人行道违章停放车辆的通告",发文字号就是"市政告字〔××××〕××号";如果是某一行业管理部门发布通告,则可采用"第×号"的方式;一些基层企事业单位发布的通告,则可以没有发文字号。

3．正文

通告的正文由3个部分构成,即通告缘由、通告事项、通告结语。

◆ **通告缘由:**表达发布通告的背景、根据、目的、意义。其通过叙述相关的政策、法规依据或具体的实际情况来说明行文的原因。

◆ **通告事项:**写明社会有关方面周知或遵守的事项。内容太多时,应做到条理分明、层次清晰;内容单一时,应做到逻辑清晰、行文准确。

◆ **通告结语:**多采用"本通告自发布之日起实施"指明执行日期,或用"特此通告""此告"等习惯用语结尾。

4．落款

通告正文后应写明发文机关全称,如果标题中已有发文机关名称,则正文后的署名可以省略;成文日期一般放在署名之后,也可放在标题之下。

4.6.4 通告的范例

【知照性通告】

知照性通告最能体现通告这一文种的特点,它可以让某些信息及时被公众知晓。知照性通告包含标题、发文字号、正文和落款等通告的所有要素。

关于进一步保护未成年人免受电子烟侵害的通告

2019年第1号

2018年8月28日,国家市场监督管理总局、国家烟草专卖局发布了《关于禁止向未成年人出售电子烟的通告)(国家市场监督管理总局 国家烟草专卖局通告2018年第26号,以下简称《通告》)。自《通告》发布以来,社会各界共同保护未成年人免受电子烟侵害的意识普遍增强,向未成年人直接推广和销售电子烟的现象有所好转。但同时也发现,仍然有未成年人通过互联网知晓、购买并吸食电子烟。甚至有电子烟企业为盲目追求经济利益,通过互联网大肆宣传、推广和售卖电子烟,对未成年人身心健康造成巨大威胁。为进一步保护未成年人免受电子烟侵害,现将有关事项通告如下:

电子烟作为卷烟等传统烟草制品的补充,其自身存在较大的安全和健康风险,在原材料选择、添加剂使用、工艺设计、质量控制等方面随意性较强,部分产品存在烟油泄露、劣质电池、不安全成分添加等质量安全隐患。按照《中华人民共和国未成年人保护法》的有关规定要求,为加强对未成年人身心健康的保护,各类市场主体不得向未成年人销售电子烟。任何组织和个人对向未成年人销售电子烟的行为应予以劝阻、制止。

同时,为进一步加大对未成年人身心健康的保护力度,防止未成年人通过互联网购买并吸食电子烟,自本通告印发之日起,敦促电子烟生产、销售企业或个人及时关闭电子烟互联网销售网站或客户端；敦促电商平台及时关闭电子烟店铺，并将电子烟产品及时下架；敦促电子烟生产、销售企业或个人撤回通过互联网发布的电子烟广告。

……………

特此通告。

国家烟草专卖局　国家市场监督管理总局

2019年10月30日

点评： 这篇关于保护未成年人免受电子烟侵害的通告，正文由3个部分内容组成。第一部分为发布通告的原因、背景和目的，写法明确清晰，使人一看便知为什么要发布此通告；第二部分为通告事项，分别从电子烟自身的危害、应该采取哪些措施，以及相关部门如何监管等方面来说明通告的具体内容；第三部分以"特此通告。"收尾。从整体写作结构上来看，该范文非常典型，极具参考价值，是知照性通告的标准写法。

【**办理性通告**】

办理性通告的主要用途是告知公众就某个事项应该采用何种方法进行操作。除应该告知的办理方法外，通告的语气应该比较委婉，表达出因为更改了办理方法而给公众带来不便的歉意。就写作格式而言，办理性通告应该包含标题、正文和落款。其中正文往往会有"敬请谅解！""特此通告！"等习惯用语。

关于使用"×××"数字证书办理网上业务的通告

尊敬的各位纳税人：

　　××市人民政府为落实惠民措施，××××年年初将为全市法人企业统一免费发放"×××"数字证书（第一张证书免费），方便企业在××辖区内办理各委办局相关业务，××市税务局从××××年×月×日起也将接收"×××"证书办理××市税务局网上业务。

　　在证书更换期间请广大纳税人注意如下提示：

　　一、自××××年×月×日起，新办纳税人不必购买CFCA数字证书，可以到"×××"发放窗口免费领取"×××"证书（"×××"发放窗口清单附后，"×××"客户服务电话××××）。

　　二、××税务网上办税系统从××××年×月×日起接收"×××"证书办理业务的同时，原有CFCA数字证书可以继续使用。

　　三、持有CFCA数字证书在××××年×月×日至×月×日到期的纳税人，请于×月×日后通过××税务网上办税厅下载临时证书，下载地址：××××××，临时证书有效期为一个月，请在临时证书有效期结束前到税务部门取得"×××"证书以便继续办理××税务网上业务。

　　四、持有CFCA数字证书在××××年×月×日以后到期的纳税人，请在证书到期前一个月内到税务部门取得"×××"证书以便继续办理××税务网上业务。

　　五、纳税人使用"×××"证书办理××税务相关业务无法通过或遇到问题的纳税人，请到××税务CFCA数字证书颁发窗口申请免费临时证书（证书有效期一个月），临时办理××税务网上业务，"×××"证书问题解决后继续使用"×××"证书办理相关业务。

在证书换发过程中原有网上业务技术服务电话继续保持服务（××××，××××）。在此期间给您带来的不便，敬请谅解！

特此通告！

国家税务总局 ××市税务局

××××年×月×日

点评： 这篇通告面向的是广大人民群众，由于受众知识水平和接受水平不一，对于这类通告的写作，一定要照顾所有受众，将告知的内容写得清楚明白、简单易懂。

【禁管性通告】

禁管性通告在结构上和其他类型的通告相似，但对于内容而言，它必须说明哪些是违法和违规的操作，违法和违规后会承担什么后果，这样才能让公众清楚什么是正确的行为，才能起到通告的作用。

关于禁止违法建设行为和拆除违法建筑的通告

为加强城镇建设和管理，改善城镇环境，提升城镇品质，提高居民生活质量，根据《中华人民共和国土地管理法》《中华人民共和国城乡规划法》规定，现就禁止违法建设行为，拆除违法建筑有关事项通告如下。

一、全区所有单位和个人，凡是违反土地、规划、建设等有关法律法规，未经国土、规划、住建等相关部门批准，无建设用地批准文件、建设用地规划许可证、建设工程规划许可证或不按照许可规定建造的建（构）筑物均属违法建筑。

二、自本通告发布之日起，严禁新发生任何违法建筑。一经发现，责令自行拆除，否则依法强制拆除。本通告发布之前已经形成的违法建筑，另外制定拆除办法。

三、依法强制拆除的违法建筑一律不予补偿。

四、对阻碍行政执法部门履行职责，违反《中华人民共和国治安管理处罚法》的，由公安机关按照有关规定予以处罚。构成犯罪的，依法追究刑事责任。

五、党员干部、公职人员等参与建设违法建筑的，由纪检监察机关追究纪律责任。

六、本通告自发布之日起实施。

××市××管理区管理委员会

××××年×月×日

点评： 本通告是针对一类具体行为而言的，且属于禁止行为类的禁管性通告。首先必须说明为什么禁止，禁止的依据是什么，方可服众；然后应该详细说明哪些属于这类禁止的行为，产生这类行为的后果等内容，让后期的查处行动有章可循，有据可查。

4.7 》意见

意见是上级领导机关、同级机关之间或主管部门，针对当前或者将来要进行的主要工作和亟待解决的重大问题提出原则性的要求和具体的处理办法的，直接发至下级机关或转发到有关机关要求其遵照执行的，具有指示作用的公文，适用于对重要问题提出见解和处理办法。

4.7.1 意见的特点与类型

1. 意见的特点

意见具有多向性、针对性和多样性等特点，具体如下。

- **多向性：** 指行文方向的多向性。意见可以用于上级机关对下级机关提出一些指导性、规定性的意见，作为下行文来使用；也可以用于下级机关对上级机关提出一些建议性见解，作为上行文来使用；还可以用于同级机关之间互相提出建议或意见，作为平行文来使用。
- **针对性：** 指内容具有针对性。意见是根据现实的需要，针对某项工作或某一重要的问题，经仔细研究后提出的见解或处理意见，有的放矢，有着较强的针对性和可操作性。
- **多样性：** 指作用的多样性。这实际上与意见的行文方向相辅相成。意见行文方向的多向性就决定了意见可以具备多种作用，既可以用来指导下级机关的工作，也可以起到为上级机关提供参考的作用，还可以用于平级和不相隶属机关之间提出参考性意见。

专家点拨

意见往往是对一些需要解决但还没有掌握其规律的问题提出的见解和办法，因此它还具备一定的探索作用。

2. 意见的类型

根据行文方向的不同，意见可分为上行文、下行文和平行文。按照意见内容的性质和用途，意见还可以分为指导性意见、实施性意见和建议性意见。

- **指导性意见：** 用于向下级机关布置工作，对下级有一定的规范作用和行政约束力，具有较突出的指导性。主要是阐明工作的原则和方法，为下级开展工作留有更多的余地。
- **实施性意见：** 用于为某一时期、某方面的工作规定目标和任务，提出措施、方法和步骤。
- **建议性意见：** 用于向上级提出工作建议、设想。具体又可分为呈报性建议意见和呈转性建议意见。前者是向上级机关提出某方面工作的建议，供上级决策参考，上级对此类意见可不行文反馈；后者是有关单位就开展和推动某方面的工作提出初步的设想和打算，呈送上级机关审定，并要求批转更大范围的有关方面执行的意见。意见一经上级机关批转，则代表了上级机关的意见。

4.7.2 意见与其他相似文种的区别

意见，特别是上行意见，容易与报告和请示这两个文种混淆，而实际上它们在使用上是有明显区别的。

1. 报告与意见（上行）的区别

报告侧重于汇报工作、反映情况，多数情况下不涉及今后的具体工作意见，也不要求上级做出批示。只有所反映的情况涉及工作中一些普遍性的问题时，才会往往顺势针对该问题提出今后的解决办法，要求上级加以批转，这就是通常所说的"呈转性报告"。

意见（上行）虽然也要陈述情况，但这里的情况是指特定的内容，它通常是对工作中遇到的某一重要问题的分析与见解，报告是对工作情况的综合与归纳。意见陈述情况的目的在于为提出见解和处理办法进行铺垫，所提的意见，不是要求上级给予批示，就是请求上级加以批转，而报告在多数情况下对上级没有批示或批转的请求。

2. 请示与意见（上行）的区别

请示的内容较多涉及的是人、财、物、机构、编制、出境、出国，以及工作中遇到的急需上级做出指示、决定或由上级加以审批的具体事项和问题，即通常所说的"硬件"，不批复工作就无法进行。

意见（上行）的内容则多是对工作中一些重大问题提出见解和处理办法，以及对所遇到的困难要求上级给予指示或支持，即通常所说的"软件"。

换句话说，请示要求指示和批准的事项一般是本机关、本单位的具体问题，而意见往往是主管机关或业务部门对较大范围内的重要问题提出的事关全局的见解和处理办法。

4.7.3 意见的写作格式

意见主要包含标题、主送机关、正文等要素。

1. 标题

意见的标题有两种写法，具体如下。

◆ 由发文机关、事由、文种共同构成，如"教育部关于推进中小学信息公开工作的意见"。

◆ 由事由、文种构成，如"关于建立普通高中家庭经济困难学生国家资助制度的意见"。

2. 主送机关

意见一般应该写明主送机关，但涉及面较广的意见可省略此要素。另外，上行的意见一般只有一个主送机关，下行的意见则经常有多个主送机关。

3. 正文

意见的正文一般由发文缘由、具体意见和结语三大部分组成。

◆ **发文缘由：** 用概括的语言写明提出意见的依据、背景和目的，即为什么提出意见。这部分写完后，通常会用"现就有关问题提出如下意见""为此，提出如下意见"等惯用语过渡到下文。

◆ **具体意见：** 具体写明对重要问题的见解和处理办法，即目标、任务、实施要求、措施办法或者建议事项、意见等。一般采用分条列项的方式，把意见表述清楚。如果内容繁多，还可列出小标题作为各大层次的标志，小标题下再分条表述。

◆ **结语：** 指导性意见、实施性意见常用"以上意见，请结合实际情况贯彻执行"等用语作为结语；呈报性意见一般用"以上意见供领导决策参考""以上意见供领导参考"作为结语；呈转性意见一般用"以上意见如无不妥，请批转×××执行"之类语句作为结语；有的则无结语。

4.7.4　意见的范例

【指导性意见】

指导性意见属于下行文，结构包括标题、发文字号、主送机关、正文、署名和成文日期。其中正文往往都是采用条列式方式，逐层逐条介绍具体的指导性意见内容。下级机关执行工作时，便可以此意见为参照来处理相关事宜。

国务院办公厅关于深化农村公路管理养护体制改革的意见

国办发〔2019〕45号

各省、自治区、直辖市人民政府，国务院各部委、各直属机构：

农村公路是服务"三农"的公益性基础设施，是打赢脱贫攻坚战、实施乡村振兴战略的重要抓手。党的十八大以来，以习近平同志为核心的党中央高度重视农村公路工作，多次对"四好农村路"建设作出重要部署。为切实解决"四好农村路"工作中管好、护好的短板问题，加快建立农村公路管理养护长效机制，经国务院同意，现就深化农村公路管理养护体制改革提出以下意见：

一、总体要求

以习近平新时代中国特色社会主义思想为指导，全面贯彻党的十九大精神，认真落实习近平总书记关于"四好农村路"的重要指示精神和党中央、国务院决策部署，践行以人民为中心的发展思想，紧紧围绕打赢脱贫攻坚战、实施乡村振兴战略和统筹城乡发展，以质量为本、安全至上、自然和谐、绿色发展为原则，深化农村公路管理养护体制改革，加强农村公路与农村经济社会发展统筹协调，形成上下联动、密切配合、齐抓共管的工作局面，推动"四好农村路"高质量发展，为广大农民群众致富奔小康、加快推进农业农村现代化提供更好保障。

二、工作目标

到2022年，基本建立权责清晰、齐抓共管的农村公路管理养护体制机制，形成财政投入职责明确、社会力量积极参与的格局。农村公路治理能力明显提高，治理体系初步形成。农村公路通行条件和路域环境明显提升，交通保障能力显著增强。农村公路列养率达到100%，年均养护工程比例不低于5%，中等及以上农村公路占比不低于75%。

到2035年，全面建成体系完备、运转高效的农村公路管理养护体制机制，基本实现城乡公路交通基本公共服务均等化，路况水平和路域环境根本性好转，农村公路治理能力全面提高，治理体系全面完善。

三、完善农村公路管理养护体制

（一）省、市级人民政府加强统筹和指导监督。（略）

（二）县级人民政府履行主体责任。（略）

（三）发挥乡村两级作用和农民群众积极性。（略）

四、强化农村公路管理养护资金保障

（四）落实成品油税费改革资金。（略）

（五）加大财政资金支持力度。（略）

（六）强化养护资金使用监督管理。（略）

（七）创新农村公路发展投融资机制。（略）

五、建立农村公路管理养护长效机制

（八）加快推进农村公路养护市场化改革。（略）

（九）加强安全和信用管理。（略）

（十）强化法规政策和队伍建设。（略）

本意见自印发之日起施行。《国务院办公厅关于印发农村公路管理养护体制改革方案的通知》（国办发〔2005〕49号）同时废止。

国务院办公厅

2019年9月5日

（此件公开发布）

点评：这是一篇典型的发给下级的指导性意见，整体结构采用"总分总"式结构。首先说明提出此意见的原因、目的，然后马上点明总体要求和工作目标，这是"总说"，接着罗列了"五点十条"内容来详细"分说"，最后进行了总结，不仅对各部门提出了希望，还要求各部门在工作上积极配合。全文有前有后，总领全局，是极具参考价值的一种下行意见写作方式。

【实施性意见】

实施性意见与指导性意见的结构大体相似，但需要注意的是，实施性意见的正文一般是具体化的意见，便于下级机关按此意见来对照实施。

济南市人民政府办公厅关于推进夜间经济发展的实施意见

各区县人民政府，市政府各部门（单位）：

为更好地繁荣发展省会城市夜间经济，进一步转方式、调结构，扩内需、促消费，加快培育经济发展新动能，经市政府同意，现提出如下实施意见。

一、建立夜间经济发展协调机制

1. 成立市发展夜间经济领导小组，由市政府分管领导同志任组长，市有关部门和各区县政府相关负责人参加，统筹推进全市夜间经济发展。明确重点夜间经济街区管理机构，统一规划建设、统一业态布局、统一协调管理。（责任单位：市商务局、市发展改革委、市文化和旅游局、市自然资源和规划局、市城管局、市市场监管局、市公安局、市交通运输局、市财政局、市生态环境局、市园林和林业绿化局、市住房城乡建设局、市应急局、市体育局等，各区县人民政府、

济南高新区管委会）

2．借鉴先进城市经验，建立"夜间区长"和"夜生活首席执行官"制度。由各区县人民政府分管领导担任"夜间区长"，统筹协调夜间经济发展。鼓励各区县公开招聘具有夜间经济相关行业管理经验的人员担任"夜生活首席执行官"，协助"夜间区长"开展工作。（责任单位：各区县人民政府、济南高新区管委会）

二、打造夜间经济示范街区

3．以"一湖一环"景观带为重点区域，打造泉水特色夜间旅游聚集区。贯通趵突泉、五龙潭、大明湖、环城河公园体系，完善滨河、滨湖夜间休闲业态。以"泉城夜宴"为切入点，精心策划灯光秀、演艺秀、夜间游船等项目，构建标志性"夜旅游"发展带。以明府城片区为核心，以"老街巷"为吸引元素，发掘独具济南特色的历史文化，大力发展夜间曲艺演出、影视娱乐、文化休闲等服务业态和文化博物馆、非遗传承人工作坊、艺术工作室、收藏馆等"打卡"景点，鼓励影院增加夜间放映场次，强化休闲和商务集聚效应，满足夜间旅游文娱消费需求。（责任单位：市文化和旅游局、市商务局、市城管局、市园林和林业绿化局，历下区人民政府，济南文旅发展集团有限公司）

4．以泉城路、宽厚里、老商埠、西市场、花园路、舜华路、经四路、英雄山商圈、印象济南、长清大学城、D17文化产业园等为基础，打造现代都市夜游购物示范街区。（略）

5．突出特色餐饮主力业态，打造夜间美食示范街区。（略）

三、丰富夜间经济消费业态

6．繁荣"夜游"主题观光活动。（略）

7．繁荣"夜娱"文化体验活动。（略）

8．繁荣"夜食"特色餐饮活动。（略）

9．繁荣"夜购"时尚消费活动。（略）

10．繁荣"夜宿"品质休闲活动。（略）

四、创新监督管理模式

11．做好夜市试点工作，引导季节性夜市规范有序发展。（略）

12．放宽夜间特定时段相关摆卖管制，在符合环境保护、安全生产、消防安全、市政环卫等相关规定，不扰民、不影响交通秩序等前提下，对部分路段的夜间经济街区配套进行规范充实。（略）

13．鼓励成立夜间经济发展相关行业组织和市场化运营主体，促进行业国内外交流合作，引导行业自律发展。（略）

14．维护夜间市场经营秩序，依法打击销售假冒伪劣商品行为。（略）

五、优化交通组织秩序

15．提升夜生活集聚区及周边动静态交通组织管理水平，制定优化街面停车位管理、夜间临时停车、鼓励免收或减收停车费等具体措施。（略）

16．推动公交旅游服务专线与夜间旅游景区之间的交通对接，进一步优化夜间经济街区附近公共交通线路设置，加密夜间运行班次，延长夜间运营时间。（略）

六、美化亮化夜间环境（略）

七、完善公共服务设施（略）

八、完善政策支持体系（略）

九、健全督导考核机制（略）

十、营造良好舆论氛围（略）

济南市人民政府办公厅

2019年6月19日

【呈报性意见】

呈报性意见属于上行文，由于发文机关级别较低，所以一般没有发文字号。呈报性意见的正文主要是发文机关将具体工作中出现的各种问题向上级汇报并提出合理性建议，并不要求上级必须批准。

关于开展"二早一活动"的若干意见

院长室：

我系本着给学生提供一个稳定、规范的学习环境，帮助他们合理规划课余时间的理念，自××××年起开展"三早一晚活动"，但许多同学很不适应，感到身心疲惫。为了减轻压力、丰富课余生活、培养兴趣爱好，我系特于××××年×月初将"三早一晚活动"改为"二早一活动"，但仍有许多同学对此不理解，有的同学甚至因此影响到学习。为了更好地推进"二早一活动"施行，现提出如下意见。

一、学习专业化（×××）

1.建立兴趣小组，每周选择几节自修课进行专业知识补习。

2.晚自修可以安排高年级的学生指导低年级的学生学习专业技能。

二、专业特色化（×××）

1.文秘专业：开展"模拟会议"活动，模拟会议的安排、会议的记录。

2.传媒专业：推行"晨间捕捉"活动，寻找晨间美丽景物。

3.商务英语专业：举办"英语沙龙"活动，由××专业的同学参与商务英语的口语等实践。

三、自修自主化（×××）

1.设定每周自修总时长，让同学自由选择自修时间，只要达到规定总时长即可。

2.不分班级、不分专业，依照同学自己的兴趣自由选择教室。

3.开设心得交流教室，用于大一、大二和大三同学间的学习、生活经验的交流。

四、学习延伸化（×××）

1.开放其他专业的学习，根据专业的其他需求选择其他专业课程。

2.进行计算机知识操作的学习与技能操作。

以上意见供领导参考。

人文传播系

××××年×月×日

点评：这篇呈报性意见写得比较简单，但比较典型。向上级呈报的意见，首先说明提出该意见的原因，语气不能生硬，如此例开头用"我系本着"就比用"我系为了"显得更加委婉和谦虚；其次应当将提出的意见内容表述完整，内容较多时，应当采取条款式进行罗列。应当极力避免意见内容过多，精简出最重要的意见内容，让上级能够一目了然，不受重复的内容干扰而影响判断。

扩展阅读 **如何写好意见**

　　意见在一般情况下没有指令作用，但是有很强的参考作用。意见的语言文字重在体现意见提出者对某些问题的看法，语气则需要表现出谦逊与诚恳的态度，所以在遣词造句上要表现出诚恳，强调出参考的性质，语气要相对缓和。可扫描右侧二维码进一步学习写好意见的方法。

扫一扫

如何写好意见

4.8 ≫ 通知

　　通知通常是下行文，是运用最为广泛的一种公文，适用于批转下级机关的公文、发布党内法规、任免人员、传达上级机关的指示、转发上级机关和不相隶属机关的公文、传达和发布要求下级机关办理和需要有关单位周知或者执行的事项等。

4.8.1 通知的特点与类型

1．通知的特点

通知的特点比较明显，它主要具有多样性、广泛性、指导性和时效性等特点。

◆ **多样性：**通知的功能丰富，可以用来布置工作、传达指示、晓谕事项、发布规章、批转和转发文件、任免干部等，这就决定了它内容的多样性。

专家点拨

　　通知在下行文中的"规格"，要低于命令、决议、决定、指示等文种。也就是说，用它来发布的规章，多是基层的，或是局部性的、非要害性的；用它来布置工作和传达指示，其郑重程度和级别不如决定、指示。

◆ **广泛性：**通知的制发不受发文机关的级别限制，行文路线没有严格限制，一般是作为上级机关对下级机关的下行文，但平行机关之间、不相隶属的机关之间，也可以使用通知知照相关事项。另外，通知的内容在写作时也比较灵活自由，所以被很多机关单位在公务活动中广泛使用。

◆ **指导性：**如上级机关向下级机关发通知时，通常都是因为部署和指导工作、批转和转发文件等，这就需要明确阐述处理某些问题的原则和方法。虽然通知起到的主要是告知的作用，但告知内容本身往往也具有指导作用。

◆ **时效性：**通知的事项一般是要求立即知晓、执行或办理的，不能拖延。有些通知只在指定的一段时期内有效，特别是会议通知，过期之后，通知也就失去了效力。

2．通知的类型

根据适用范围，通知可以分为以下6类。

◆ **批转性通知：** 用于上级机关批转下级机关的公文给所属人员，以便让其周知或执行。如"国务院批转煤电油运和抢险抗灾应急指挥中心关于抢险抗灾工作及灾后重建安排报告的通知"（国发〔××〕××号）。

◆ **转发性通知：** 用于转发上级机关和不相隶属机关的公文给所属人员，以便让其周知或执行。如"国务院办公厅转发环保总局等部门关于加强重点湖泊水环境保护工作意见的通知"（国办发〔××〕×号）。

🧑 **专家点拨**

批转与转发的区别在于，"批"字有批示、批准的意思，因此批转只能对下级使用，对上级或不相隶属单位的公文则无权批转，只能转发。换句话说，批转方式只能是上级对下级单位使用；转发方式则可以是上级对下级单位使用，可以是下级对上级单位使用，也可是对不相隶属单位使用。

◆ **发布性通知：** 用于颁布、印发各级行政领导机关制定的行政法规和规章，包括条例、规定、办法和细则等。如《国务院办公厅关于发布××等19处新建国家级自然保护区名单的通知》（国办发〔××〕×号）。

🧑 **专家点拨**

发布性通知和发布令的不同之处在于：发布令紧急，语气坚决，毫不犹豫，有关法规也较为重要；而发布性通知的发文机关非常广泛，内容的重要程度也没有明确规定。

◆ **事务性通知：** 用于向下级传达需要周知或要求执行的事项，包括布置工作、安排活动、召开会议、设置机构等。如"国务院办公厅关于调整国家科技领导小组组成人员的通知"（国办函〔××〕××号）。

◆ **任免性通知：** 用于任命和免去某人的职务（除国家高级人事变动用任免令行文之外，任免和聘用下属机关干部都用通知发文）。如"国务院关于××政府×××3人职务任免的通知"（国人字〔××〕××号）。

◆ **告知性通知：** 用于向各级单位告知相关事项，最常见的就是会议通知。如"××市人民政府关于召开全市人民调解工作会议的通知"。

4.8.2 通知的写作格式

由于通知的功能多、种类多，因此具体的写法也有较大的区别。但总体来说，基本的写作格式大致相似。

1．标题

通知的标题一般采用公文标题的常规写法，由发文机关、主要内容、文种组成。如"中共中央办公厅、国务院办公厅关于严禁用公费变相出国（境）旅游的通知"。当然，也可以省略发文机关，直接由主要内容和文种组成标题，如"关于升级全国政协委员移动履职平台手机版并开通电脑版的通知"。

✍ **写作技巧**

发布性通知应该将所发布的规章名称在标题中显示出来，并用书名号括起来；批转和转发性通知，所批转或转发的文件名称也要出现在标题中，但不一定使用书名号。

2．主送机关

通知的发文对象一般都是比较明确的，因此需要有主送机关。需要注意的是，如果主送机关较多，应注意主送机关排列的规范性，普遍的排列方法是按照机关单位的级别高低排列。

3．正文

通知的正文主要包括通知缘由、通知事项和执行要求。

◆ **通知缘由：**事务性、任免性、告知性通知的写法与决定、指示的写法接近，主要应该写明有关背景、根据、目的、意义等；批转性、转发性通知可以在开头表述通知缘由，但多数以直接表达转发对象和转发决定为开头，无须说明缘由；发布性通知多数情况下无明显的开头部分，一般也不交代缘由。

◆ **通知事项：**即通知的主体部分，需要写明发布的指示，安排的工作，提出的方法、措施和步骤等。

◆ **执行要求：**对于发布性、事务性、告知性通知，可以在结尾处提出有关要求；如无必要，也可以不要该部分。篇幅短小的通知一般无须有专门的结尾部分。

4.8.3 通知的范例

【批转性通知】

批转性通知或转述其他机关公文，或发布经讨论通过或上级批准的事项，其发文的重点不是通知本身，而是被批转的公文。就标题而言，批转性通知常用四要素格式的标题，即"发文机关＋'批转'原发文机关＋事由＋文种"的形式，这样可以清楚交代谁来批转，谁的文件、什么事由以及什么文种被批转，便于受文单位迅速知晓。就正文而言，批转性通知的内容较少，表明同意某个文件并要求贯彻执行，然后需要将被批转的原文件列示出来，以方便相关单位参照执行。

国务院办公厅转发交通运输部等部门

关于加快道路货运行业转型升级促进高质量发展意见的通知

国办发〔2019〕16号

各省、自治区、直辖市人民政府，国务院各部委、各直属机构：

交通运输部、发展改革委、教育部、工业和信息化部、公安部、财政部、人力资源社会保障部、生态环境部、住房城乡建设部、应急部、税务总局、市场监管总局、全国总工会《关于加快道路货运行业转型升级促进高质量发展的意见》已经国务院同意，现转发给你们，请认真贯彻执行。

国务院办公厅

2019年4月21日

（此件公开发布）

关于加快道路货运行业转型升级促进高质量发展的意见

交通运输部 发展改革委 教育部 工业和信息化部
公安部 财政部 人力资源社会保障部 生态环境部
住房城乡建设部 应急部 税务总局
市场监管总局 全国总工会

为深入贯彻落实党中央、国务院决策部署，加快道路货运行业转型升级，切实改善市场环境，促进行业健康稳定发展，现提出以下意见：

一、总体要求

以习近平新时代中国特色社会主义思想为指导，全面贯彻党的十九大和十九届二中、三中全会精神，牢固树立和贯彻落实新发展理念，以供给侧结构性改革为主线，坚持远近结合、标本兼治、改革引领、创新驱动、综合治理，加快建设安全稳定、经济高效、绿色低碳的道路货运服务体系，促进道路货运行业高质量发展。

二、深化货运领域"放管服"改革

（一）持续推进货运领域简政放权。进一步推动普通货车跨省异地安全技术检验、尾气排放检验和综合性能检测有关要求严格落实。2019年实现普通货运车辆年度审验网上办理。（交通运输部、公安部、市场监管总局、生态环境部负责）优化道路货运企业登记注册、经营许可办理手续及流程，推广互联网物流平台企业代开增值税专用发票政策，进一步规范港口涉及道路货运的经营服务性收费，不得违规加收任何价外费用。（交通运输部、市场监管总局、税务总局负责）

（二）改革危险货物道路运输管理制度。加快制定危险货物道路运输安全管理办法，研究改革完善危险货物道路运输押运员管理制度。加快修订常压液体危险货物运输罐车罐体相关国家标准，明确罐体介质兼容要求。（交通运输部、公安部、工业和信息化部、生态环境部、应急部、市场监管总局负责）

（三）便利货运车辆通行。

……

三、推动新旧动能接续转换（略）

四、加快车辆装备升级改造（略）

五、改善货运市场从业环境（略）

六、提升货运市场治理能力（略）

点评：这是一篇批转性通知，属"上转下"，即针对下级上报的请示、意见等，在批复来文单位的同时，一并批转所属下级单位。这篇通知全文实际上只有一句话，即说明转发的文件、转发的对象，并提出要求。后面则是将转发的文件内容附到此通知上，便于下级单位贯彻执行。这是批转性通知和转发性通知的标准写法，属于较为典型的案例，可参考应用。

扩展阅读 **批转性通知标题太长怎么办**

　　由于批转性通知的标题中要标明被批转的文件标题，有可能会因为批转的文件是联合行文，单位名称较多，或被批转的文件名称较长，又或者是批转的次数较多，最终导致批转性通知的标题过长。此时可针对不同的情况采取不同的办法来简化标题。如单位过多，可使用在主办机关名称后加"等部门和单位"来简化；如文件名称过长，可使用发文字号代替名称来简化等。扫描右侧二维码，可查看处理批转性通知标题过长的方法。

扫一扫

批转通知标题
太长怎么办

【转发性通知】

　　转发性通知与批转性通知的写法大致相似，但效力并没有批转性通知高。可以把转发性通知称为"批语"，把被发布、转发的文件看作是通知的主体内容。批语表明发文机关的态度，提出贯彻执行的要求，一般起提示的作用。

广东省人民政府办公厅关于转发国务院办公厅2019年政务公开工作要点的通知

粤府办〔2019〕9号

各地级以上市人民政府，省政府各部门、各直属机构：

　　经省人民政府同意，现将《国务院办公厅关于印发2019年政务公开工作要点的通知》（国办发〔2019〕14号，以下简称《要点》）转发给你们，并结合我省实际提出如下意见，请一并贯彻执行。

　　一、切实加强政策解读回应工作。（略）

　　二、深入推进决策和执行公开。（略）

　　三、深化重点领域信息公开。（略）

　　四、加强公开平台建设。（略）

　　五、完善公开制度规范。（略）

　　各部门要对照2019年政务公开工作要点，结合业务实际，主动认领任务，抓好贯彻落实。各地要抓紧按照国家和省的相关工作要求，研究制定实施意见或工作方案，积极主动、开拓创新，加快部署开展本地区政务公开工作，确保重点工作不漏项。各地、各部门贯彻落实要点的主要情况，要纳入政府信息公开工作年度报告，并向社会公开。省政府办公厅将加强监督考核，将落实情况作为重要内容纳入政务公开工作考评。

广东省人民政府办公厅

2019年5月22日

国务院办公厅关于印发2019年政务公开工作要点的通知

国办发〔2019〕14号

各省、自治区、直辖市人民政府，国务院各部委、各直属机构：

　　《2019年政务公开工作要点》已经国务院同意，现印发给你们，请结合实际认真贯彻落实。

国务院办公厅

2019年4月17日

　　（此件公开发布）

2019年政务公开工作要点

2019年是中华人民共和国成立70周年,是全面建成小康社会关键之年。做好今年政务公开工作,要以习近平新时代中国特色社会主义思想为指导,全面贯彻党的十九大和十九届二中、三中全会精神,认真落实中央经济工作会议和《政府工作报告》部署,紧紧围绕党和政府中心工作及群众关注关切,着力提升政务公开质量,加强政策解读和政务舆情回应,深化重点领域信息公开,完善政务公开制度规范,以公开稳预期、强监督、促落实、优服务,进一步提高政府治理能力,切实增强人民群众满意度、获得感,为促进经济持续健康发展和社会大局稳定发挥积极作用。

一、着眼稳定预期,加强政策解读和回应关切(略)

二、强化权力监督,深入推进决策和执行公开(略)

三、聚焦政策落实,深化重点领域信息公开(略)

四、优化服务功能,加强公开平台建设(略)

五、提升工作质量,完善公开制度规范(略)

各地区各部门贯彻落实本要点的主要情况,要纳入政府信息公开工作年度报告,并向社会公开。

【发布性通知】

发布性通知的结构与批转性、转发性通知的结构相似,除了需要体现所发布文件的内容外,如果发布的是已经发布过的文件,则必须说明新文件何时实施,旧文件何时废止。

教育部关于发布《中小学数字校园建设规范(试行)》的通知

教技〔2018〕5号

各省、自治区、直辖市教育厅(教委),各计划单列市教育局,新疆生产建设兵团教育局,部属各高等学校:

为深入贯彻落实党的十九大精神,积极推进"互联网+"行动,提升中小学校信息化建设与应用水平,推动信息技术与教育教学的深度融合,切实加快全国教育信息化进程,以教育信息化支撑和引领教育现代化,服务教育强国建设,特制定《中小学数字校园建设规范(试行)》。现予发布,请参照执行。

附件:中小学数字校园建设规范(试行)

教育部

2018年4月16日

点评:发布性通知可以用一段话来交代发布的对象、实施时间、同时废止的对象,然后附加上相应的发布对象的具体内容。也可以像上例一样说明发布该文件的初衷、原因、目的,然后以"现予发布,请参照执行。"等惯用语过渡到发布的文件内容或附件内容。这种典型的结构适用于多种文种,如发布令、政策性公告等文种。

专家点拨

对批转性、转发性和发布性这几类通知而言,被批转、转发和发布的文件都应该在公文中显示,如果将其作为附件来处理,则必须在附件中清楚标示,以作为正文的有机组成部分供相关单位参考。

【事务性通知】

前面3种类型的通知都属于**转述式写法**，因为重点都是被批转、转发或发布的文件。而事务性通知则是**直述式写法**，需要概述实际情况、交代发文背景、指出发文依据、说明发文目的，然后一般以一句"现就×××通知如下"引出下文。事项部分可以通过分条列项的形式来具体叙述通知的内容，确保条理清晰、布置具体。

国务院关于加强固定资产投资项目资本金管理的通知

国发〔2019〕26号

各省、自治区、直辖市人民政府，国务院各部委、各直属机构：

对固定资产投资项目（以下简称投资项目）实行资本金制度，合理确定并适时调整资本金比例，是促进有效投资、防范风险的重要政策工具，是深化投融资体制改革、优化投资供给结构的重要手段。为更好发挥投资项目资本金制度的作用，做到有保有控、区别对待，促进有效投资和风险防范紧密结合、协同推进，现就加强投资项目资本金管理工作通知如下：

一、进一步完善投资项目资本金制度

（一）明确投资项目资本金制度的适用范围和性质。该制度适用于我国境内的企业投资项目和政府投资的经营性项目。投资项目资本金作为项目总投资中由投资者认缴的出资额，对投资项目来说必须是非债务性资金，项目法人不承担这部分资金的任何债务和利息；投资者可按其出资比例依法享有所有者权益，也可转让其出资，但不得以任何方式抽回。党中央、国务院另有规定的除外。

（二）分类实施投资项目资本金核算管理。设立独立法人的投资项目，其所有者权益可以全部作为投资项目资本金。对未设立独立法人的投资项目，项目单位应设立专门账户，规范设置和使用会计科目，按照国家有关财务制度、会计制度对拨入的资金和投资项目的资产、负债进行独立核算，并据此核定投资项目资本金的额度和比例。

……

二、适当调整基础设施项目最低资本金比例（略）

三、鼓励依法依规筹措重大投资项目资本金（略）

四、严格规范管理，加强风险防范

（十）项目借贷资金和不符合国家规定的股东借款、"名股实债"等资金，不得作为投资项目资本金。筹措投资项目资本金，不得违规增加地方政府隐性债务，不得违反国家关于国有企业资产负债率相关要求。不得拖欠工程款。

……

（十二）自本通知印发之日起，凡尚未经有关部门审批可行性研究报告、核准项目申请报告、办理备案手续的投资项目，均按本通知执行。已经办理相关手续、尚未开工、金融机构尚未发放贷款的投资项目，可以按本通知调整资金筹措方案，并重新办理审批、核准或备案手续。已与金融机构签订相关贷款合同的投资项目，可按照原合同执行。

国务院

2019年11月20日

（此件公开发布）

【任免性通知】

任免性通知内容简单，将任命和免去的相关人事变动罗列出来即可，结尾一般以"特此通知"等习惯用语结束。

关于×××等职务任免的通知

×师任〔××××〕43号

各单位：

兹任命

×××为老龄工作委员会办公室主任；

×××为发展规划部部长；

×××为教务处处长；

×××为研究生院院长；

×××研究生院副院长；

×××为招生办公室主任（试用期一年）；

×××为基础教育与终身教育处处长；

×××为人事处处长；

×××为科技处处长；

×××为社科处处长；

（略）

×××为保卫处副处长兼军事教研室主任（试用期一年）；

免去×××的研究生院院长职务；

免去×××的研究生院副院长兼培养处处长职务；

免去×××的招生办公室主任兼教务处副处长职务；

（略）

特此通知。

××师范大学校长：×××

××××年×月×日

点评： 此任免通知属于最基本的一种写法，直接将任职和免职的人员罗列出来。一般而言，任免性通知在开头会说明做出任免决定的依据，如"根据××的有关规定，××部门决定："，然后再写明相关人员职务的任免情况。

【告知性通知】

告知性通知的第一段为发文缘由，指出理论依据和事实依据，然后以"具体安排通知如下"等过渡语引出发文事项。具体事项按条列式的写法，全面、准确地表述出来，最后往往会通过提出要求来结尾。

国务院办公厅关于2020年部分节假日安排的通知

国办发明电〔2019〕16号

各省、自治区、直辖市人民政府，国务院各部委、各直属机构：

经国务院批准，现将2020年元旦、春节、清明节、劳动节、端午节、国庆节和中秋节放假调休日期的具体安排通知如下。

一、元旦：2020年1月1日放假，共1天。

二、春节：1月24日至30日放假调休，共7天。1月19日（星期日）、2月1日（星期六）上班。

三、清明节：4月4日至6日放假调休，共3天。

四、劳动节：5月1日至5日放假调休，共5天。4月26日（星期日）、5月9日（星期六）上班。

五、端午节：6月25日至27日放假调休，共3天。6月28日（星期日）上班。

六、国庆节、中秋节：10月1日至8日放假调休，共8天。9月27日（星期日）、10月10日（星期六）上班。

节假日期间，各地区、各部门要妥善安排好值班和安全、保卫等工作，遇有重大突发事件，要按规定及时报告并妥善处置，确保人民群众祥和平安度过节日假期。

国务院办公厅

2019年11月21日

专家点拨

上例中的发文字号"国办发明电"代表的是中华人民共和国国务院办公厅发表的明码电报。明电的内容不具有保密性，即使泄露，也不会造成危害，因而在发送和发布时不采用加密技术。

扩展阅读　通知的语言特点

通知的行文比较灵活、自由，既没有指示那么抽象、宏观，也没有决定那么严肃、庄重；但它们的法定效力是一样的，都是要受文者贯彻执行的。所以在通知的写作过程中，形式和格式要具有规范性；在行文过程中，观点要严谨，态度要鲜明。可扫描右侧二维码详细了解。

扫一扫

通知的语言特点

4.9 » 通报

通报是表彰先进、批评错误、传达重要精神和告知重要情况的一种公文，其使用范围广泛，各级党政机关和单位都可以使用。具体来看，通报的主要作用是表扬好人好事、批评错误和歪风邪气、报告引以为戒的恶性事故、传达重要情况以及需要各单位注意的事项等。

4.9.1 通报的性质、特点与类型

1．通报的性质

首先，通报属于奖励性与告诫性公文，承担着"表彰先进，批评错误"的任务，因而具有奖励与告诫性质，这是它与通知的明显区别。其次，通报属于传达性和知照性公文，侧重于传达重要精神或情况。最后，从通报的发布范围来看，通报往往是在一个机关或一个系统内部使用，发布范围往往仅限于本机关或本系统。

2．通报的特点

通报比较独特，它具有典型性、引导性、时效性、真实性和公开性等多个特点。

◆ **典型性：**通报的题材必须是既有普遍性、代表性，又有个性和新鲜感的典型人物、典型事件或典型情况，只有这样才能引起人们的高度关注，提高人们的认识水平，发挥以点带面的作用。

◆ **引导性：**无论是表彰、批评，还是通报情况，最终目的不仅在于宣布事件的处理结果，更重要的是通过典型的人物和事迹引导人们树立正确的价值观，或提供参考，总结经验，吸取教训。

◆ **时效性：**通报的行文一定要及时，行文单位要具有高度的责任感和政治敏感性，及时发现好的苗头或不良倾向，第一时间制发通报，对其进行表彰或批评，以指导当前的工作。换言之，通报行文越及时，对工作的指导作用就越大。

◆ **真实性：**无论表扬、批评，还是告知情况或传达精神，都必须要求案例是真实的，不允许有任何虚假成分，必须准确无误、实事求是，否则达不到引导教育的目的。

◆ **公开性：**通报应当及时在一定范围内公之于众，或直接向干部群众宣读，又或者及时与有关单位沟通情况，上情下达，交流信息，真正使通报起到应有的作用。

3．通报的类型

按内容的不同，通报可以分为表彰通报、批评通报和情况通报。

◆ **表彰通报：**用来表彰先进单位或个人，介绍先进经验或事迹，树立典型，号召大家向其学习。

◆ **批评通报：**用来批评、处分错误，以示警诫，要求被通报者和大家吸取教训。

◆ **情况通报：**在一定范围内传达重要情况、动向和精神，以指导工作为目的。

4.9.2 通报与通知的区别

通报与通知是截然不同的两种公文，它们在使用上有明显的区别，具体如下。

◆ **内容范围不同：**两者虽然都有告知的作用，但通知告知的主要是工作的情况以及共同遵守、执行的事项；通报则是告知正反面典型，或有关的重要精神或情况。如通知可以发布行政法规和规章，批转和转发公文，传达需要办理和周知的事项等；通报则是表扬先进，批评错误，传达、交流重要的情况、信息。

◆ **目的要求不同：**通知的目的是告知事项，布置工作，部署行动，内容具体，要求受文机关了解要办什么事，该怎样办理，不能怎样办理，有较强的约束力，要求遵照执行；通报的

目的主要是交流、了解情况，或通过正反面的典型去教育人们，宣传先进的思想和事迹，提高人们的认识水平。

◆ **表现方法不同：** 通知的表现方法主要是叙述，告知人们做什么，怎样做，叙述具体，语言平实；通报的表现方法则常兼用叙述、说明、分析和议论，感情色彩更为强烈。

◆ **行文时间不同：** 通知告知的是相关事项，一般是在事前行文；通报告知的是已经发生的有关情况，只有在事后才可以行文。

4.9.3 通报的写作注意事项

写作通报时，应注意以下3点。

（1）通报的内容要真实。通报的事实，所引用的材料，都必须真实无误。动笔前要调查研究，对有关情况和事例要认真核对，客观、准确地进行分析、评论。

（2）通报的决定要恰如其分。无论哪一种通报，都要做到态度鲜明，分析中肯，评价实事求是，结论公正准确，用语有分寸。否则通报不仅会缺乏说服力，而且有可能产生"副作用"。

（3）通报的语言要简洁、庄重。其中表扬和批评的通报应注意用语分寸，要力求文实相符，不讲空话、套话，不讲过头的话。

4.9.4 通报的写作格式

通报的要素包括标题、发文字号、主送机关、正文、署名和成文日期等。各要素的写作格式如下。

◆ **标题：** 通常由"发文机关＋事由＋文种"构成，有时可省略发文机关，由"事由＋文种"构成，如"违纪售房情况通报"。

◆ **发文字号：** 发文字号为完全式，即"代字＋年份＋号数"。

◆ **主送机关：** 一般为直属下级机关，或需要了解该内容的不相隶属的单位。

◆ **正文：** 对于表彰通报和批评通报而言，正文分为3个部分，分别是"主要事实＋教育意义＋决定要求"，即通过典型案例反映出教育意义，进而对大家提出相应的要求；情况通报则可以只对有关事实进行客观叙述，也可以对有关情况加以分析说明，甚至针对具体问题提出相应的指导性意见。

◆ **署名：** 在正文后右下方标注发文机关，如在标题中已出现发文机关，这里也可以不再署名。

◆ **成文日期：** 一般为发文日期，该日期也可标注在标题之下。

4.9.5 通报的范例

【表彰通报】

表彰通报要突出主要的先进事迹，要在阐述先进事迹的基础上，提炼出主要经验、意义和值得学习与发扬的精神。一般来说，都是先介绍当前形势和情况，然后介绍表彰的原因，接着明确表彰对象，最后提出要求、希望或号召。如果表彰对象过多，则可通过附件的形式来展示。

国务院办公厅关于对国务院第六次大督查发现的典型经验做法给予表扬的通报

国办发〔2019〕48号

各省、自治区、直辖市人民政府，国务院各部委、各直属机构：

为进一步推动中央经济工作会议部署和《政府工作报告》提出目标任务的贯彻落实，国务院部署开展了第六次大督查。从督查情况看，各有关地区在以习近平同志为核心的党中央坚强领导下，以习近平新时代中国特色社会主义思想为指导，认真落实党中央、国务院重大决策部署，求真务实、攻坚克难，统筹推进稳增长、促改革、调结构、惠民生、防风险、保稳定各项工作，加大"六稳"工作力度，各项工作取得积极成效。在对16个省（区、市）开展实地督查中，除发现一些地方存在有令不行、有禁不止，不作为慢作为乱作为等问题外，也发现有关地方在减税降费、稳定和扩大就业、深化"放管服"改革优化营商环境、推动创新驱动发展、合理扩大有效投资等方面主动作为、精准发力，在实践中创造和形成了一批好的经验做法。

为表扬先进，宣传典型，进一步激发和调动各地区、各部门锐意进取、改革创新的积极性、主动性和创造性，推动形成善于破解难题、勇于干事创业的良好局面，经国务院同意，对天津市加强财政开源节流保障重点项目实施、四川省探索职务科技成果权属改革打通科技与经济结合通道等32项地方典型经验做法予以通报表扬。希望受到表扬的地方牢记使命，珍惜荣誉，发扬成绩，奋力拼搏，再创佳绩。

……

附件：国务院第六次大督查发现的典型经验做法（共32项）

国务院办公厅

2019年11月1日

（此件公开发布）

点评： 这篇表彰性通报写得较有特色，正文开头部分采用总括的手法，概括介绍了大督查的成效，以此作为行文的根据。接下来说明了表彰的目的，即为了进一步形成良好的局面，并根据该目的引出了表彰的内容。与开篇直接表彰的写法相比，这种写法让全文结构层次更加清晰，逻辑更为缜密。首先叙述事实，继而做出表彰，并提出希望和要求，环环相扣，水到渠成，不容置疑。

【批评通报】

批评通报要抓主要错误事实，这类通报一般按照"说情况，找根源，阐明处理决定，使人从中吸取教训，以免重蹈覆辙"这一思路来拟制。批评通报要分析错误的性质、危害，明确错误产生的根源及相应的责任，指出应吸取的主要教训等。为了防范和杜绝类似错误发生，批评通报的结尾处，通常要有针对性地提出防范的措施或规定。

关于对三起违反工作纪律典型问题的通报

为进一步严明工作纪律，切实转变工作作风，提高工作效率，充分发挥警示震慑作用，现对3起违反工作纪律问题进行通报。

1．政务服务中心环保窗口职工乔××违反工作纪律问题。9月19日10时许，乔××工作时间在办公桌睡觉，造成不良影响。乔××受到批评教育处理，并作出深刻书面检查。

2．政务服务中心质检窗口职工赵××、李××违反工作纪律问题。9月19日10时许，赵××、李××二人在工作时间玩手机，造成不良影响。赵××、李××二人受到批评教育处理，并作出深刻书面检查。

3．政务服务中心安监窗口职工于××、张××违反工作纪律问题。9月19日10时许，于××、张××二人在工作时间玩手机，造成不良影响。于××、张××二人受到批评教育处理，并作出深刻书面检查。

全县广大干部职工一定要以此为戒，吸取教训，不断增强纪律意识、服务意识，提高服务效率，做到守土有责、守土尽责。各级党组织（党组）要切实履行全面从严治党主体责任，抓早抓小，真正把纪律立起来、紧起来、严起来。党组织（党组）书记要履行好"第一责任人"责任，真抓、真管、真严，认真管好班子，带好队伍；班子成员和各级领导干部要认真落实"一岗双责"，管好职责范围内的纪律作风，进一步加强对干部职工的日常教育管理。纪检监察机关要强化监督执纪问责，对不担当、纪律松弛、作风懈怠等问题一寸不让、从严查处，进一步营造风清气正的社会风气。

中共××县纪律检查委员会

××县监察委员会

2018年11月5日

点评：这篇批评性通报开头部分说明了通报的原因和目的，然后分别通报了3起问题，详细表述了何人何职在何时怎样违反了工作纪律，并做出了什么处罚，最后针对这些问题提出希望和要求。这种写法是非常严谨且极具逻辑性的，在实际工作中可借鉴使用。

【情况通报】

情况通报具有沟通和知照的双重作用。写情况通报的正文时，关键在于对情况的掌握要确实、全面、充分，包括通报有关情况，分析并得出结论。具体来说，可以先讲情况，然后进行分析得出结论，也可以先通过简要分析得出结论，再列举情况，来说明结论的正确性和针对性。

中国保险业保单登记管理信息平台数据治理情况的通报

人身险部函〔2019〕76号

各人身保险公司、各财产保险公司、中国保险信息技术管理有限责任公司：

为进一步规范数据报送工作，提高数据质量，支持金融监管，助力防范化解金融风险，中国银行保险监督管理委员会（以下简称中国银保监会）组织开展了保险业保单登记管理信息平台（以下简称保单登记平台）数据治理工作。现将2018年有关情况通报如下：

一、数据治理工作总体情况

保单登记平台数据治理工作开展以来，大部分保险公司能够按照《中国保监会办公厅关于加强中国保险业保单登记管理信息平台数据报送和质量管理工作的通知》（保监厅发〔2017〕24

号）、《中国保监会关于开展中国保险业保单登记管理信息平台数据治理的通知》（保监人身险〔2017〕151号）等文件要求，以高度的责任心和使命感，从讲政治、顾大局、支持行业发展的角度出发，加强组织领导，充分协调资源，拟定工作方案，采取各种有效措施，严格按照要求报送数据，并对可能影响保单登记平台数据质量的情形进行逐一排查，正视问题，主动整改。

中国保险信息技术管理有限责任公司（以下简称中国保信）根据中国银保监会的相关要求，通过制定校验规则、召开培训会、现场督导、下发数据质量问题报告、对数据报送和数据质量进行评价等方式，帮助各保险公司进行数据质量问题自查和整改，有效地推动了保单登记平台数据治理工作。

随着数据治理工作的不断推进，各保险公司数据报送和数据质量整改工作日趋规范，保单登记平台数据质量得到了明显提升，服务国家治理和金融监管的能力逐步增强，为进一步释放数据价值打下了坚实基础。

二、目前存在的问题

尽管保单登记平台数据治理工作取得了一定成效，但仍有个别公司存在数据报送不及时、不完整、不准确，数据整改不积极、效率低等问题。

（一）个别公司长期迟报增量数据。（略）

（二）个别公司数据漏报问题严重。（略）

（三）个别公司数据错报现象严重。（略）

（四）个别公司存在数据整改延期现象。（略）

三、下一步工作要求

（一）及时整改现有问题。（略）

（二）完善数据报送监控和数据质量检查机制。（略）

（三）持续加强数据治理，提升数据质量。（略）

中国银保监会人身保险监管部

2019年5月6日

扩展阅读 **通报的写作技巧**

扫一扫

　　无论是表彰通报、批评通报还是情况通报，都是为了教育当事人，更是为了教育更多的相关人员，指导和推动有关工作顺利开展。因此，通报的语体要有明确、政治性强和生动这3个特点。可扫描右侧二维码详细了解。

通报的写作技巧

4.10 报告

报告是向上级机关汇报工作、反映情况、提出意见或者建议、答复上级机关询问时使用的公文。按照上级部署或工作计划，每完成一项任务，一般都要向上级写报告，反映工作中的基本情况、工作中取得的经验教训、存在的问题以及今后的工作设想等，以取得上级领导部门的指导。

4.10.1 报告的特点与类型

1．报告的特点

报告主要有以下4个特点。

◆ **行文的单向性：** 报告是下级机关向上级机关行文，作用是为上级机关进行宏观领导提供依据，因此一般都不需要收文机关批复，属于单向行文。

◆ **表述的概括性：** 这是报告的文体特点，报告是以叙述和说明为主要表达方式的文种，但它的叙述和说明是概括性的，是具有汇报性的，不必详述过程，更不要求铺排大量细节。

◆ **选材的灵活性：** 报告选材的自由度很高，写什么、不写什么，由发文单位自行决定。

◆ **内容的实践性：** 在灵活性的基础上，报告的写作必须具备内容的实践性，这样才有效果。这一特点集中表现在工作报告上，只有做过的工作，才能写进报告，没有做过的、只停留在计划里的工作和口头上的豪言壮语，不能作为报告的材料，当然更不能弄虚作假。

2．报告的类型

按内容不同，报告可分为工作报告、情况报告、建议报告、答复报告、报送报告5种类型。

◆ **工作报告：** 即汇报工作的报告，如下级机关向上级机关汇报某一阶段工作的进展、成绩、经验，以及存在的问题和打算等。

◆ **情况报告：** 即向上级机关反映情况的报告，如汇报本地区、本单位发生的重大事件，在一定范围内带有倾向性的情况，包括会议情况等。

◆ **建议报告：** 即汇报或提出工作建议、措施的报告，如下级机关或主管部门向上级提出工作意见，或贯彻某文件、指示的意见，或解决问题的措施、工作方案等。

专家点拨

如果建议报告需要上级机关认可，即为呈报性建议报告；如果建议报告要求上级机关批准转发给下级机关执行，即为呈转性建议报告。其中，呈转性建议报告的政策性很强，一经上级批准转发，就变成了上级机关的意志，体现了上级机关的意图，能领导和指导下级的工作。

扩展阅读 对呈转性公文名称和行为规范的深入研讨

扫一扫

现在已经学习过的呈转性公文有呈转性意见和呈转性报告，后面还将学习呈转性请示。那到底应该什么时候使用呈转性意见，什么时候使用呈转性请示呢？呈转性报告又该在什么情况下使用？可扫描右侧二维码了解这些呈转性公文的相关内容。

对呈转性公文名称和
行文规范的深入研讨

◆ **答复报告：** 即答复上级询问事项的报告，如上级领导对群众来信来访中反映的问题或文件材料中反映的问题，批示下级机关查办，或询问有关情况，下级机关办理完毕后，需要以书面形式答复上级机关等情形的报告。

◆ **报送报告：** 即向上级机关报送物件或有关材料的报告。

4.10.2 报告的写作格式

报告有多种写法，但基本结构都是由标题、主送机关、正文和落款组成。

◆ **标题：** 报告的标题可根据需要省略发文机关，但事由和文种不能省略。拟制标题时，要特别注意对事由的概括和提炼。

◆ **主送机关：** 即发文单位的直属上级领导机关，一般情况都只有一个主送机关。

◆ **正文：** 结构与一般公文相同，由缘由、事项和结尾组成。从内容上看，报告情况的，应有情况、说明、结论3个部分，其中情况不能省略；报告意见的，应有依据、说明、设想3个部分，其中设想不能省去。

◆ **落款：** 一般报告结尾都有提出要求的习惯用语，如将"如无不妥，请批转有关单位执行""特此报告""专此报告""请审阅"等用语作为结尾。

✍ 写作技巧

写报告时要注意做到情况确凿，观点鲜明，想法明确，口吻得体，不要夹带请示事项。结尾处不能出现"以上报告当否，请指示"等习惯用语，因为报告是无须上级回复处理的文种，同样也不能在报告后面标注"联系人"和"联系电话"等信息。

4.10.3 报告的范例

【工作报告】

工作报告的篇幅一般较长，应恰当安排其层次结构。这类报告重点介绍的是基本情况、主要成绩、经验体会、存在问题、基本教训、今后意见6个部分。不同类型的工作报告，在这些部分上各有不同的侧重点，具体写法如下。

◆ **基本情况：** 简要交代时间、背景和工作条件。

◆ **主要成绩：** 把工作的过程、措施、结果和成绩叙述清楚。

◆ **经验体会：** 对工作实践的理性认识，从实际工作中概括出规律性的内容，为今后的工作提供指导。

◆ **存在问题：** 实事求是地写出工作中的缺点与不足。

◆ **基本教训：** 写明工作失误的原因和吸取的教训。

◆ **今后意见：** 提出改进工作的意见，或者提出今后开展工作的建议。

××县水务局关于××××年上半年工作情况的报告

县府办：

今年上半年，我局紧扣县委"加快三个示范县、三大奋斗目标新进程"工作目标，主动适应经济发展新常态，以深化改革为动力，以服务民生为宗旨，以依法治水为主线，以项目推进为重点，以水资源保护和可持续利用为核心，以严格管理为手段，着力推进"民生水利、平安水利、和谐水利、生态水利、可持续水利"建设，充分发挥水利在全县经济社会发展中的支撑作用，各项水利工作顺利推进，现将有关情况报告如下。

一、××××年上半年主要工作

（一）工作完成情况。

××××年上半年，全县共开工建设各类大小水利工程××余处，完成水利农建投入××亿元，新建渠系××公里，整治维修渠系××公里，整治维修山平塘××口，新建蓄水池××口，整治维修提灌站××座，新建高效节水××亩，完成××座一般小型病险水库整治扫尾工程建设。实现新增灌溉面积××万亩，恢复灌溉面积××万亩，改善灌溉面积××万亩，新增节水灌溉面积××万亩，新增节水能力××万立方米，新增粮食生产综合能力××万千克，新增经济作物产值××万元。新（扩）建农村人饮供水工程××处，铺设管网××千米，解决农村××万人安全饮水。完成发电量××万千瓦时。县城污水处理厂累计处理水量××万吨，COD削减××吨、氨氮削减××吨，各项出水指标均达标排放。（略）

（二）（略）

二、主要工作亮点（略）

三、存在问题（略）

四、下半年工作打算

继续围绕"民生水利、平安水利、和谐水利、生态水利、可持续水利"建设（略）

（一）狠抓水利工程规划建设和管理。（略）

（二）狠抓涉水资源管理。（略）

（三）狠抓水利安全生产管理。（略）

（四）进一步加强干部职工队伍建设。（略）

××县水务局

××××年×月×日

【情况报告】

由于具体情况不同，情况报告并没有统一的写法，但总体来看应该做到以下5点。

（1）内容集中、单一，突出重点，抓住事物本质，实事求是地反映情况。

（2）把情况和问题讲清楚，把事情的经过、原委、结果、性质写明白。

（3）提出处理意见和建议，要写得具体、明确、简要，尤其要注意提出意见、建议的角度，不能在报告中夹带请示事项。

（4）理顺文章的思路和结构，无论是纵式结构还是横式结构，都要脉络清楚，层次分明。

（5）行文要及时，以便让上级机关和有关领导尽快了解重大、特殊、突发的各种新情况。

专家点拨

情况报告常用于向上级汇报以下事项：（1）严重的灾害、事故、案情、敌情；（2）重要的社情、民情，如社会生活中的新动态和上级某项有关国计民生的新政策、新规定的贯彻执行情况及群众的反映等；（3）督促办理或检查某项工作的情况，如财务、税收、物价、质量、安全、卫生等多项工作的检查结果；（4）举办重大活动、召开重要会议的基本情况，各级各类代表会议的选举结果等；（5）对某项工作的失误和问题的检讨与反思；（6）其他重要的、特殊的、突出的新情况。

××市安全生产监督管理局关于××××年安全生产工作情况的报告

×××监函字〔××〕××号

市委组织部：

根据《××市安全生产党政同责、一岗双责暂行规定》有关要求，现将××××年度安全生产工作情况报告如下，请审查。

××××年，我市的安全生产工作在市委、市政府的高度重视和正确领导下，全市上下以经济社会安全发展、企业安全生产、群众平安生活和"治大隐患、防大事故"为目标，以贯彻实施新《安全生产法》为载体，以贯彻落实安全生产"党政同责、一岗双责、失职追究"为切入点，以完善行业部门直接监管、安监部门综合监管、政府属地监管和企业主体责任"四位一体"的安全生产责任体系为突破口，紧紧围绕市委、市政府提出的"主要控制考核指标不能超、重大特大安全事故不能发、油气管道安全问题不能出"的"三控"年度总目标，以及"转变思维抓安全、细化责任抓安全、赏罚分明抓安全、源头把关抓安全、科技支撑抓安全、深化培训抓安全"的"六抓"总要求，不断以改革的精神、创新的思路、发展的办法，研究、协调、解决安全生产领域存在的重大问题，取得了显著成效。

一、所做的主要工作

（一）转变思维抓安全。（略）

（二）细化责任抓安全。（略）

（三）赏罚分明抓安全。（略）

（四）源头把关抓安全。（略）

（五）科技支撑抓安全。（略）

（六）深化培训抓安全。（略）

二、存在的突出问题和薄弱环节

安全生产量大面宽，头绪众多……主要表现在以下3个方面。

（一）干部群众安全生产意识不强，防范体系不稳不牢。（略）

（二）企业主体责任落实不够到位，违法生产屡禁不止。（略）

（三）重点行业安全状况极不稳定，较大事故时有发生。（略）

三、××××年工作打算

（一）落实党政同责不懈怠，坚定安全发展信心。（略）

（二）隐患排查治理不间断，改善安全生产条件。（略）

（三）铁拳执法监察不动摇，规范安全生产秩序。（略）

（四）抓住源头管控不放松，强化安全监管效能。（略）

（五）深化宣教培训不含糊，提升全民安全素质。（略）

（六）严格责任追究不犹豫，追根溯源严查事故。（略）

××市安全生产监督管理局

××××年×月×日

点评：这是一则专题性的情况报告，是向上级机关对所完成的情况进行汇报。值得借鉴之处在于汇报的详细性和完整性。全文前两段说明了汇报的原因和取得的总体成绩。后面则详细汇报了为取得这些成绩所做的工作，还存在哪些不足，今后的工作打算等内容，这3个方面便是工作情况汇报的核心环节。上述范文是一则非常典型的情况报告。

【建议报告】

建议报告的内容比较集中，可分为情况分析和意见措施两部分。

◆ **情况分析：** 或介绍情况，分析问题；或肯定成绩，指出不足，总结经验教训；又或者说明提出意见、建议的目的、原因和依据。其后常以"特提出如下意见（或建议）""拟采取如下措施"等习惯用语引出下文。

◆ **意见措施：** 切合实际地提出做好某项工作的意见、措施、建议，这是建议报告的重点部分，也是在写法上有别于情况报告、工作报告的地方。具体意见措施应当写得脉络清楚、逻辑严谨、主次分明。

××市质量技术监督局关于加强我市特种设备安全监管建议的报告

××质监局〔××〕××号

市委、市政府：

现将我局《关于加强我市特种设备安全监管建议的报告》，呈送你们。

特种设备，是指涉及生命安全，危险性较大的设备和设施的总称，包括锅炉、压力容器（含气瓶）、压力管道、电梯、起重机械、客运索道、厂内机动车辆、大型游乐设施等。由于特种设备既在生产和生活过程中广泛使用，同时又具有潜在危险，特别是有的特种设备在高温高压下工作，有的在高空高速下运行，有的盛装易燃易爆和有毒介质，极易发生爆炸或泄漏有毒物质的事故，一旦发生事故，不是导致人员伤亡，就是造成财产损失，并在社会上产生不良影响。为了保障人民群众的生命财产安全，构建和谐社会，本着"安全第一，预防为主"的原则，我局对全市特种设备安全状况进行了普查，现将普查情况报告如下。

一、我市特种设备的基本情况

我市现有各类锅炉××台（其中工业锅炉××台，生活锅炉××台）……我市特种设备主要有以下特点。

（一）分布较广，但不集中。（略）

（二）人员密集的地方特种设备较多。（略）

（三）以单位使用为主。（略）

二、我市特种设备安全存在的主要问题

我市经济尚处在发展阶段，特种设备数量虽不算多……主要表现为以下几个方面。

（一）特种设备质量难以保证。（略）

（二）特种设备安装不正规。（略）

（三）特种设备使用和管理隐患多。（略）

三、抓好我市特种设备安全监管的几点建议

鉴于特种设备的技术要求和潜在危险性等特点……现对特种设备安全监管提出如下建议。

（一）强化安全无小事观念。（略）

（二）加大投入。（略）

（三）加强日常检查，防止事故发生。（略）

（四）加强学习培训工作，提高监管能力和操作使用水平。（略）

（五）制定预案，确保有备无患。（略）

（六）严处违法违规行为。（略）

（七）加强特种设备安全监管信息建设。（略）

特此报告！

××市质量技术监督局

××××年×月×日

点评：这篇建议报告重在提出建议，其写法具有一定的参考价值。全文以提出建议为主，为了支持这些建议，上文对当前的现状和存在的问题进行了全面说明，使得提出的建议更具针对性。另外，为了让上级更清楚所提建议涉及的对象，本文开篇还专门对该设备进行了介绍。如有必要，写作这类报告时，还可在此基础上对该对象的优劣点等进行补充说明，上级充分了解后，才能更清楚建议的可靠性和可行性。

【答复报告】

答复报告的内容要体现针对性，有问必答，答其所问。表述要明确、具体，语言要准确、得体，不可含糊其词、模棱两可。这类报告的内容可以分为答复依据和答复事项两部分。

◆ **答复依据：**上级要求回答的问题，要写得十分简要，有时一两句话即可。

◆ **答复事项：**针对所提问题答复的意见或处理结果，既要写得周全，又要注意不要答非所问。

关于对×××副市长批示件回复情况的报告

××环办字〔××〕××号

尊敬的×××常务副市长：

我局对您×月×日到×月×日期间在《××市××日报》《周报》《××报告》上批示的重点环境信访件和舆情高度重视，严格按照批示要求认真办理。其中，对于您在《××市××日报》上做出批示且由各县区政府直接办理的承办件，我局对此专门安排对各县区办理情况进行了督查，以确保各县区在办理过程中"面对面"反馈到位。现将有关已办结的批示件情况报告如下。

一、市长公开电话批示件办理情况

（一）《××市××日报》第××期（××日）

承办单第××号，群众反映"××县××镇××村附近一防水材料生产作坊刺鼻气味扰民"。此承办件于×月×日由市长热线办公室直接转发至××县政府办理，××县政府于×月×日向市长热线办公室答复完毕。经查，该项目未办理环保审批手续，未建设污染防治设施，属非法建设项目。由××县环保局依法向其下达了《环境违法行为改正通知书》，××镇政府对其采取断电措施，拆除其生产设备。由于举报人电话一直处于关机状态，由××镇政府在《答复意见单》上签字确认。

（二）《××市××日报》第××期（××日）（略）

（三）《××市××日报》第××期（××日）（略）

（四）《××市××日报》第××期（××日）（略）

（五）《××市××日报》第××期（××日）（略）

（六）《××市××日报》第××期（××日）（略）

二、《网络舆情报告》领导批示件办理情况

（一）《市委宣传部网络舆情报告总第××期》（××日）（略）

（二）《市委宣传部网络舆情报告总第××期》（××日）（略）

（三）《市委宣传部网络舆情报告总第××期》（××日）（略）

（四）《市委宣传部网络舆情报告总第××期》（××日）（略）

（五）《市委宣传部网络舆情报告总第××期》（××日）（略）

（六）《市委宣传部网络舆情报告总第××期》（××日）（略）

（七）《市委宣传部网络舆情报告总第××期》（××日）（略）

（八）《市委宣传部网络舆情报告总第××期》（××日）（略）

在下面的工作中，我局将继续对环境信访及舆情工作保持高度重视，对领导批示件严格处理落实到位，努力改善环境质量，确保群众环境权益。

特此报告。

××市环境保护局

××××年×月×日

点评：这是一则答复报告，是根据上级领导的询问和具体指示做出的回答。第一段简述了上级领导的具体指示，并说明了根据指示已经做出的一系列行动，然后顺利过渡到下文，对每一期报刊的批示件办理情况做了详细回答，既符合事实，也解决了问题。

扩展阅读　报送报告

相较于其他类型的报告，报送报告较为简单，有时可能只需要几句话，说明报送物件、材料的名称、数量即可。但这类报告往往会包含附件，必须把附件内容报送并交代清楚。可扫描右侧二维码详细了解。

扫一扫

报送报告范例

4.11 » 请示

请示适用于向上级请求指示、批准，属于上行文，也是请求上级机关给予解决和支持的呈请性、期复性与陈述性相结合的双向性公文。

4.11.1 请示的必备条件和适用范围

1．请示的必备条件

请示必须具备以下3个条件。

（1）必须是下级机关向上级机关的行文。

（2）请示的内容必须是自己无权做出决定和处理的问题。

（3）必须是为了向上级请求批准。

2．请示的适用范围

请示作为报请性的上行文，应用范围十分广泛，当然也不能遇事就向上级请示。总体来说，请示适用于以下7种情形。

（1）下级机关遇到新情况、新问题，因无章可循而没有对策或没有把握，需要上级机关给予明确指示。

（2）下级机关在处理较为重大的事件和问题时，因涉及有关方针政策必须慎重对待，或为防止工作失误，需要报请上级机关。

（3）下级机关在工作中遇到问题，虽然有解决的办法，但由于职权、条件的限制，没有权力或没有能力实施这些办法，需要上级机关帮助解决。

（4）下级机关对有关方针、政策和上级机关发布的规定、指示有疑问，需要上级机关明确答复同意后才能办理。

（5）下级机关在较重要的问题上出现意见分歧，且无法统一，需要上级机关裁决后才能办理。

（6）因情况特殊，遇到某些难以执行现行规定、有待上级重新指示才能办理的事项。

（7）下级机关遇到上级领导、主管部门明确规定必须请示、批准才能办理的事项，或上级明文规定完成一项工作任务后，需要上级审核认定的事项。

4.11.2 请示的特点与类型

1．请示的特点

请示具有回复性、单一性、针对性、超前性和可行性等特点。

◆ **回复性：** 下级机关有一份请示报上去，上级机关就要有一份批复发下来，这就是回复性。不管上级是否同意下级的请示事项，都必须给请示单位一个明确且及时的回复。换句话说，写请示就是为了得到批复。

◆ **单一性：** 一份请示中，下级机关只能就一项工作或一种情况、一个问题做出请示，不得在一份公文中就若干事项请求指示和批准，否则会耽误工作的正常开展。下级机关若确实存在若干事项都需要同时向同一上级机关请示时，应当拟制若干份请示，上级机关会分别对不同的请示做出不同的批复。

◆ **针对性：** 请示必须针对超出本机关职权、能力、认识范围的事情，不得动辄就请示，表面看起来是尊重上级，实际上是把矛盾交给上级，会影响工作的开展。

◆ **超前性：** 请示必须在事前行文，等上级机关做出批复后才能付诸实施。事中请示或事后请示都是不正确的。

◆ **可行性：**请示中向上级机关提出的予以批准的要求，都应该是切实可行的，应考虑到上级机关的审批权限和解决能力，不应当提出其无法办到的不合理要求。

2．请示的类型

根据请示的内容和适用范围，请示可分为以下3种类型。

◆ **求示性请示：**即请求上级给予指示、裁决。这类请示涉及的是下级机关对方针政策在认识上不明确、不理解，或遇到新情况、新问题而又无章可循，不知如何处理，或由于分歧而无法形成统一意见等情况。如"××省人民政府法制办公室关于城市房屋拆迁补偿有关问题的请示"。

◆ **求准性请示：**即请求上级批准、允许。这类请示所涉及的是在实际工作中有一些超出本单位处理权限的事项，自己无权做出决定，如机构设置、财政支出、资产购置等，需要上级机关给予批准后方可执行等情况。如"××省外资局关于组团赴美检验引进设备的请示"。

◆ **求助性请示：**即请求上级机关予以支持、帮助。这类请示涉及的是下级机关遇到仅靠自己的力量，很难克服或无法克服困难的情况，如缺少资金、设备等物质条件而影响工作进度等。如"××省人民政府关于追加自然灾害救济款的请示"。

4.11.3 请示与报告的区别

请示与报告虽然都是上行文，都是向上级机关说明情况，以更好地履行本机关职责的文种，但二者还是有明显区别的。

◆ **性质不同：**请示属于呈请性公文，报告属于陈述性公文。

◆ **目的不同：**请示的目的在于请求指示或审核批准，需要上级机关给予答复；报告的目的在于汇报工作、反映情况、提出意见和建议、答复询问等，不要求上级机关回复。

◆ **内容不同：**请示严格要求一文一事，一事一请，篇幅相对较短；报告的内容可以涉及多个事项，可以一文多事，篇幅较长。

◆ **时间不同：**请示必须事前行文，不能事中或事后请示；报告在事前、事中、事后均可行文。

◆ **结尾不同：**请示需要上级机关给予回复，所以常用"以上所请，妥否（当否），请批复（批示/答复/回复）""以上所请如无不妥，请批转……"等语句作为结语；报告因不需要上级机关做出回答，因此常用"特此报告""以上报告，请审阅""以上报告如无不妥，请批转……"等语句收尾。

4.11.4 请示的写作格式

请示的格式主要包括标题、发文字号、主送机关、正文、署名、成文日期等要素。

◆ **标题：**由"发文机关＋事由＋文种"构成，如"××省农业厅关于急拨救灾款的请示"，也可以由"事由＋文种"构成，如"关于成立老干部活动室的请示"。

◆ **发文字号：**为标准的发文字号形式。

◆ **主送机关：**为直属上级机关，一般只报送一个主管的领导机关，需要报送其他机关时可用抄送形式。

◆ **正文：**由请示缘由、请示事项、请示结语3个部分构成。其中，请示缘由是请示事项的基础，是上级机关批复的主要依据，应写明所遇到的情况、问题或困难。交代完请示缘由之后，一般用"特请示如下"过渡到请示事项；请示事项为请示的主体，要写明要求上级机关予以指示、审核、批准的具体问题和事项，这是请示的实质内容，是请示最核心、最重要的部分。请示结语比较简单，在主体之后，另起一段，以"当否，请批示""妥否，请批复""以上请示，请予审批""以上请示如无不妥，请批转有关部门执行"等结束语收尾。

◆ **署名：** 在正文后右下方标注发文机关，如在标题中已出现发文机关，可省略。

◆ **成文日期：** 一般为发文日期，在发文机关下方标明。

4.11.5 请示的范例

【 **求示性请示** 】

求示性请示的写法较为简单，写作时应明确指导思想，突出要点或疑点，语言表达要准确。

××镇关于开展2019年度民兵军事训练的请示

×政〔2019〕8号

××县人武部：

根据县人武部《2019年度民兵军事训练意见》的要求，结合我镇民兵军事训练工作实际，现将2019年度××镇民兵军事训练工作计划请示报告上报如下。

一、指导思想

2019年度民兵军事训练，以党的十九大精神和习近平强军思想为指导，以新时期军事战略方针为统揽，以军事斗争准备为牵引，以战斗力为标准，紧紧围绕民兵担负的使命任务，牢固树立真打实备思想，紧贴任务需求，立足现有条件，不断推进民兵军事训练。

二、训练安排

（一）训练对象：全镇所属民兵分队，重点是编入镇民兵应急分队所属人员和整组后新编入队的民兵干部。

（二）训练时间和方法。

1．训练时间：民兵军事训练从3月1日起至6月30日结束。镇民兵应急排分队：训练时间12天，不少于96小时。新任的民兵连、排长：训练时间12天，不少于96小时。民兵专业分队和专业技术兵：训练时间12天，不少于96小时。民兵情报信息分队：训练时间12天，不少于96小时。民兵入队训练结合组织整顿进行，时间为2天，不计入年度训练时间。民兵每天训练时间为8小时。

2．训练方法：民兵连、排长由县人武部统一组织训练；应急分队由镇统一集中训练，县人武部派专人进行训练指导。其他民兵分队训练由镇武装部组织，县人武部抽查训练情况。

（三）训练内容。（略）

三、训练地点

××镇民兵之家及××镇社区操场。

四、要求（略）

此次民兵军事训练，作为抢险救灾、非战争军事行动快速动员集结、边境管控、反恐维稳形势准备的重要举措抓好落实，保证参训人员高标准、严要求完成任务。

当否？请予指示！

××县××镇人民政府

××县××镇武装部

2019年4月4日

点评： 求示性请示的写法较为简单，写作时明确指导思想，突出要点，语言表达准确即可。结尾一般不用"妥否？"这种惯用语，而用"当否？请予指示！"。这篇求示性请示就是非常典型的参考范文。正文开头第一段说明了请示的原因，然后通过指导思想、训练安排、训练地点和要求等内容充分表达此次请示的内容，最后利用"当否？请予指示！"收尾，整体结构清晰，表达内容完整，使上级能够充分了解军事训练的情况，及时做出批示处理。

【求准性请示】

求准性请示首先就要清楚写明请示的理由，然后再写明请示的事项，理由和事项是求准性请示的主体。求准性请示写作的基本要求是明确具体、简明扼要，提出的要求应切实可行。忌大话、空话和套话，忌闪烁其词。最后一般以"妥否？请批示！"结尾。

✍ **写作技巧**

请求批准的请示，要把要求批准的事项及原因、理由分条列款一一写明。如果在请求批准的同时还需要人、财、物等方面的支持和帮助，则更需要把编制、数量、途径等表达清楚，以便上级及时批准。

关于要求成立相关社区的请示

城政〔××〕××号

××区社区建设领导小组：

近年来，随着城镇化步伐加快，我镇陆续新建了近40个居民小区，大量外来人口相继入住。为了提升居民生活服务水平，有效促进社会事业良性发展，根据我镇实际，拟成立如下3个社区（或筹备组）。

1．××社区：坐落于××门。东起××路，西至××路；北起××路，南至××路。辖区包括××、××、××等，面积约××平方公里。现有常住户××余户，人口××万人；将来可容纳××户，人口××万人。

2．××社区：（略）

3．××社区：（略）

上述3个拟建社区中，××社区筹备组已于××××年×月开始组建，镇聘×名工作人员开展日常工作，办公场所也已落实，另外2个社区办公场所尚未落实，且入住居民也有许多事务需要办理，迫切需要组建一个为民办事的机构。鉴于以上原因，恳请区社区建设领导小组同意我镇成立××社区，组建××、××2个社区筹备组，尽快挂牌办公，并协调解决办公场所及相关经费问题。

　　妥否？请批示！

××镇人民政府办公室

××××年×月×日

　　点评：这篇请示首先清楚说明了请示的原因和具体情况，这为上级批准提供了非常充分的根据。然后详细且具体地说明了请示内容，让上级能够准确知悉请示的情况，并可据此评估是否可行。总体来说，此请示原因充分，内容完整，不空谈不随意，符合现状，被批准的可能性很大。

【求助性请示】

　　求助性请示的篇幅一般较短，但必须说明为什么求助，以及求助的具体内容。最后可以用"特此请示，期盼回复"等用语结尾。

关于解决工作经费的请示

××字〔××〕12号

县人民政府：

　　为进一步规范电瓷行业管理，整顿电瓷行业秩序，我局有针对性地开展了一系列工作：5月开始由我局牵头开展全县电瓷行业专项整治行动；国家绝缘子避雷器检验中心的同志受委托来我县对电瓷产品进行抽检，我局积极配合，组织产品送检，又一直与××方面保持联系；天然气管道铺设过程中我局全力支持，帮助协调了各方面的关系，保障了管道铺设工作顺利进行……但由于车辆出动频繁，又多次到××、××等地联系工作，难度高，工作量大，但经费缺乏，很大程度上限制了我局工作的开展。特请求帮助解决工作经费3万元，以保证我局日后的工作能够正常进行。

　　特此请示，期盼回复。

××县电瓷工业局办

××××年×月×日

扩展阅读　哪种请示容易引起领导注意

　　请示是下级机关送往上级机关请求批复的文件，语言上要注意突出请示性、程式化、简约和明确的特点。无论是求示性请示还是求准性请示，虽然都是下级机关就某些事项请求上级机关的批示，但是在行文中语气要平实、恳切，做到不卑不亢，切忌客套、低声下气，语气也不能生硬。这样才能引起上级机关的足够重视。可扫描右侧二维码详细了解。

扫一扫

哪种请示容易引起领导注意

4.12 » 批复

批复是上级机关答复下级机关请示事项的一种下行公文，也就是说，批复是与请示配合使用的下行文。先有下级的请示，才会有上级的批复，有请必复，一事一批，这就是批复的作用。

> 👤 **专家**点拨
>
> 批复只有在上级机关答复下级机关的请示时才能使用，如果是上级机关答复同级或不相隶属机关的询问，则只能用函，不能用批复。

4.12.1 批复的特点与类型

1. 批复的特点

批复具有被动性、针对性、权威性、简明性等特点。

◆ **被动性：** 批复是用来答复下级请求事项的公文，下级有请示，上级才会有批复。下级有多少份请示呈报上来，上级就有多少份批复回转下去。批复是公文中唯一的纯粹被动性文种。

> 👤 **专家**点拨
>
> 报告只有在答复上级机关询问时才是被动的，函只有复函才是被动的。所以说，纯粹被动性的公文只有批复。

◆ **针对性：** 批复的针对性极强，下级机关请示什么事项或问题，上级机关的批复就指向这一事项或问题，绝不能答非所问，也不能牵涉其他。

◆ **权威性：** 批复的目的是指导下级机关的工作，应当概括地说明方针、政策以及执行中的原则和注意事项。批复代表着上级机关的权力和意志，批复的意见具有指令作用，下级机关必须遵照执行。

◆ **简明性：** 批复对请示中的事项只进行原则性、结论性的表态，无须进行具体的分析和阐述，因而一般要简明扼要。

2. 批复的类型

批复的类型只有两大类，即批示性批复和批准性批复。

◆ **批示性批复：** 针对下级机关提出的难以理解的政策、法规和没有明文规定的疑难问题，上级机关做出明确的解释和答复，表明意见和态度。上级机关也可以在审批某一问题的同时，进一步做出一系列相关批示，要求下级照此执行。

◆ **批准性批复：** 针对下级机关请示批准的事项，上级机关进行认可和审批，具有表态性和手续性；与批示性批复相比，批准性批复的内容大多比较简单。

4.12.2 批复与指示的区别

批复与指示都是指导性的下行文，所表达的内容都是受文的下级机关开展某项工作的依据，但二者也有本质上的区别。

- **范围不同：** 批复适用于答复下级机关的请示事项，面向的只是来文请示的下级机关；指示适用于给下级机关布置工作，阐明工作活动的指导原则，面向的是所属的所有下级机关。
- **原因不同：** 批复是上级机关根据下级机关的请示事项被动行文的；指示是上级机关根据实际需要主动向下级机关行文的。
- **篇幅不同：** 批复有针对性地回答请示的相关内容，批准性批复有的三言两语就能表明态度，批示性批复的篇幅也只是相对较长；指示内容一般比较丰富，篇幅很长，常常以条列式的方法进行拟制。

4.12.3 批复的写作注意事项

拟制批复时，应当注意以下3点。

- **一请示一批复：** 一份请示，只能请示一件事情，同样，一份批复，只能针对一份请示，切忌一份批复包含几个请示的事项。
- **行文简明准确，态度鲜明：** 批复中的表态、答复一定要慎重，把握好政策。行文时要字斟句酌，简明准确，一般不加议论。对于请示事项，同意就是同意，不同意就是不同意，态度鲜明，不能含糊其词，否则会使下级无所适从。
- **及时批复：** 对于下级请示的事情，一经领导研究决定，就要尽快起草公文，早日答复，以免贻误工作。

4.12.4 批复的写作格式

批复虽短，但仍有其基本的内容和规范的格式，主要包括标题、主送机关、正文、署名、成文日期等要素。

- **标题：** 批复的标题可以由发文机关、发文事由、文种组成，如"国务院关于××流域防洪规划的批复"；也可以由发文机关、表态用语、发文事由、文种组成，如"国务院关于同意将××省××市列为国家历史文化名城的批复"，标题中显示发文机关的明确态度。
- **主送机关：** 批复的主送机关同请示一样，只能有一个，而且要与请示的发文机关名称一致。换句话说，批复的主送机关即请示的发文机关，而批复的发文机关则是请示的主送机关。
- **正文：** 批复的正文主要由引叙语、答复、结尾语3个部分组成。引叙语即引述下级机关来文时间、来文标题和发文字号，必要时简要引叙来文的主要内容作为批复的依据，如"你省《关于要求审批××市为国家历史文化名城的请示》（××政〔××〕××号）收悉"，引叙后，可用"根据××关于××的规定，现作如下答复""经研究答复如下""现作如下答复"等引起下文；答复部分是批复的核心，也是行文的目的所在，应针对所请示的事项，给予具体的批示或明确的答复，表明态度，如"同意""原则同意""基本同意""部分同意""不同意"等，同时要写明理由；批复的结尾常用固定结尾语"此复""特此批复"等，有的批复也可不用结尾语。
- **署名：** 标注在正文结尾后的右下方，标题有发文机关的名称时，署名可以省略。
- **成文日期：** 标注在署名的下方。

> **扩展阅读** **批复应该如何表态**
>
> 批复表态一要合情、合理、合法，要做出正确的批复，这是前提；二要明确，态度要鲜明，用语要准确，绝不能模棱两可；三要具体，要把所批复的事项表述清楚，不能使用类似"关于你部所请示的事项，同意或不同意"之类的语言，要把同意或不同意的内容表述清楚。
>
> 扫一扫
>
> 批复应该如何表态

4.12.5 批复的范例

【批示性批复】

批示性批复首先应该引述下级机关的请示情况，然后表明批复态度，并根据情况做出具体的批示和提出要求，一般采用条列式的写法加以叙述。

国务院关于同意建设江苏南京国家农业高新技术产业示范区的批复

国函〔2019〕114号

江苏省人民政府：

你省关于将南京白马国家农业科技园区升级为国家农业高新技术产业示范区的请示收悉。现批复如下：

一、同意将南京白马国家农业科技园区建设为江苏南京国家农业高新技术产业示范区，纳入国家农业高新技术产业示范区范畴管理并享受相关政策。

二、江苏南京国家农业高新技术产业示范区总面积145.86平方公里，四至范围：东至溧阳市，南至晶桥镇，西至东庐山麓，北至句容市。其中规划建设用地面积3.08平方公里，四至范围：东至环镇东路，南至老明公路和S341省道，西至贯庄路，北至宁杭城际铁路。具体以界址点坐标控制，界址点坐标由科技部、自然资源部负责发布。

三、（略）

四、（略）

五、（略）

国务院

2019年11月18日

（此件公开发布）

点评：从结构上看，这是非常典型的批示性批复的写法，第一段说明请示已经收悉，然后利用"现批复如下"过渡到批复的内容。从内容上看，这篇批复首先明确批复结果，然后对该产业示范区的概况进行说明，让省政府开展工作时作为参考，接着提出了要求，希望相关单位顺利完成此项任务。内容循序渐进，层层深入，使受文者能够准确接收批复的具体内容。

【批准性批复】

批准性批复的内容一般比较单一，结构也比较简单。正文部分第一段引叙请示的标题和发文字号，可根据情况选择是否由"现批复如下"等用语来引出下文。接着说明情况和批复结果，态度要鲜明。

关于高××等同志任职的批复

××市总工发〔2019〕35号

××市直有关基层工会：

经研究，现对××生物有限公司工会等两家基层工会上报的补选结果及其工会主席、副主席等有关人员的任职及任期批复如下。

1．同意补选高××同志为××生物有限公司工会第一届委员会主席，马××、陈××同志为××生物有限公司工会第一届委员会副主席。任期与本届委员会一致。

2．同意补选杨××同志为××酒店管理股份有限公司××大酒店工会第一届委员会副主席。任期与本届委员会一致。

××市总工会

2019年4月8日

点评： 这篇批复未引用下级上传的请示文件，对于非党政机关单位而言，这种处理方法也是可行的。批复内容同样要体现出准确、简洁的特性，使下级相关单位能够接收到批复所传达的信息。

4.13 » 议案

议案是由具有法定提案权的国家机关、会议常设或临时设立的机构和组织，以及一定数量的个人，向权力机构提出进行审议并做出决定的议事原案，属于上行文。其适用于各级人民政府按照法律程序向同级人民代表大会或人民代表大会常务委员会提请审议事项。

4.13.1 议案的特点与类型

1．议案的特点

从议案的行文、内容和时效的角度来看，议案分别具有定向性、政策性和规定性3个特点。

◆ **行文的定向性：** 议案只能由各级人民政府行文，政府的工作部门不能使用议案。同时，议案只能向同级人民代表大会或人民代表大会常务委员会行文，不能向其他任何部门或单位行文。

◆ **内容的政策性：** 议案审议的内容是纳入法律程序，人民政府无权决定、须提请国家权力机构人民代表大会审议的事项，一般是关于国家主权、权力和利益、重要法律法规、国家机关主要领导人的任免等事项。

◆ **时效的规定性：** 议案应当而且必须在同级人民代表大会或其常务委员会举行会议规定的限期前提出，否则不能列为议案。同时，提交大会审议的议案，必须限期审议表决或提出处理意见。

👤 **专家**点拨

只有省级以上人民代表大会以及全国人民代表大会授权的地方人民代表大会才有立法权，党的机关、国家行政机关、企事业单位都没有立法权。

2．议案的类型

按议案内容的不同，议案可分为3种类型，即立法性议案、决策性议案、任免性议案。

◆ **立法性议案：** 即用于提请审议法律和法规的议案。常说的法案，其实就是立法性议案，它首先由政府提出，然后提请全国人民代表大会或全国人民代表大会常务委员会审议，待通过后才能予以确立。

◆ **决策性议案：** 即用于提请审议办理各种重大事项的决策议案，包括政治、经济、文化、教育、科技、卫生等领域中各种重大事项的决策。

◆ **任免性议案：** 即用于提请审议决定政府和国家机关主要领导人、国家驻外机构主要负责人任免的议案。

扩展阅读 **议案的形成条件**

一般来说，形成一个议案要具备3个条件，分别是议案的主体、议案的内容和议案提出的时间。以上3个条件是最基本的要求，工作中习惯称之为"硬件"。若想详细了解议案的形成条件可扫描右侧二维码。

扫一扫

议案的形成条件

4.13.2 议案的写作注意事项

议案是一种地位非常高的公文，写作时应当注意以下4点。

（1）熟悉国家的法律、法规和党的方针政策。由于议案的政治性、政策性很强，涉及立法事项及重大方针政策，因此写作议案时必须以法律、政策为依据。

（2）语言要求准确、精练、庄重。议案篇幅不宜过长，缘由要简明扼要，抓住要点，言简意赅，不必展开论述、说理，针对事项进行描述，讲完即止。

（3）议案的标题必须醒目、具体和明确。事项应明了、单一，一般要一案一事一题，不能一案数事。

（4）情况需属实，观点要鲜明，内容要具体。有的议案在结尾处，还会提出一些具体的措施、原则和要求。

4.13.3 议案的写作格式

议案的格式与其他公文相似，包括标题、正文、签署等几个部分。

1．议案的标题

议案的标题由发文机关、事由、文种构成，通常不能省略其中任何一项，原因在于，提请国家权力机构审议的事项都是重大的、涉及法律法规和大政方针的事项，标题必须写明发文机关，事由要概括得清楚明确，一目了然。只有这样才能体现出议案的庄重感。

2．议案的正文

正文是议案的主体。正文的内容可分成3个部分，即缘由、事项和结语。

◆ **缘由：** 议案的缘由是提请审议批准事项的理由和依据，即为什么提出议案。缘由一般要求写得概括准确，说明提请审议事项的意义、作用以及有关背景。根据不同的议案内容，缘由的篇幅可长可短，长的缘由甚至超过整个议案内容的一半；短的缘由则可以是常见的"目的式"写法，几行字说明目的即可。

◆ **事项：** 议案的事项是在议案中提出要求审议的具体事项，不需要分析说明，是什么就写什么，简单明了。有的议案要说明的内容较多，则可把说明内容作为附件附上。如果议案事项是提请任免领导人，则直接列出要求任免什么人、什么职务即可。

◆ **结语：** 议案的结语主要是做出请求，常用"这个草案业经市政府同意，现提请审议""现提请审议，并请作出批准的决定""请审议决定"等收尾。

3．议案的签署

议案的签署与别的行政公文有所不同。一般行政公文最后签署的都是发文机关的名称，而议案要由政府首脑签署。例如国务院提交给全国人民代表大会的议案，由总理签署；各省、自治区、直辖市提交给同级人民代表大会的议案，要由省长、自治区主席、直辖市市长签署。

另外，议案的成文日期的写法与其他公文写法一致。

4.13.4 议案的范例

【立法性议案】

立法性议案主要在两种情况下使用，一是政府机构制定了某项法律或法规之后提请全国人民代表大会及地方各级人民代表大会审议通过时；二是建议、请求某行政机构制定某项法规时。立法性议案首先要明确拟定法律法规的原因、目的，然后写出所拟定法律法规的名称，结尾以"提请审议"等用语结束，后面往往要提供需要全国人民代表大会及地方各级人民代表大会或常务委员会审议的法律法规草案。

最高人民法院关于提请审议《中华人民共和国人民陪审员法（草案）》的议案

全国人民代表大会常务委员会：

为了贯彻落实党的十八届三中、四中全会和十九大精神，充分体现和巩固司法体制改革成果，根据全国人大常委会工作部署，最高人民法院在总结人民陪审员制度改革试点经验的基础上，深入调查研究、广泛听取意见、反复推敲论证，以《全国人民代表大会常务委员会关于完善人民陪审员制度的决定》为蓝本，全面梳理人民陪审员制度的基本规律和实践经验，拟定了《中华人民共和国人民陪审员法（草案）》。该法草案已经最高人民法院党组2017年第52次会议讨论通过，现提请全国人大常委会审议。

最高人民法院院长　周强

2017年11月27日

中华人民共和国人民陪审员法（草案）

第一条 为了保障公民依法参加审判活动，推进司法民主，促进司法公正，提升司法公信，制定本法。

第二条 公民有依法担任人民陪审员的权利和义务。

人民陪审员依照本法产生，依法享有参加审判活动、独立发表意见、获得履职保障等权利。

人民陪审员应当忠实履行陪审义务，保守审判秘密、注重司法礼仪、维护司法形象。

第三条 人民陪审员依法参加审判活动，受法律保护。

人民法院应当依法保障人民陪审员参加审判活动。

人民陪审员所在单位、户籍所在地或者经常居住地的基层组织应当依法保障人民陪审员参加审判活动。

第四条 公民担任人民陪审员，应当具备下列条件：

（一）拥护中华人民共和国宪法；

（二）年满二十八周岁；

（三）品行良好、公道正派；

（四）具有正常履行职责的身体条件。

担任人民陪审员，一般应当具有高中以上文化程度。

第五条 下列人员不能担任人民陪审员：

（一）人民代表大会常务委员会组成人员，监察委员会、人民法院、人民检察院、公安机关、国家安全机关、司法行政机关的工作人员；

（二）执业律师、基层法律服务工作者等从事法律服务工作的人员；

（三）因其他原因不适宜担任人民陪审员的人员。

第六条～第二十九条（略）

第三十条 本法自年月日起施行。2004年8月28日第十届全国人民代表大会常务委员会第十一次会议通过的《全国人民代表大会常务委员会关于完善人民陪审员制度的决定》同时废止。

【决策性议案】

决策性议案的写法比较固定，首先提出原因，也称为"案由"，并对现状进行适当介绍，然后写出存在哪些问题，最后就是提出建议，这也是决策性议案的核心内容。建议要准确、客观，不能夸夸其谈。正文结束时通常以"请审议"或以较委婉的语气来表达希望相关机关审议并给出相关意见。

县人民政府关于提请审议2019年度财政预算收支调整方案（草案）的议案

县人大常委会：

根据全年的税源分析，预计一般公共预算收入比年初预算有较大减收，相应年初预算的一般公共预算支出也相应调减。根据《中华人民共和国预算法》的有关规定，需编制预算调整方案。现将2019年度财政预算收支调整方案（草案）报告如下：

一、预算调整依据、原则和原因

（一）预算调整依据。一是《中华人民共和国预算法》。二是2019年1—9月财政预算执行情况。三是州人民政府对县人民政府的财税工作要求。

（二）预算调整原则。预算调整的基本原则是"量入为出、收支平衡、统筹兼顾、确保重点"，在收入有限的情况下，预算安排重点保工资、保基本运转、保基本民生、保脱贫攻坚政策落实，进一步优化支出结构，严控行政运行成本和"三公"经费等一般性支出。

（三）预算调整原因。一是受减税降费政策影响，根据2019年1—9月财政预算执行情况及11月、12月税源分析来看，我县一般公共预算收入预计完成数与年初预算数减少2000万元，致使财政收入需要调整。二是上级补助收入预计数较年初预算有增量，对新增收入需要进行分配。三是根据《中华人民共和国预算法》规定，需要调入预算稳定调节基金。

二、一般公共预算调整方案

（一）公共财政预算收入调整。（略）

（二）公共预算支出预算调整。（略）

（三）收支平衡情况。

三、政府性基金预算调整方案

（一）政府性基金预算收入调整。（略）

（二）政府性基金预算支出调整。（略）

（三）收支平衡情况。（略）

四、财政预算运行和管理中存在的问题

（一）财政增收后劲乏力，收支矛盾突出。（略）

（二）政策性增支因素多，财政支出压力较大。（略）

（三）债务风险防范化解困难。（略）

五、下一步工作措施

（一）积极争取上级支持，缓解收支矛盾。（略）

（二）积极推进盘活财政存量资金清理整治工作。（略）

（三）着力加强预算约束，优化财政支出结构。（略）

（四）灵活调度财政资金，打赢脱贫攻坚战。（略）

（五）着力加强政府债务管理，防范化解债务风险。（略）

以上2019年度财政预算收支调整方案（草案），请县人大常委会予以审议。

××县人民政府

2019年11月15日

【任免性议案】

任免性议案的内容简单明了，直接列出相关人员职务变动的具体情况即可，最后可以"请审议""请审议决定"等用语收尾。

重庆市人民检察院关于提请审议孙××等十五位同志职务任免的议案

渝检函〔2019〕2号

市人大常委会：

根据《中华人民共和国人民检察院组织法》《中华人民共和国检察官法》和《重庆市各级人民代表大会常务委员会人事任免工作条例》的规定，经2019年3月18日市五届人大常委会第十八次主任会议审议，现提请审议孙××等15位同志职务任免事项。

一、提请任命

孙××、刘××、朱××、曾××为重庆市人民检察院检察委员会委员；

李××、郑××为重庆市人民检察院第三分院检察委员会委员。

二、提请批准任命

封××为黔江区人民检察院检察长；

田××为涪陵区人民检察院检察长；

梁××为江北区人民检察院检察长；

李××为南岸区人民检察院检察长；

陈××为长寿区人民检察院检察长；

杨××为开州区人民检察院检察长；

黄××为忠县人民检察院检察长。

三、提请免去

封××、罗××的重庆市人民检察院检察员职务；

史××的重庆市人民检察院第三分院检察委员会委员、检察员职务。

四、提请批准

杨××辞去秀山土家族苗族自治县人民检察院检察长职务。

检察长：贺××

2019年3月26日

4.14 » 函

函是一种平行文，<u>不能用于上下级机关</u>，它适用于不相隶属机关之间商洽工作、询问和答复问题、请求批准和答复审批事项。

4.14.1 函的适用范围

函作为公文中唯一的一种平行文种，其适用的范围相当广泛，它不仅可以在平行机关之间行文，也可以在不相隶属机关（包括上级机关或者下级机关）之间行文。从内容上看，函的适用范围如下。

◆ 用于不相隶属机关相互商洽工作、询问和答复问题。

- 向有关主管部门请求批准事项。
- 向上级机关询问具体事项。
- 上级机关答复下级机关的询问或批准事项。
- 上级机关向下级机关催办有关事宜。
- 上级机关对某个原发文件进行较小幅度的补充或更正。

4.14.2 函的特点与类型

1. 函的特点

函具有以下特点。

- **平等性和沟通性：**函可用于不相隶属机关之间互相商洽工作、询问和答复问题，这体现了平等沟通的关系，是其他上行文和下行文所不具备的特点。即使是向有关主管部门请求批准，在双方不是隶属关系的时候，也不能使用请示和批复，只能用函，并且姿态、措辞、语气也和请示和批复大不相同，要体现平等性和沟通性的特点。
- **灵活性和广泛性：**函对发文机关的资格要求很宽松，高层机关、基层单位、党政机关、社会团体、企事业单位均可发函。函的内容和格式也比较灵活，而且不限于平行行文，所以运用十分广泛。
- **单一性和实用性：**函的内容单一，一份函只能写一件事项。写作函时不需要在原则、意义上进行过多的阐述，强调实用。

2. 函的类型

函的分类方法很多。从函的作用来看，函可分为以下5种类型。

- **告知函：**把某一事项、活动函告对方，或邀请对方参加会议等某种活动。这种函的作用和内容类似于通知，只是由于双方不是上下级和业务指导关系，使用"通知"行文不妥，故应该用"函"。
- **商洽函：**主要用于请求协助、支持、商洽解决办理某一问题。如干部商调函、联系参观学习函、要求赔偿函等。
- **询问函：**主要用于询问某一事项、征求意见、催交货物等。
- **答复函：**答复不相隶属机关询问的相关方针、政策等问题且不能用批复时使用。
- **请批函：**向有关机关、部门请求批准时使用。如果是下级机关向上级机关请求批准，则只能用请示，而不能用函。

扩展阅读　发函与复函

扫一扫

　　按发文目的的不同，函可以分为发函和复函两种。发函即主动提出公务事项时所发出的函。复函则是为回复对方所发出的函。从写法上来看，发函是主动的，复函是被动的。建议扫描右侧二维码，详细了解发函与复函的不同。

发函与复函

4.14.3 函的写作注意事项

函的写作，首先要注意行文简洁明确，用语把握分寸。无论是平行机关还是不相隶属机关的行文，都要注意语气平和有礼。其次，函也有时效性的特点，特别是复函，更应该迅速、及时，应当像对待其他公文一样，及时处理函件，以保证公务活动的正常进行。

总体来看，写作函应当注意以下几点。

（1）要严格按照公文的格式写"函"。

（2）函的内容必须单一、集中，即一个函件以讲清一个问题或一件事情为宜。

（3）函的内容必须真实、准确。

（4）函的写法以陈述为主，只要把商洽的工作、询问和答复的问题、向有关主管部门请求批准的事宜等写清楚即可。

（5）发函的目的或是商洽工作，或是询问问题，或是请求批准。因此，函的语言要朴实，语气要恳切，态度要谦逊。

4.14.4 函的写作格式

函的类别较多，从制作格式到内容表述均有一定的灵活性。但是总的来说，函主要是由标题、主送机关、正文、署名、成文日期等要素组成。

◆ **标题：** 一般有两种形式。一种是由"发文机关＋事由＋文种"构成；另一种是省略发文机关，直接由"事由＋文种"构成。

◆ **主送机关：** 即受文并办理来函事项的机关单位，其写法与其他公文一致，顶格写明全称或者规范化简称，其后用冒号。

◆ **正文：** 函的正文一般是由开头、主体、结尾、结语4个部分组成。开头主要说明发函缘由、目的、依据等内容，然后用"现将有关问题说明如下："或"现将有关事项函复如下："等过渡语转入下文。复函的缘由部分，一般首先引叙来文的标题、发文字号，然后再交代依据，以说明发文的缘由。主体是函的核心内容部分，主要说明致函事项，应当用简洁得体的语言叙述内容。结尾一般用礼貌性语言向对方提出希望，或请对方协助解决某一问题，或请对方及时复函，或请对方提出意见或请主管部门批准等。结语根据函的不同类型有不同选择，如"特此函询（商）""请即复函""特此函告""特此函复"等。有的函也可以不用结束语，可以像普通信件一样，使用"此致""敬礼"收尾。

◆ **署名：** 署上机关单位名称。

◆ **成文日期：** 在署名下方写明成文日期。

4.14.5 函的范例

【告知函】

告知函也叫知照函，用来告知或通知不相隶属机关某一事项或某一活动，这类函应该明确告知某一事项、工作或活动所涉及的具体内容，如事项、工作或活动的名称、时间、地点与主题、相关人员范围，以及其他需要告知的内容等。如内容比较复杂，可分条列项予以说明，便于受文者迅速地获取信息。结尾部分，常用"特此函告""特此告知""专此函达"等专用词语结束，或者用"竭诚欢迎您届时光临""再次感谢贵公司一直以来对我公司的大力支持"等表达诚挚期盼、感谢、致意性的语句结束全文。

关于违法提供食品经营场所的告知函

××大学：

经过我局执法人员调查核实，位于××市××区××路××号××大学的××食堂快餐部等22家单位（见附件）存在未取得食品经营许可而从事食品经营活动的情况，违反了《中华人民共和国食品安全法》第三十五条第一款的规定，国家对食品生产经营实行许可制度。我局拟依法对其无证照经营食品的违法行为做出行政处罚。

……………

若贵单位在规定的时限内未终止违法行为，我局将依照《中华人民共和国食品安全法》第一百二十二条第二款之规定做出行政处罚。

专此函达。

××区市场监督管理局

××××年×月×日

【商洽函】

商洽函的使用主体具有广泛性，适用于各种级别的行政机关、企事业单位和社会团体，因而其行文对象也具有广泛性，可以是任何行政机关、企事业单位和社会团体。写作时主要应写清为什么提出商洽，即发函的原因。一般都以某些事实为理由，但也有以贯彻上级文件或指示精神为理由的。较为简单的事情可不写缘由而直接提出具体内容。然后写清商洽的具体内容，特别是对受函者的要求。最后通常用"如你部（处、科）同意，请即复函""以上意见可否，望予复函""敬请函告"等作为函的结尾。

关于开展××区校地合作的商洽函

××大学：

近年来，为深入贯彻落实党的十八大精神和《中共中央关于深化文化体制改革 推动社会主义文化大发展大繁荣若干重大问题的决定》，省、市相继出台了一系列文化产业扶持政策措施，我区也出台了《关于加快铺开文化建设的实施意见》，设立了1000万元文化建设专项资金，并扶持了一批文化产业项目、文化人才和公共文化服务平台。为了切实让各级扶持政策真正落实到高校，做好高校项目、人才的包装、推荐、申报、宣传等服务工作，现请贵校配合做好以下工作。

1. 建立联络机制。现请贵校明确负责对接的相关部门及具体工作人员，并将联络人员名单及联系方式于×月×日前通过邮件或传真发至我部，以便我们进一步做好服务工作。

2. 梳理资源情况。（略）

3．征求合作事宜。（略）

上述事宜，敬请函告。

联系人：×××

联系方式：××××，××××

传真：××××

邮箱：×××××××

××区委宣传部

××××年×月×日

点评：这是一篇标准的商洽函。通篇既有说理又有具体的陈述，先写明行文单位发函的缘由，即深入贯彻××决定等，然后引出自身将要开展的行动，接着便顺理成章地向收文单位提出一些合作事宜，希望对方支持并给出意见。结尾处的"上述事宜，敬请函告"是非常尊重对方的语句，对于商洽类函件而言，是应当使用的。

【询问函】

就答复函而言，询问函为去函，写作时要明确去函目的，即说明要求主送机关协办的事项，或通报的信息，或要求解决的问题等。询问函常用"请速回复""盼复""请予复函""即请函复"等结语收尾。

关于征求药品飞行检查办法（征求意见稿）意见的函

食药监药化监便函〔2014〕59号

各省、自治区、直辖市食品药品监督管理局，有关单位：

为了加强药品监管，防控药品安全风险，我司组织起草了《药品飞行检查办法》（征求意见稿），现征求食品药品监管部门和相关单位意见。请各省级食品药品监督管理局组织有关单位进行讨论，汇总有关意见并书面反馈我司。其他单位修改意见以电子邮件或传真形式反馈我司。意见反馈时间截止到2014年6月12日。

联系人：×××，×××

联系电话：××××，××××

传　真：××××

电子邮箱：×××××××

附件：《药品飞行检查办法》（征求意见稿）

食品药品监管总局药化监管司

2014年5月12日

【答复函】

答复函与询问函合称为问答函，其中，答复函是询问函的复函，应回复发函机关提出的问题，如不能满足要求，应加以解释。书写事项时，如事项单一，就单独列段；如事项复杂，或要求较多，就提行分段，或分条列项书写。答复函常用"此复""特此专复""特此函复""专此函告"等结语收尾。

关于对环保核查工作制度有关问题解释的复函

环办函〔2015〕207号

北京市环境保护局：

你局《关于申请对环保核查工作制度有关问题予以解释的函》（京环函〔2014〕729号）收悉。经研究，现函复如下：

一、为贯彻落实中央关于简政放权、转变政府职能的决策部署，我部按照"减少行政干预，市场主体负责"的原则，改革调整上市环保核查工作，印发了《关于改革调整上市环保核查工作制度的通知》（环发〔2014〕149号），要求各级环保部门不再组织开展上市环保核查。

二、为贯彻落实《环境保护法》，切实落实企业环境保护主体责任，强化地方各级环保部门的监督责任，我部优化调整了重点行业环保核查工作。（略）

三、为贯彻落实《行政许可法》和中央依法治国精神，环保部门原则上不应再为企业出具环保达标守法证明等文件，之前我部提出的要求企业出具环保证明文件的相关要求自本文件发布之日起予以废止。

四、地方各级环保部门要按照我部关于污染源环境监管和企事业单位环境信息公开要求，及时、完整、真实、准确地公开企业环境违法行为行政处罚、排污许可证发放、监督性监测、突发环境事件等环境信息，以便于相关政府部门以及社会机构查询。（略）

特此函复。

生态环境部办公厅
2015年2月10日

点评：答复函可以用于答复一般性的问题。这类函件一般有两个部分，第一部分即开头，引叙来函，并过渡到答复的内容，这是非常固定的写作模式。第二部分则是具体的答复事项，因为涉及的内容不是单一的同意与否，所以采用了分条的形式，逐条解释来答复相关事项，使答复函的内容具有更加明确的指导性，有利于理解和执行。

【请批函】

请批函首先应说明制发此函的缘由、依据、目的等，常用"现将有关情况说明如下"引出下文。主体部分应说明请求对方批准的具体事项。如有必要可考虑提出自身对需要审批事项的计划、初步意见或详细预案、方案，有多种预案时应说明自身所倾向的预案，为审批单位提供一些可资参考的意见，这样有助于提高答复审批的效率。结尾部分可再次向对方提出希望或请求，明确行文目的，结尾常用"以上事项，请予批准""请即复函""请予批准为盼"等用语收尾。

扫一扫

请批函范例

> 👤 **专家点拨**
>
> 　　请批函的行文对象是不相隶属机关，即在行政或组织上，发文机关与收文机关没有领导与被领导的关系。当二者发生了工作联系，出现了涉及工作的某方面的事务，其中有些事务本机关、单位或团体没有决定权时，不同系统中的各个部门需要使用函来沟通。如某一个职业技术学校需要新建一个职业技能鉴定所，这时教育系统本身没有这方面职权，就需要发请批函向市人力资源和社会保障局请求批示。

4.15 » 纪要

　　纪要可以直接理解为会议纪要，它是记载会议主要情况和议定事项的文书，是对会议的重要内容、决定事项，即主要观点、结论等进行整理、综合，加以提炼而形成的一种具有纪实性、指导性的文书。

4.15.1　纪要的特点与类型

1. 纪要的特点

纪要的特点主要包括纪实性、概括性和条理性。

- ◆ **纪实性**：纪要必须是会议宗旨、基本精神和所议定事项的概要纪实，不能随意增减和更改内容，任何不真实的材料都不得写进纪要。

- ◆ **概括性**：纪要必须"精其髓，概其要"，以简洁精练的文字高度概括会议内容和结论。既要反映与会者的一致意见，又可兼顾个别同志的有价值的看法。

- ◆ **条理性**：纪要应当对会议精神和议定事项进行有条理的归纳和概括，保证内容清晰、条理清楚。

2. 纪要的类型

按纪要内容的不同，纪要可划分为决议型会议纪要、部署型会议纪要、务虚型会议纪要、学术型会议纪要等，种类非常多。按照出席人员的不同，纪要可分为最常见的工作会议纪要、代表会议纪要、座谈会议纪要、联席会议纪要、办公会议纪要和汇报会议纪要。

- ◆ **工作会议纪要**：侧重于记录贯彻有关工作方针、政策，及其相应要解决的问题。

- ◆ **代表会议纪要**：侧重于记录会议议程和通过的决议，以及今后工作的建议。

- ◆ **座谈会议纪要**：侧重于从工作、思想、理论等角度记录某一个问题或某一方面的问题，内容比较单一、集中。

- ◆ **联席会议纪要**：侧重于记录共同出席的不同单位、团体达成的共同协议。

- ◆ **办公会议纪要**：侧重于记录对本单位或本系统有关工作问题的讨论、商定、研究、决议，以备查考。

- ◆ **汇报会议纪要**：侧重于汇报前一段时间的工作情况，研究下一步工作，经常是为召开工作会议进行的准备会议。

4.15.2　纪要与记录的区别

　　纪要与记录的区别，实际上是指会议纪要与会议记录的区别。会议纪要是一种法定的公务文书，其撰写与制作属于应用写作和公文处理的范畴，必须遵循应用写作的一般规律，严格按照公文制发处理程序办事；会议记录则只是办公部门的一项业务工作，属于管理服务的范畴，它只需要记录会议实况，保证记录的原始性、完整性和准确性，其记录活动同严格意义上的公文写作是完全不同的两种情况。另外，从性质和功能上来看，二者的区别如下。

◆ **性质不同：**会议纪要只记要点，是法定行政公文；会议记录是讨论发言的实录，属于事务文书。

◆ **功能不同：**会议纪要通常要在一定范围内传达或传阅，要求贯彻执行；会议记录一般不公开，无须传达或传阅，只作为资料进行存档。

4.15.3 纪要的写法

根据会议性质、规模、议题等不同，纪要大致有以下3种写法。

◆ **集中概述法：**将会议的基本情况，讨论研究的主要问题，与会人员的认识，议定的有关事项（包括解决问题的措施、办法和要求等），用概括叙述的方法进行整体的阐述和说明。此写法多用于小型会议，且讨论的问题比较集中单一，意见比较统一，容易贯彻操作的情形。采用集中概述法写作的纪要篇幅相对较短。

◆ **分项叙述法：**将会议的主要内容分成几个大的问题，然后添加标题或小标题，分项拟制。这种写法侧重于横向分析阐述，内容相对全面，问题也阐述得比较细，包括对目的、意义、现状的分析，以及对目标、任务、政策措施等的阐述，一般用于需要基层全面领会、深入贯彻的会议。召开大中型会议或议题较多的会议，一般采用分项叙述法。

◆ **发言提要法：**将会议上具有典型性、代表性的发言加以整理，提炼出内容要点和精神实质，然后按照发言顺序或不同内容，分别加以阐述说明。这种写法能比较真实地反映与会人员的意见。某些根据上级机关的布置，需要了解与会人员不同意见的会议纪要，可采用这种写法。

4.15.4 纪要的写作格式

纪要通常由标题、正文、落款3个部分构成。

◆ **标题：**纪要的标题必须符合概括、简明、准确、通顺的要求。书写形式通常是"会议名称＋文种"的方式，如"全国农村工作会议纪要"；也可以使用"发文机关＋内容＋文种"的方式，如"省经贸委关于企业扭亏会议纪要"。

◆ **正文：**纪要的正文一般由会议概况、会议精神和议定事项组成。会议概况主要包括会议时间、地点、名称、主持人、与会人员、基本议程等；会议精神和议定事项一般包括会议内容、议定事项、经验、做法、意见、措施和要求等。

◆ **落款：**包括署名和成文日期两个要素。其中，署名只用于办公会议纪要，署上召开会议的领导机关的全称，下面写上成文日期，加盖公章。一般会议纪要不署名，只写成文日期并加盖公章。

4.15.5 纪要的范例

【工作会议纪要】

工作会议纪要的重点在于传达并贯彻有关工作方针、政策和待解决的问题。开头一般可以说明召开了什么会议，会议传达的内容等，然后以"纪要如下"等用语引出下文，接着准确且有条理地介绍工作会议纪要的各项内容即可。

区政府工作会议纪要

××府纪〔××〕××号

××××年×月×日，×××副区长主持召开区经济适用住房廉租住房建设工作领导小组成员会议。会议传达了××市保障性安居工程工作会议精神，并研究部署我区公共租赁住房建设的有关工作。纪要如下。

一、关于落实××××年公共租赁住房建设任务问题

××××年，××市下达给我区200套公共租赁住房建设任务，其中由××项目配建100套，由财政投资建设100套，项目配建在××项目东侧，由××项目公司代建，项目竣工验收后由区财政进行回购，具体由区住房和城乡建设局负责与××项目公司对接，尽快制定出具体方案报区政府审定。

二、关于公共租赁住房租金标准问题

会议同意我区公共租赁住房项目的月租金标准：××公馆为10元/平方米，××花园为7元/平方米，××花园和××花园为6.5元/平方米，从××××年×月×日开始执行，试行2年。公共租赁住房租金补助具体参照《××市区公共租赁住房租金补助实施办法》执行。

三、关于公共租赁住房保障对象基本条件和保障范围问题

（一）鉴于全市除××区外其他各县（区）均未有"城镇居民年人均可支配收入"的统计数据，会议同意依照××××年度××城镇居民年人均可支配收入指标值，并测算出同一年度我区与××区在岗职工平均工资的差距比例，同时结合××开发区和××开发区等周边地区的做法和标准，确定我区公共租赁住房保障对象的基本条件，报区政府审定。此项工作由区住房和城乡建设局牵头，区财政局、区人力资源和社会保障局配合。

（二）会议同意我区公共租赁保障范围扩大至全区各镇（街道、经济开发区）的城镇户籍人口。

四、关于××花园102套公共租赁住房项目建设问题（略）

五、关于××项目100套公共租赁住房装修监管问题（略）

六、关于公共租赁住房管理维护问题（略）

出席：×××（区人民政府办公室），×××（区人力资源和社会保障局），×××（区民政局），×××（区统计局），×××（区机关事务管理局），×××、×××（区住房和城乡建设局），×××（区监察局），×××（区审计局），×××（区财政局），×××（区税务局），×××（区环保局），×××（区规划和自然资源局），×××、×××（区住房保障和房屋管理局），×××（区物价局），×××（区发展和改革局），×××（住房公积金管理中心××管理部），×××（建设银行××支行）

××区人民政府办公室

××××年×月×日

【代表会议纪要】

代表会议纪要反映多个代表共同参加会议并就议题进行讨论和通过的情形。此类纪要重在完整反映会议的议程，语句精练，阐述到位，不能掺杂任何个人因素，要实实在在地反映会议情况。

××省五城市××公司债权人代表会议纪要

××××年×月×日，在××召开了××省××、××、××、××、××市维权组负责人会议，5个城市共23名代表参加了会议，会议邀请了《××××》杂志社的记者参加。

会议主要议题如下。

一、×××通报全国维权情况

1．××总部×××团伙案再次开庭时间未定，全国已判决的城市有20个，许多地方法院的判罚结案，同案同罪不同罚，没有完成追缴被告的非法所得工作，更没有有效地保障被害人的合法权益，如××市、××市、××市、××市等。（略）

2．第二期司法审计报告补充资料已经出来（原来说是第三期司法审计报告），共有12册（本），每册500页，有关部门告知以上材料没有电子版。（略）

3．××市人民政府××案件专案组追查资产情况：专案组新领导上任后对××案件很重视，做了不少工作，×月×日—×日，专案组领导协调、带领××市公检法及××区人民政府有关领导到××，取得××市金融办领导的支持配合，一同调查了××房产情况。（略）

4．×月×日，×××和××7个店的代表共8人按约前往××区政府上访，重点了解××公司在××区的投资情况，特别是××项目的详细情况。（略）

二、××各城市通报本地维权情况

1．××：①最近××维权联合组上访了经侦、中级法院和××案件专案组，了解×××写的"十五"条落实情况；（略）

2．××：①维权组一直和市、区检察院沟通，填表约见了区检察长，提交了申诉书，现区检察院已将申诉书转到了市法院；（略）

3．××：××区法院判决不公，我们向区检察院提出申诉，要求立案复查，最近的答复是申诉理由不成立，不符合立案复查条件。（略）

4．××：法院目前在等××总部判决情况，暂时还没有判。（略）

5．××：今年5月，××市第一人民法院对×××、×××两位被告判决后，维权组8人到××市中级法院上访，递交了××第二期司法审计报告及被告非法集资数额和被害人的详细情况等方面资料，要求重审、重判×××等案犯。（略）

三、分析、讨论研究维权工作形势，明确下一步维权工作的做法（略）

××省五个城市维权组

××××年×月×日

【**座谈会议纪要**】

座谈会议纪要是重点针对一项重要事情展开的讨论。因此，首先应该说明要讨论的核心问题是什么，即会议召开的原因、目的、依据，然后依次梳理出会议强调的、提出的、要求的、指出的、总结的各方面内容。

全市纪委书记座谈会纪要

××月×日，全市纪委书记座谈会在××召开。会上，各区县纪委、××风景区管委会纪委、××经济开发区管委会纪工委汇报今年以来贯彻落实中央"转职能、转方式、转作风"精神、清房工作、查办案件、作风建设和纪检监察机关开展群众路线教育实践活动情况；市纪委副书记、秘书长×××通报近期开展查办案件调研情况，并就案管工作提出要求；市纪委副书记×××通报今年1月至7月全市纪检监察机关查办案件情况，并就办案工作提出要求。（略）

会议强调，要加强对案管工作的领导，明确一名领导班子成员分管案管工作，没有成立案管室的区县纪委要指定一名专职案管员。（略）

会议认为，当前我市办案形势不容乐观，存在着发展不均衡、办案力量薄弱、案件线索单一、办案硬件欠缺等问题，各级纪检监察机关务必引起高度重视，进一步加大查办案件的工作力度。（略）

会议要求，各级各部门要认真贯彻落实中央八项规定精神，严格进行监督，拓宽信访举报渠道，认真组织开展明查暗访，发现问题必须第一时间上报。（略）

会议指出，当前全市清房工作已进入收官阶段，要强力推进纠正处理工作，未完成纠正处理的区县清房领导组负责人要坐镇指挥、亲自协调，确保8月30日前全面完成。（略）

会议强调，各级纪检监察机关要针对"三转"中存在的思想认识不到位、落实主体责任氛围不浓、乡镇纪委离"三转"要求差距较大等问题，严格按照要求，紧紧围绕监督、执纪、问责，及时转变职能，变"包打天下"为"术业专攻"，尽快解决"越位"问题；及时转变方式，变"一线参与"为"后方监督"，妥善解决"错位"问题。（略）

会上，×××同志对今年以来全市纪检监察工作进行了总结分析。（略）

一、顺应当前反腐大势，强化推进反腐倡廉建设思想、政治、责任"三个自觉"。（略）

二、务必聚焦中心任务，强化纪检监察机关监督、执纪、问责"三项主责"。（略）

三、抓住整改落实之机，强化市、县、乡纪检监察机关自身建设"三级联动"。（略）

市纪委、监察局领导班子成员，各区县纪委书记、副书记、××风景区管委会纪委书记、副书记，××经济开发区管委会纪工委书记，市纪委、监察局各派驻纪检监察组负责人，机关各厅室负责人参加了会议。

××区监察局办公室
××××年×月×日

扩展阅读 **联席会议纪要**

　　联席会议旨在通过召开会议的形式，加强联系与沟通，相互学习、借鉴经验，研究探索新经验、新方法。因此联席会议纪要的核心是将会议中提出的各方面建议、意见、经验、方法等准确无误地记录下来。

扫一扫

联席会议纪要案例

【办公会议纪要】

　　办公会议纪要是各级党政机关、企事业单位的领导机关以办公例会的形式形成的书面文件。这类会议纪要的内容具有多样性，但一般都是通过条列式的方式进行记录。

办公会议纪要

××保会纪〔××〕××号

　　××××年×月×日，市社保中心召开了一季度工作会议。会议由×××同志主持，中心领导和各部门、办事处主要负责人参加了会议。会议全面总结了一季度主要工作，研究部署了二季度的重点工作。

　　会议认为，一季度以来，中心各部门、办事处按照年初工作部署，狠抓落实，各项工作进展顺利，开局良好，除社保扩面以外各项主要目标任务按时序推进。

　　1.市区全民参保登记入户核查工作取得阶段性成效。（略）

　　2.社会保险征缴工作稳步推进。（略）

　　3.医保管理水平有效提高。（略）

　　4.医保监控持续加强。（略）

　　5.社保关系转移接续畅通无阻。（略）

　　6.标准化建设工作深入推进。（略）

　　7.作风建设成效明显。（略）

　　8.养老各项待遇保障有力。（略）

　　9.干部队伍增添有生力量。（略）

　　10.内部管理工作有序开展。（略）

　　会议要求，二季度工作要围绕目标，攻坚克难，全面抓推进，确保双过半。着重做好以下几个方面工作。

　　1.制定全民参保登记长效管理机制。（略）

　　2.全面开展社保年度缴费基数核定工作。（略）

　　3.做好养老待遇的调整发放工作。（略）

　　4.启动机关事业养老保险改革工作。（略）

　　5.继续推进"阳光医保"工程。（略）

　　6.提高医保管理服务效能。（略）

7．加强医保服务行为的监督管理。（略）

8．深化干部队伍建设。（略）

9．提升内部管理科学化水平。（略）

10．继续深化标准化建设。（略）

×× 市社会保险基金管理中心

× × × × 年 × 月 × 日

扩展阅读 **汇报会议纪要**

扫一扫

汇报会议纪要与其他种类的纪要写法相似，重点记录汇报的具体内容，如情况、问题、总结、建议、意见等。可扫描右侧二维码详细了解。

汇报会议纪要案例

第5章

法规、规章公文范例与解析

法规是指以国务院为领导，管理国家各项行政工作，根据宪法和法律，按照行政法规规定的程序制定的政治、经济、教育、科技、文化、外事等各类法规的总称。之所以制定法规这类文件，主要是因为效力更高的法律关于行政权力的规定常常比较笼统、抽象，因而还需要由行政机关进一步具体化，法规便是对法律内容具体化的一种最主要的形式。

规章则是国务院组成部门及其直属机构，省、自治区、直辖市人民政府及省、自治区政府所在地的市和设区市的人民政府，在它们的职权范围内，为执行法律、法规，需要制定的事项或就属于本行政区域的具体行政管理事项而制定的规范性文件。规章的数量多、适用范围广、使用频率高，是行政管理活动的重要根据。

本章将介绍几种最常见的法规、规章公文的写作知识，主要包括条例、规定、办法、章程、守则、细则等对象。

5.1 » 条例

条例是国家权力机关或行政机关依照政策和法令而制定并发布的，针对政治、经济、文化等各个领域内的某些具体事项而做出的，较为全面系统、具有长期执行效力的法规性公文。条例是法的表现形式之一，具有法的效力，是从属于法律的规范性文件，违反条例将承担法律责任。

5.1.1 条例的特点

条例和其他法规性公文相比，具有以下显著特点。

◆ **法规性强：**作为典型的行政法规文种，条例的法规性很强。新中国成立初期，我国的一些基本法规，如《刑法》《刑事诉讼法》等，在尚未制定之前都是先用"条例"这种形式来制定单行法规的。也就是说，我国具体法律的制定过程，通常先以"条例"的形式发布，经过一段时间的实践后，再以"法"的形式发布，从这个角度来看，"条例"可以说是一些法律在试行阶段的主要形式。

◆ **时效较长：**条例既然是行政法规和地方性法规的主要形式，那么它就应当具备时效较长的特点。条例一经颁布实施，在一个相当长的时期内，对其所涉及的对象行为会一直起到约束作用。条例在法规性公文中是规格最高的一种，它作为法律的重要补充形式，一般是对一个时期内的规范对象加以规定。而对一些阶段性的，甚至是不太成熟的规范对象，则会用其他法规形式。

> 👤 **专家点拨**
>
> 在条例的条款设计中，也应该考虑到它的时效较长这一特点，不宜写入一些临时性条款，更不能匆匆制定，导致不断更改。

◆ **制发严格：**条例制发严格的特点主要表现在对适用范围的限制上。其他法规文件使用较为灵活方便，使用时限可长可短，而条例必须用于较为长期、较为全面的规范，因而条例主要用于制定较为重要的行政法规和地方性法规。条例的制发严格还表现在文种使用的限制上，虽然国务院各部门、地方人民政府也可使用"条例"这一形式，但制定规章不得使用条例。用条例行文的地方性法规，大多由地方权力机关制发，这是条例的权威性与有效性的重要保证。

5.1.2 条例的适用范围

条例由国家权力机关或行政机关制定或批准，它规定国家政治、经济、文化、科学、教育等领域的某些重要事项、问题，规定法律性条文、办法、方法或细则，或者规定某些机关单位的组织职权，或者确定有关专业、职业工作人员的职责规范、奖惩等准则，又或者决定某些特殊地区、特殊部门或特殊物品专门性的管理规则或地方性法规。但总体而言，条例的适用范围主要体现在以下3个方面。

◆ **施行法律条文：**条例是实施法律的具体法则。如《中华人民共和国个人所得税法实施条例》是对《中华人民共和国个人所得税法》有关条款的实施提出的具体规则。这类条例是和有关法律配套使用的，其规范层次较高。

◆ **制定管理规则：** 条例是某项工作的管理规则。如《化妆品卫生监督条例》《中华人民共和国审计法实施条例》《社会团体登记管理条例》《公共场所卫生管理条例》《楼堂馆所建设管理暂行条例》等，都是就某方面工作提出的管理规则。

◆ **确定职责权限：** 条例可以用来确定某类组织或人员的任务、权力、职责，如《会计人员职权条例》。

5.1.3 条例的写作注意事项

写作条例要认真研究有关法律的条文和党的方针政策，对要制定的条例内容做深入调查研究，对实践中出现的问题做全面概括与分类。对机关单位、人物、事物等都要进行细致精当的规定；对有关数字、时间、条件、地点、措施、方法等都要交代清楚，不能含糊其辞；注意条文系统与层次、联系与区别；条款要清晰，不能混淆并列关系与主从关系。

> **扩展阅读 条例写作建议**
>
> 若想写好条例，则要注意使用恰当、条款周密、体式规范、切实可行这4点。可扫描右侧二维码，详细查看关于条例的一些写作建议。
>
> 扫一扫 条例写作建议

5.1.4 条例的写作格式

条例的写作格式主要由标题、签署、正文3个部分组成。

1. 标题

条例标题大致有两种写法。一种由"规范范围＋规范对象＋文种"构成，如"中华人民共和国审计法实施条例"等，一般来说，国家行政法规、地方行政法规及比较大型的条例均用这种写法。另一种条例标题的结构由"规范对象＋文种"构成，如"行政法规制定程序暂行条例""楼堂馆所建设管理暂行条例"，这是更为普遍的一种标题写法。

> **写作技巧**
>
> 条例的标题中不出现制发机关，只显示范围和内容，单独印发，一般在标题下再加注制发机关。另外，标题中一般不出现"关于……的"介词结构。此外，因为条例的有效期较长，规范内容较为全面，涉及面较广，所以必须慎重推出，非特殊情况下不加注"暂行"字眼。

2. 签署

条例的签署是在标题下用括号括注相关的信息，具体的签署方式有以下3种。

◆ 签署条例公布的日期和制发机关。如"全民所有制小型工业企业租赁经营暂行条例"（××××年×月×日国务院发布）。

◆ 签署条例通过的时间、会议和公布的日期。如"××市市政管理暂行条例"（××××年×月×日××市××届人大常委会第××次会议通过，××××年×月×日发布）。

◆ 签署条例通过的时间、会议和公布的日期、施行的日期。如"中华人民共和国居民身份证条例"（××××年×月×日第××届全国人民代表大会常务委员会第××次会议通过，××××年×月×日中华人民共和国主席令第××号公布，××××年×月×日起施行）。

3．正文

条例的正文可以分为因由、规范和说明3个部分。

◆ **因由：**条例的因由一般指在第一章总则的第一条中写明制定目的、依据。

✍ **写作技巧**

在写作条例的因由部分时要注意，如果所依据的法律有明确的条文规定，则应写出具体条款；如果没有，则只写出所依据的法律名称甚至可以笼统提出"有关法律""有关规定"。有些条例不写因由，如制定管理规则和确定职责权限的，一般写明制定目的即可。也有些条例在第一条直接写出适用范围。

◆ **规范：**规范是条例的主体部分，一般采用章条式的形式写作。实施法律条文的条例，其内容因实施需要而确定，一般需要对原件条款、适用范围等加以具体化。这类条例，多数是原件中有关条款的具体扩展，是实施原法律不可缺少的法规，因此需要写得具体明确，特别需要围绕实施内容来写作。如果是管理工作规则的条例，则可多提出一些管理原则、管理责任、管理内容及要求、方法。如《××省城市建设综合开发公司管理条例》，分别对城市建设开发公司的企业性质、宗旨、具备条件、审批程序及土地开发、房屋售价、周转资金、财务管理等进行了规定。如果是确定职责权限的条例，规范部分主要规定有关机构、组织或人员的职责、权限、任务、组织方式。如《全民所有制工业企业职工代表大会条例》，具体规定了职工代表大会的职权，职工代表，组织制度，职工代表大会与工会的关系，车间、班组的民主管理等事项。

◆ **说明：**说明是对实施该条例或有关事项的附带说明，内容可以包括适用范围、词义解释、制定权、解释权、监督执行权、施行日期、废止有关文件等。这部分一般在最后一章附则中列出。

5.1.5 条例的范例

优化营商环境条例

（2019年10月22日中华人民共和国国务院令第722号公布）

第一章 总 则

第一条 为了持续优化营商环境，不断解放和发展社会生产力，加快建设现代化经济体系，推动高质量发展，制定本条例。

第二条 本条例所称营商环境，是指企业等市场主体在市场经济活动中所涉及的体制机制性因素和条件。

第三条 国家持续深化简政放权、放管结合、优化服务改革，最大限度减少政府对市场资源的直接配置，最大限度减少政府对市场活动的直接干预，加强和规范事中事后监管，着力提升政务服务能力和水平，切实降低制度性交易成本，更大激发市场活力和社会创造力，增强发展动力。

　　各级人民政府及其部门应当坚持政务公开透明，以公开为常态、不公开为例外，全面推进决策、执行、管理、服务、结果公开。

　　第四条　优化营商环境应当坚持市场化、法治化、国际化原则，以市场主体需求为导向，以深刻转变政府职能为核心，创新体制机制、强化协同联动、完善法治保障，对标国际先进水平，为各类市场主体投资兴业营造稳定、公平、透明、可预期的良好环境。

　　……………

第二章　市场主体保护（略）

第三章　市场环境（略）

第四章　政务服务（略）

第五章　监管执法（略）

第六章　法治保障（略）

第七章　附　则

　　第七十二条　本条例自2020年1月1日起施行。

　　点评： 这篇条例的内容比较简单，但整个写作结构却非常具有代表性，其写作思路也是非常值得借鉴的。第一章为总则，说明制定本条例的目的，并对营商环境的概念、优化等进行了明确的解释；第二章至第六章则围绕市场主体保护、市场环境、政务服务、监管执法和法治保障等核心问题进行了详细说明；第七章附则说明了条例的实施日期。整个结构是条例的典型结构，在学习和工作中可适当参考借鉴。

5.2 » 规定

　　规定是规范性公文中使用范围最广、使用频率最高的文种之一，指的是国家机关及其部门和企事业单位对有关事项做出政策性限定的法规性公文。具体来看，规定有3层含义：一是制作、使用者，主要是行政机关及其部门，企业、事业单位也可以使用规定，主要用于制定单位有关方面管理工作的规章；二是在内容构成上，规定一般用于对某项工作做出部分限定，往往涉及一些政策性、界限性的内容；三是在文种类属上，规定是常见的一种行政法规性公文，是一种重要的法规形式，是对法律的重要补充。

5.2.1　规定的特点与类型

1. 规定的特点

　　规定主要有3个特点，分别是使用范围广泛、制发灵活方便、具备限定特性。

◆ **使用范围广泛：** 规定是使用范围非常广泛的文种之一，国家机关可以使用，基层单位也可以使用；可以用于制定较长期的规范，也可以用于限定阶段性的工作；可以对重大事项进行规定，也可以用于限定一般性内容；可以就某些事项进行全面的规定，也可以对某些事项的某一点进行规定，还可以仅针对某些条文进行解释和补充。

◆ **制发灵活方便：** 规定的制发可用文件形式直接发布，也可以像其他法规性公文一样作为附件，用发文通知发布。另外，规定的使用非常多样化，因而制发时受的限制较少，如规范对象可大可小，时效和篇幅可长可短，使用者层级可高可低等。

◆ **具备限定特性：** 规定的制约和依据作用，主要表现在用于限定行为规范，制定办事准则及规范界限，对活动开展、事项管理、问题处置进行规定，因而其限定性比较强。在法规性公文中，它属于限制性法规文件，通俗来讲，规定多用于解决"应该如何"和"不应该如何"的界限问题，特别是一些禁止性、限制性"规定"，其限定性特点更加突出。

2．规定的类型

按行文目的及内容的不同，规定可划分为以下4种类型。

◆ **政策性规定：** 用于规定一些政策规范，依照有关法律法规条文，制定有关的准则和政策，将这些准则和政策作为开展某项活动、某项工作的主要办事依据，其依据性与政策性较强。

◆ **管理性规定：** 用于制定某方面工作的管理规则，在一定范围内提出管理要求、禁止事项，以达到加强某些工作管理，规范活动和行为及限制某些不规范、不合理、不正常行为的目的。

◆ **实施性规定：** 作为实施法规而使用，一般与实施原件配套使用，其功能和实施办法、实施细则相同。

◆ **补充性规定：** 对内容不够具体，贯彻执行有一定困难，有时在贯彻执行过程中会出现一些问题或新的情况的法规性文件，用这类规定进行补充，以便对那些法规性文件加以控制。

5.2.2 **规定的写作格式**

规定主要由标题和正文两个部分组成。有的规定是随命令（令）等公文一并发布的。

◆ **标题：** 标题的写法有两种形式，一种由"发文机关＋事由＋文种"构成，如"××省关于行政区划管理的规定"；另一种由"事由＋文种"构成，如"××省城镇园林绿化管理规定""关于对赞助广告加强管理的几项规定"等。

◆ **正文：** 规定的正文表述形式一般采用条款式或章条式的形式，正文通常可划分为总则、分则和附则3个部分。总则交代制定规定的缘由、依据、指导思想、适用原则和范围等。分则即规范项目，包括规定的实质性内容和要求具体执行的依据。附则说明的是有关的执行要求等。

5.2.3 **规定的范例**

【 **政策性规定** 】

政策性规定着重于划分界限、明确范围、提出要求和惩处情况，解决"应当怎样"和"不应怎样"的问题。

××省职工生育保险规定

第一章 总 则

第一条 为了维护职工的合法权益，保障职工在生育和实施计划生育手术期间获得经济补偿和基本医疗服务，均衡用人单位生育费用负担，促进妇女就业，根据《中华人民共和国社会保险法》等法律、法规，结合本省实际，制定本规定。

第二条 本规定适用于本省行政区域内的机关、企业、事业单位、社会组织以及有雇工的个体工商户（以下统称用人单位）及其职工（含个体工商户招用的雇工）。

············

第二章 生育保险基金（略）

第三章 生育保险待遇（略）

第四章 生育保险管理和监督（略）

第五章 法律责任（略）

第六章 附 则

第三十八条 本规定所称本单位职工工资总额，是指职工所在用人单位直接支付给本单位全部职工的劳动报酬总额。

············

第四十二条 本规定自××××年×月×日起施行。××××年×月×日发布的××省人民政府令第××号《××省城镇企业职工生育保险规定》同时废止。

【管理性规定】

管理性规定侧重于规定管理原则、管理职责、质量标准、措施、办法、管理范围及要求等。

普通高等学校学生管理规定

第一章 总 则

第一条 为规范普通高等学校学生管理行为，维护普通高等学校正常的教育教学秩序和生活秩序，保障学生合法权益，培养德、智、体、美等方面全面发展的社会主义建设者和接班人，依据教育法、高等教育法以及有关法律、法规，制定本规定。

第二条 本规定适用于普通高等学校、承担研究生教育任务的科学研究机构（以下称学校）对接受普通高等学历教育的研究生和本科、专科（高职）学生（以下称学生）的管理。

············

第二章 学生的权利与义务（略）

第三章 学籍管理（略）

第四章 校园秩序与课外活动（略）

第五章 奖励与处分（略）

第六章 学生申诉（略）

第七章 附 则

第六十六条 学校对接受高等学历继续教育的学生、港澳台侨学生、留学生的管理，参照本规定执行。

....

第六十八条 本规定自2017年9月1日起施行。原《普通高等学校学生管理规定》（教育部令第21号）同时废止。其他有关文件规定与本规定不一致的，以本规定为准。

【实施性规定】

实施性规定，其写法与实施办法、实施细则基本类似，侧重于对实施文件的有关事项进行规定，对原件条款进行解释，提出具体的实施意见。

【补充性规定】

补充性规定主要对原件中某些提法不够明确、不够具体的方面加以明确，加以补充或解释，以便实施。

扫一扫

实施性规定范例

国家广播电影电视总局令

第66号

《〈广播电视广告播出管理办法〉的补充规定》经国家广播电影电视总局2011年11月21日局务会议审议通过，现予发布，自2012年1月1日起施行。

国家广播电影电视总局局长 ×××

2011年11月25日

《广播电视广告播出管理办法》的补充规定

为贯彻落实《中共中央关于深化文化体制改革推动社会主义文化大发展大繁荣若干重大问题的决定》，坚持把社会效益放在首位，充分发挥广播电视构建公共文化服务体系、提高公共文化服务水平、保障人民基本文化权益的作用，现对《广播电视广告播出管理办法》（国家广播电影电视总局令第61号）作如下补充规定：

一、第十七条修改为："播出电视剧时，不得在每集（以四十五分钟计）中间以任何形式插播广告。播出电影时，插播广告参照前款规定执行。"

二、删除第十八条。

三、本补充规定自2012年1月1日起施行。

此外，根据本规定对《广播电视广告播出管理办法》（国家广播电影电视总局令第61号）部分条文的文字作相应调整和修改。

点评：这是一篇补充性规定，首先通过"篇段合一"的方式说明了补充规定已经通过，并告知实施日期；接着将补充性规定的具体内容附在正文后面，以让受众知晓具体的补充规定内容。

规定写作的注意事项

扫一扫

规定的写作不仅要遵循法规性公文写作的一般要求，还要做到正确使用，避免滥用错用，写法要灵活规范。如对具体工作来说，有些临时性、阶段性的工作，应当使用通知行文，而不宜用规定等。若想了解详细内容可扫描右侧二维码。

规定写作的注意事项

5.3 » 办法

办法是有关机关或部门根据党和国家的方针政策及有关法规、规定，就某一方面的工作或问题提出具体做法和要求的文件。办法的制发机关一般是行政机关及其主管部门，企事业单位也可以使用。

5.3.1 办法的特点与类型

1．办法的特点

办法在内容上具有管理性，在写法上具有具体性，在效用上具有实践性和试行性。

◆ **管理性：** 办法是对某方面的工作提出管理法则，对实施文件的办法、措施进行具体规定。它侧重于对有关事项、问题的落实和执行制定标准、做法。

◆ **具体性：** 办法因其内容要求的具体化，写法上也要求侧重于对某项工作的做法、措施、步骤、程序、标准等一一进行说明，要求条文清晰，表述明确具体。

◆ **实践性和试行性：** 办法的涉及面比条例和规定更窄，同时不少办法属于实践探索阶段的产物，成熟程度也比其他法规性文书更低，其现实效用多在于指导实践、规范某项工作。

👤 **专家点拨**

有些管理办法针对的是尚无条文可依的某方面工作，这种管理办法往往可以作为制定条例、规定的试行文件发布，条件成熟后，便可用条例甚至法令来行文。

2．办法的类型

办法可根据内容的不同分为实施办法和管理办法两大类。

◆ **实施办法：** 实施办法以实施对象为成文的主要依据，具有附属性，是对原件的一种具体化，或对原件整体上的实施提出措施，或对某些条文提出施行意见，或根据法规精神再结合本单位实际提出实施措施。从与原件的关系看，常见的类型有实施法令、实施条例、实施规定3种。

◆ **管理办法：** 这是各类机关单位在各自的管理权限范围内，在实际管理工作中尚无条文可依的情况下制定的，这类办法没有附属性。

5.3.2 办法的写作格式

办法由标题和正文两个部分组成。

- ◆ **标题：** 由"发文机关＋事由＋文种"构成，如"××省科学技术进步奖励实施办法"；也可以由"规范对象＋文种"构成，如"婚姻登记办法"。
- ◆ **正文：** 一般由依据、规定、说明3个部分组成，可分章、分条叙述。办法中的各条规定，是办法的主体部分，要将具体内容和措施依次逐条写清楚。办法的结尾，一般是交代实施的日期和对实施的说明。

✍ **写作技巧**

> 办法标题下可用括号注明制发的年、月、日和会议；或通过的会议、时间；或发布的机关、时间；又或批准的机关、时间等。有的办法随"命令（令）"等文种同时发布，此时可以不用在标题下标注制发时间和依据。

5.3.3 办法的范例

【**实施办法**】

实施办法是对法规文件的实施提出办法，多数需要结合实际，写得比较具体。

××省人民政府令

第××号

《××省社会救助实施办法》已经由××××年×月×日省政府第××次常务会议审议通过，现予公布，自××××年×月×日起施行。

省长　×××

××××年×月×日

××省社会救助实施办法

第一章　总　则

第一条　根据国务院《社会救助暂行办法》，结合××省实际，制定本实施办法。

第二条　本省行政区域内的最低生活保障、特困人员供养、受灾人员救助、医疗救助、教育救助、住房救助、就业救助、临时救助、社会力量参与救助等相关工作，适用本实施办法。

⋯⋯⋯⋯⋯

第二章　最低生活保障（略）

第三章　特困人员供养（略）

第四章　受灾人员救助（略）

第五章　医疗救助（略）

第六章　教育救助（略）

第七章　住房救助（略）

第八章　就业救助（略）

第九章　临时救助（略）

第十章　社会力量参与救助（略）

第十一章　救助对象经济状况核对（略）

第十二章 监督管理（略）

第十三章 法律责任（略）

第十四章 附 则

第五十六条 本实施办法自××××年×月×日起施行。

点评： 这篇办法是通过命令的形式发布的，同样按照"总则—分则—附则"的结构进行写作。内容上，实施办法重在实施，针对实施社会救助而言，本文详细说明了特困人员、受灾人员的救助办法，以及医疗、教育、住房、就业和临时救助办法，以及与这些救助相关的实施办法，如救助对象核对、监督管理等。全文既全面又严谨，有理有据，一气呵成，是办法写作的一篇典型案例。

【管理办法】

管理办法是根据管理需要而制定的工作规范，内容相对要概括一些，写法上近似于条例和规定。

中华人民共和国护士管理办法

卫生部令第××号

第一章 总 则

第一条 为加强护士管理，提高护理质量，保障医疗和护理安全，保护护士的合法权益，制定本办法。

第二条 本办法所称护士系指按本办法规定取得《中华人民共和国护士执业证书》并经过注册的护理专业技术人员。

....

第二章 考 试（略）

第三章 注 册（略）

第四章 执 业（略）

第五章 罚 则（略）

第六章 附 则

第三十三条 本办法实施前已经取得护士以上技术职称者，经省、自治区、直辖市卫生行政部门审核合格，发给《中华人民共和国护士执业证书》，并准许按本办法的规定办理护士执业注册。

....

第三十八条 本办法自××××年×月×日起施行。

扩展阅读 **办法写作的注意事项**

扫一扫

办法的写作，因篇幅长短、内容多少而不同。若内容比较丰富，则将规范内容适当分章，每章再冠以章目；如果内容不多，则可以用分条结构，按照先叙因由，后列规范，再说明有关情况的顺序，依次编排。可扫描右侧二维码进一步了解。

办法写作的注意事项

5.4 » 章程

章程是有条理、有程式的规章，是各组织针对其性质、宗旨、任务、规则、权利、义务、业务、规模、活动等所制定的准则和规范，是经特定程序制定的一种根本性的规章制度。

5.4.1 章程的特点与类型

1. 章程的特点

章程具有准则性、广泛性、稳定性、约束性等特点。

◆ **准则性：** 章程是所有合法成立的组织必须制定的文件，用来约束全体成员，并作为组织一切活动的准则。

◆ **广泛性：** 除用于制定组织规程外，章程还广泛用于规定机构性质、任务、某项活动原则等方面。另外，章程还是涉外法律文书之一，中外合资企业可用其规定企业的宗旨、组织原则、经营范围、经营管理方法等；章程也是约束合资企业投资各方的规范性文件。

◆ **稳定性：** 章程是组织或团体的基本纲领和行动准则，是开展业务工作的基本办事准则，在一定时期内稳定地发挥其作用，所以章程应当保持相对稳定，不宜轻易变动。

◆ **约束性：** 章程作用于组织内部，依靠组织内部全体成员共同实施，不由国家强制力予以推行，但要求其下属组织及成员信守，有一定的规范作用和约束力。

2. 章程的类型

按章程规范的对象不同，章程可分为组织章程、规范章程和企业章程。

◆ **组织章程：** 用于规定组织的性质、宗旨、任务、原则、机构设置、任务职责、成员资格、权利、义务、纪律、经费来源和使用等。

◆ **规范章程：** 用于明确标准做法、具体原则要求，或确定某项活动的宗旨、程序、安排、要求等。

◆ **企业章程：** 用于规范合资企业的经济活动、管理活动。国内独资企业（包括国有、集体和个体）一般不制定这类章程。

5.4.2 章程的写作注意事项

写作章程时，应注意以下3点。

◆ **内容完备：** 章程的内容要包括组织名称、宗旨、任务、组织机构、会员资格、入会手续、会员权利义务、领导者的产生和任期、会费的交纳和经费的管理使用等。必要的项目要完备，既要突出特点又要照顾全面。

◆ **结构严谨：** 章程全文由总到分，要有合理的顺序。分的部分，一般是先讲成员，后讲组织；先讲全国组织，次讲地方组织，后讲基层组织；先讲对内，后讲对外。要一环扣一环，体现严密的逻辑性，使章程成为一个有机的统一体。

◆ **明确简洁：** 章程特别强调明确简洁。要尽力反复提炼，用很少的语句把意思明确地表达出来。就语言来说，章程的语言多用词语的直接意义，不用比喻、比拟、夸张等修辞手法，也一般不用"因为……所以……""虽然……但是……"等关联词语来造句。

> ✍ **写作技巧**
>
> 章程的条款要完整和单一。一条条款表示一个完整的意思，不要把一个完整的意思拆成几条，变得十分零碎，也不要把几个意思合在一条条款之中，显得交叉杂乱。

5.4.3 章程的写作格式

章程的结构由标题和正文构成，其中正文一般分为总则、分则和附则3个部分。

1．标题

章程的标题通常由组织、活动、事项、单位或团体的全称加"章程"二字构成，有的还在标题下面注明此章程通过的时间和会议名称。

2．总则

正文的第一部分就是总则。总则是章程的纲领，对全文起统率作用。不同类型的章程，其总则的写法也有所不同。

- ◆ **组织章程：** 总则要阐明组织的名称、性质、宗旨、任务、指导思想和组织本身建设的要求等内容。
- ◆ **规范章程：** 总则要说明组织名称、规范对象、宗旨、程序、安排、要求等内容。
- ◆ **企业章程：** 总则要写明企业名称、宗旨、经济性质、隶属关系、业务范围等内容。

3．分则

组织章程的分则部分一般需要写明以下内容。

- ◆ **组织人员：** 参加条件，参加手续和程序，承担的义务和享受的权利，对成员的纪律规定等。
- ◆ **组织机构：** 领导机构、常务机构和办事机构的设置、规模、产生方式和程序，组织人员的任期、职责、相互关系等。
- ◆ **组织经费：** 来源和管理方式。
- ◆ **组织活动：** 内容和方式。
- ◆ **其他事宜：** 视不同组织、团体的需要而确定。

另外，规范章程的分则部分需要逐条写明所规范对象的办理、运作程序等；企业章程的分则部分则需写明资本、组织、人事管理、资产管理、利润分配等内容。

4．附则

附则是对主体部分的补充，主要说明解释权、修订权、实施要求、生效日期，本章程与其他法规、规章的关系及其他未尽事项等。组织章程一般还需要说明办事机构地址或对下属组织的要求等内容；规范章程、企业章程则一般可说明公布、施行与修改补充等内容。

5.4.4 章程的范例

【组织章程】

组织章程的内容一般包括名称，宗旨，职能，会员资格及权利义务，机构的职权及职责，负责人的产生、罢免及其职权职责，章程的修改、终止程序等。它保证了组织的发展方向，并为组织的民主决策与自律提供了重要的依据，对组织的健康发展具有非常重要的意义。

××市社会工作者协会组织章程

第一章　总　则

第一条　本协会的名称为××市社会工作者协会。英文名称：××× Association of Social Workers（缩写为：××SW）。

第二条　本协会是由××市社会工作者和在××市从事社会工作或在社会工作行业、学科领域内具有一定影响力或代表性的单位自愿组成的，按照章程开展活动的，具有公益性、联合性、专业性、地方性、非营利性的社会团体。

本章程所称社会工作者，是指取得全国社会工作者职业水平证书的专业人士，或在社会工作行业、学科领域内具有一定影响或贡献的人士。

…………

第二章　业务范围（略）

第三章　会　员（略）

第四章　组织机构和负责人产生、罢免（略）

第五章　资产管理、使用原则（略）

第六章　章程的修改程序（略）

第七章　终止程序及终止后的财产处理（略）

第八章　附　则

第七十条　本章程经××××年×月×日第一届会员代表大会表决通过。本章程规定如与国家法律、法规和政策不符，以国家法律、法规和政策为准。

第七十一条　本章程的解释权属本协会常务理事会。

第七十二条　本章程自社团登记管理机关核准之日起生效。

【规范章程】

规范章程用于制定某项活动的准则或某些事项的治理依据，其内容一般包括宗旨、口号、任务目标、管理、承诺和具体的规范事项等。

××奖学金章程

第一章　总　则

第一条　××奖学金是由××省国际信托投资公司、××集团有限公司、××国际经济技术合作公司、××国际经济技术开发公司、××市投资公司等单位出资组建的奖学金。

第二条　奖学金的宗旨是，适应社会主义市场经济要求，推动中华民族的全面振兴，创造高精尖科技人才脱颖而出的环境，促进科教兴国战略的加速实现。

第三条　奖学金面向××省高校，办事机构设在××大学。

第二章　任　务

第四条　奖学金的任务。

（一）按照科教兴国战略的要求，增加对××高校优异人才的教育投入，加快其成才步伐。奖学金重点奖励××省高校在校优秀研究生（含博士生），培养高精尖管理及科技人才。

（二）奖励的学科范围将由单学科到多学科，逐步推开。

（三）资助××省高校的中青年学者发表有价值的科研成果与学术论著。

（四）完成符合宗旨的其他任务。

第三章 管 理

第五条 ××省人民政府有关领导、出资人、高校负责人及其他人士共同组成××奖学金管理委员会，负责对奖学金进行管理。

第六条 奖学金本金存入××省国际信托投资公司，其增值部分用于奖励及其他费用。

第七条 奖学金单设账号，单独核算，未经管委会同意，任何人不得动用。

第八条 管理委员会有关各方将以科教兴国的历史责任感，相互尊重，真诚相待，及时协商，同舟共济，全力把奖学金办好。

…………

第四章 经 费（略）
第五章 评审与颁奖（略）
第六章 附 则

第十七条 本章程解释权归××奖学金管理委员会。

点评：此章程详细说明了奖学金的来源、任务、管理方法、经费组成和使用等内容，使得奖学金的使用有理有据，能够得到妥善管理。对于这种规范章程来说，如何通过简洁明了的语言讲明具体的方法、规范事项是最为重要的，这篇章程很好地做到了这一点。

【企业章程】

企业章程规定了企业的名称、住所、经营范围和经营管理制度，其具有法定性、真实性、自治性和公开性，是组织与行为的基本准则。它既是企业成立的基础，又是企业赖以生存的灵魂。

扫一扫

企业章程范例

👤 专家点拨

简章并不是章程。简章通常是对某项工作、某一事项的办理原则、要求、方式、方法做出规定的文书，只是有针对性地说明某一工作或事项的办事程序，性质上更接近于"规定"和"办法"。

5.5 » 守则

守则是国家机关、人民团体、企事业单位为了维护公共利益，向所属成员发布的一种要求自觉遵守的约束性公文。

5.5.1 守则的特点

守则具有原则性、约束性和完整性等特点。

◆ **原则性：** 守则往往是在指导思想、道德规范、工作和学习态度等方面提出基本的原则要求，对具体事项、方法和措施并没有过多涉及。

◆ **约束性：** 守则不具有法律效力，也没有明显的强制性，是用来规范人的道德、约束人的行为的文件，对相关人员的教育作用和约束作用较为明显。

◆ **完整性：** 守则的内容涉及应该遵循的所有基本原则和规范，条目清晰，逻辑严谨，系统而完整。

5.5.2 守则的写作注意事项

写作守则时，应注意以下3点。

（1）写作必须简短、精练、易记，才更容易使人遵守。

（2）守则中可以把内容概括为几条，甚至是朗朗上口的若干短句或词组，以便记忆和掌握。

（3）守则中对情况的分析要认真细致，确定的目标要符合实际，实施的步骤要切实可行。

5.5.3 守则的写作格式

守则的结构主要包括标题和正文。

◆ **标题：** 守则的标题由"规范对象＋文种"组成，如"全国人民代表大会常务委员会组成人员守则"。有些守则还需要在标题下方居中加括号标注日期和发布机关（或通过守则的会议）。

◆ **正文：** 守则的篇幅一般比较短小，多采用通篇分条式写法。如果内容复杂，也可采用条例、规定、章程的章条式写法。守则正文由总则、分则、附则3个部分组成。

✍ **写作技巧**

在守则正文的写作中，条与条之间的划分是否符合逻辑规律，条理是否清楚，层次是否分明，语言表达是否简练、质朴、准确，是守则写作成败的关键。

5.5.4 守则的范例

××有限责任公司出纳工作守则

1．严格遵守公司财务管理制度的规定。

2．库存现金不得超过2000元限额，超过部分要及时存入银行。对于收取的现金要及时送存银行，不准坐支。严禁"白条"抵充、任意挪用库存现金。

3．审核报销单据、发票等原始凭证，按照费用报销的有关规定，办理现金收付业务，做到合法准确、手续完备、单证齐全。不符合规定的有权拒付。

4．对银行支付业务进行复核，手续齐全符合规定，方可办理款项支付。

5．严禁签发空白支票、空头支票，对签发的支票必须填写用途、金额及收款人。

6．空白支票必须严格管理，专设登记簿登记，认真办理领用注销手续。

7．严格执行采购领用支票的手续，控制使用限额和报销期限。

8．对于现金，如有短缺应负赔偿责任，如有长款应及时查找原因，并进行相应的账务处理。

9．对所管的印章必须妥善保管，严格按照规定用途使用。

10．配合有关人员及时开展对应收款的清算工作。

11．登记现金和银行日记账，做到日清月结，保证账证相符、账款相符、账账相符。

12．按期与银行对账，按要求编制银行存款余额调节表。不准将银行账户出租、出借给任何单位、个人办理结算业务。

13．保守本部门所掌握的公司秘密。

14．完成领导临时交办的其他工作。

点评：这是一篇针对出纳工作的守则，属于单一性守则的案例。本守则内容简单，开篇直接罗列应当自觉遵守的条款，而并没有给出制定守则的原因、依据和目的等内容。对于一些较复杂的守则而言，可以考虑适当增加这些内容。就本守则而言，通篇内容简洁全面，既符合工作要求，又便于理解执行。

5.6 » 细则

细则常常用来对有关法规、规章加以具体化，目的是对原条文进行必要的解释、补充，可以补充原条文中的不足，使原条文发挥具体入微的工作效应。党政机关及其部门、企事业单位均可使用细则。细则的依附性强，不能离开实施对象而发挥作用。

5.6.1 细则的特点与类型

1．细则的特点

细则多是主体法律、法规、规章的从属性文件，它具有规范性、细致性、实用性、依附性、可操作性、补充性等特点。

◆ **规范性：** 细则是对法律、法规和规章的补充说明或辅助性的规定，具有法律、法规、规章的规范性特点。

◆ **细致性：** 细则的条文表述往往比较详尽、细致，对于实施过程中可能出现的任何疑难、争议或特殊情形都应加以说明，以方便实施。

◆ **实用性：** 细则是对实施法规或管理工作的具体解释和补充，对地方及基层单位工作有很强的指导性和应用价值。

◆ **依附性：** 细则依原件的规范框架而定，一般不能另加过多的内容，只围绕实施对象做解释和说明。即便是工作细则，也要对照、依附有关文件精神而制定，不能另起炉灶、重构框架。

◆ **可操作性：** 细则对有关法律、法规、规章的基本概念进行界定，规定具体适用的标准及执行程序，从而使主体规范性文件具有更强的可操作性。

◆ **补充性：** 细则是主体法律、法规、规章的从属性文件，制定细则的目的是补充法律、法规、规章条文原则性强而可操作性弱的不足，以利于贯彻执行。

2. 细则的类型

细则虽然有实施细则和管理细则之分，但实际上管理细则非常少，常见的是实施细则，也就是实施法规细则。因此这里所讲的细则的类型，主要是实施法规细则的类型，具体有以下3种。

◆ **整体性实施细则：** 指的是职能部门针对立法机关或行政机关制定的有关法规进行全面的实施性说明。

◆ **部分性实施细则：** 指的是只对某一部分条款提出实施性意见。

◆ **地方性实施细则：** 指的是地方政府或部门结合本地区实际实施的有关法规文件而制定的实施细则。省、市、县及基层单位制定的实施细则属于此类。

5.6.2 细则的写作注意事项

写作细则时应注意以下两点。

◆ **完善细致：** 细则写作要做到完善细致，这就要求公文写作者对原件有关概念、范围进行必要和适当的诠释，对原件中的某些没有反映出来的、某些例外的情况进行必要的补充，并对原件的概括性条款进行具体化表述。

◆ **切实可行：** 细则行文的最大目的是提供具体的条文依据，使人们有所依照而便于执行落实。因此细则的条文应当切合实际，可以操作。

✍ **写作技巧**

细则要做到切实可行，公文写作者除了要科学地预见实施中可能出现的各种情况外，还要在具体写作时力戒形式主义，避免空泛的一般性说明，要侧重对原件的具体规范加以诠释说明，进行必不可少的补充，使之具有较强的可操作性。

5.6.3 细则的写作格式

细则一般由标题和正文两个部分组成。

◆ **标题：** 通常按"地区范围＋实施内容＋文种"或"法规＋文种"的形式构成，前者如"中华人民共和国义务教育法实施细则"，后者如"文物保护法实施细则"等。

◆ **正文：** 通常按章条式的形式写作，由总则、分则和附则3个部分组成。其中，总则说明制定本细则的目的、根据、适用范围、执行原则；分则根据法律、法规、规章的有关条款制定出具体的执行标准、实施措施、执行程序和奖惩措施；附则补充说明解释权和施行时间等。篇幅较短的细则可按条项式或条款式的形式逐条罗列细则条款。

5.6.4 细则的范例

【整体性实施细则】

整体性实施细则的标题格式一般为"法规＋实施细则。其正文应针对相关法规文件提出全面和详尽的实施意见。正文一般划分为行文依据、具体细则、施行日期3个部分。

【部分性实施细则】

部分性实施细则的标题格式常用"实施内容＋实施细则"。其正文只针对法规文件的某一部分条款提出实施意见，可以分章，也可以分条罗列。

【地方性实施细则】

地方性实施细则需要结合本区域或本单位实际情况提出实施意见，其标题格式往往为"地区范围＋实施内容＋实施细则"。其正文内容皆与本区域或本单位的实际相关，由行文依据、具体细则、施行日期3个部分组成。

××市人民政府印发《××市居住证申办实施细则》的通知

××发〔××〕×号

各区、县人民政府，市政府各委、办、局：

现将《××市居住证申办实施细则》印发给你们，请认真按照执行。

××市人民政府

××××年×月×日

××市居住证申办实施细则

第一条（目的和依据）

为了进一步规范境内来×人员《××市居住证》（以下简称《居住证》）的办理，根据《××市居住证管理办法》，制定本实施细则。

第二条（适用范围）

境内来×人员在本市居住的，应当按照国家和本市有关规定，办理居住登记。

在本市就业、投资开业、就读、进修以及投靠具有本市户籍亲属的境内人员，符合《××市居住证管理办法》规定条件的，可以申办《居住证》。

第三条（职责分工）（略）

第四条（申办材料）（略）

第五条（受理）（略）

第六条（信息、材料移送）（略）

第七条（核定）（略）

第八条（签发、制证）（略）

第九条（领证）（略）

第十条（信息变更）（略）

第十一条（挂失）（略）

第十二条（补办）（略）

第十三条（签注）（略）

第十四条（注销）（略）

第十五条（查询）（略）

第十六条（信息交换）（略）

第十七条（工本费）（略）

第十八条（施行日期）（略）

点评： 地方性实施细则的写作结构灵活性较大，可以根据实际情况选择是按"总则—分则—附则"的结构写作，还是省略这种结构，直接按条款式进行罗列。本文的写法即为后者，采用这种写法同样需要说明制定此细则的目的、细则的适用范围。本文通过条款的方式来介绍这些内容，这是值得借鉴的地方。本文通篇以条款的形式进行罗列，每条开始处直接写出此条内容的关键字，使受众可以准确理解阅读的内容与什么有关，便于理解和执行。

第6章

公务往来公文范例与解析

　　行政机关、企事业单位和其他社会团体往往会因为各种事务而经常往来沟通，此时除了使用通知、函等公文外，还可使用另一类在公务往来中使用频率非常高的公文，如介绍信、证明信、公开信、倡议书、慰问信、感谢信、聘请书等。

　　这类公文不仅可以加强各机关单位之间的沟通交流，而且其中有的公文还代表着一定的往来礼仪，是必不可少的往来公文。本章将对这些公文的写作格式进行详细介绍，大家通过学习可以掌握日常公务往来中这类公文的具体使用方法。

6.1 » 介绍信

介绍信是用来联系工作、接洽事宜的一种公务文书，是机关团体、企事业单位派人到其他单位联系工作、了解情况或参加各种社会活动时所用的文书。它具有介绍、证明的双重作用，可以使对方单位了解来人的身份和目的，以便得到对方的信任和支持。

6.1.1 介绍信的适用范围

介绍信适用于单位与单位之间的工作来往，是一种较为正规的且具有一定凭证作用的信件，主要适用于以下情况。

（1）本单位派人到其他单位实习或参加活动。

（2）本单位人员外出调查或前往其他单位商讨大事。

（3）本单位派人到别的单位宣传推销自己的产品。

（4）本单位派新人与其他单位进行业务交流。

（5）为他人进行推荐，或向互不相识的他人求教问题。

6.1.2 介绍信的写作注意事项

介绍信是介绍来人身份的文件，起到介绍和证明的作用，写作时应注意以下6点。

（1）被介绍人的姓名、身份等信息必须如实填写，不得虚假编造、冒名顶替。要坚持实事求是的原则，优点要突出，缺点不避讳，用成就和事实替代华而不实的修饰语，恰如其分地进行介绍。

（2）所接洽办理的事项应交代清楚，与此无关的应当不写。介绍信篇幅不宜过长，而应当言简意赅，在有限的篇幅中突出重点，同时语句要顺畅，字迹要工整。

（3）介绍信的用语应态度诚恳，措辞得当，应委婉而不隐晦，自信而不自大。

（4）介绍信务必加盖公章，以免造成不必要的麻烦。单位查看介绍信时也要核对公章和介绍信的有效期限。

（5）有存根的介绍信，存根联和正式联的内容要完全一致。存根底稿要妥善保存，以备今后查考。

（6）介绍信不得涂改，有涂改的地方可加盖公章，否则此介绍信将被视为无效。

6.1.3 介绍信的写作内容

介绍信一般有便函式和存根式两种，无论哪种类型，介绍信的写法都是相同的，主要应当写清楚派遣人员的姓名、人数、身份、职务、职称等基本信息，说明所要联系的工作、接洽的事项等，这是介绍信的核心内容。然后可以在结尾处写上对收信单位或个人的希望或要求，如"请接洽"等，也可写上表示致敬或者祝愿的话，如"此致 敬礼"等。

6.1.4 介绍信的范例

【便函式介绍信】

便函式介绍信包括标题、称谓、正文、单位名称和日期、附注5个部分。

◆ **标题：** 第一行居中写"介绍信"3个字，一般用2号宋体字体。有要求的还可以在标题下注明介绍信编号。

◆ **称谓：** 另起一行，顶格写收信单位名称或个人姓名，姓名后加"同志""先生""女士"等称呼，再加冒号。

◆ **正文：** 另起一行，开头空两格写正文，一般不需要分段。

◆ **单位名称和日期：** 在正文的右下方写明派遣单位的名称和介绍信的开出日期，并加盖公章。日期写在单位名称下方。

◆ **附注：** 注明介绍信的有效期限，具体天数用汉字书写。

介　绍　信

×××计算机公司：

　　　兹介绍我单位 ＿×××、×××＿ 同志 ＿2＿ 人前来

你处联系以下事宜：

学习××××操作技术＿＿＿＿＿＿＿＿＿＿＿＿＿

＿＿＿＿＿＿＿＿＿＿＿＿＿＿＿＿＿＿＿＿＿＿＿＿＿

＿＿＿＿＿＿＿＿＿＿＿＿＿＿＿＿＿＿＿＿＿＿＿＿＿

＿＿＿＿＿＿＿＿＿＿＿＿＿＿＿＿＿＿＿＿＿＿＿＿＿

请予以接洽并协助为荷。

　　　　　此　致

敬　礼

（有效期间 三　天）　　　　　××年××月××日

【存根式介绍信】

存根式介绍信一般由存根、间缝、正文3个部分组成。

◆ **存根：** 由标题、介绍信编号、正文、开出时间等组成，留作出具单位备查。

◆ **间缝：** 写明介绍信编号，应与存根部分的编号一致，并加盖出具单位的公章。

◆ **正文：** 与便函式介绍信相同。

👤 **专家点拨**

间缝处加盖的公章应覆盖存根和正文两个区域，以保证在介绍信被分开后，存根部分和正文部分都有公章的一部分，从而证明此介绍信的真实性。

```
            介 绍 信 存 根          第××号
      兹介绍我单位 ×××．××× 同志    2  人前往
   ×××计算机公司          联系有关
      学习××××操作技术     事宜。
      （有效期间 三 天）        ××年 ×月 ×日
   ---------------------第-----××-----号---------------------
            介    绍    信
   ×××电脑公司：
      兹介绍我单位 ×××．××× 同志    2  人前来
   你处联系以下事宜：
      学习××××操作技术
      _____
      _____
      _____
      _____

   请予以接洽并协助为荷。
                  此    致
   敬  礼
      （有效期间 三 天）        ××年××月××日
```

点评：这两例介绍信的内容是相同的，使用的语句恰如其分，避免了华而不实的修饰语。同时这两例介绍信言简意赅，措辞得当，态度诚恳，不卑不亢，体现了介绍信的特点。

6.2 » 证明信

证明信也称"证明"或"证明书"，是行政机关、社会团体、企事业单位或个人凭借确凿的证据来证明一个人的身份、经历或一件事情的真实情况时所写的文件。

6.2.1 证明信的特点与类型

1．证明信的特点

证明信一般具有凭证和书信的双重特点。

◆ **凭证的特点：**证明信的主要作用就是证明，是持有者用以证明身份、经历或某事情的真实性的一种凭证，这是证明信最明显且最重要的特点。

◆ **书信的特点：**证明信的写作形式较为灵活，但无论哪种形式，其写法同书信的写法基本一致，大部分采用书信体的形式进行写作，因此具备书信的特点。

2．证明信的类型

证明信可以有很多分类标准。按内容的不同，证明信可分为证明身份、证明工作经历或证明事件的证明信；按存在方式的不同，证明信又可分为公文式、书信式、便条式这3种类型。按开具证明信的对象不同，证明信还可分为以单位的名义所发的证明信和以个人名义所发的证明信，具体如下。

◆ **以单位名义所发的证明信：**多用于证明身份、经历、职务，以及同该单位的所属关系等真实情况。可采用普通书信形式，也可事先设置格式并进行打印，在打印出的信件上书写。这类证明信的篇幅可长可短，视具体情况而定。

◆ **以个人名义所发的证明信:** 这类证明信由个人书写,内容格式更为灵活,一般采用书信体格式。

6.2.2 证明信的适用范围

证明信可以证明某人身份、经历或某件事情,总体来讲,它最常用于以下情况。

(1)申请加入某个组织或团体时,原单位或有关人员要为申请人开证明信。

(2)需要澄清事实真相时,需要由亲身经历的人来写证明。

(3)为单位办理某些事项,或由于具体情况而必须向单位做出解释说明时,需要相关人员出具证明。

6.2.3 证明信的写作注意事项

写作证明信时,应当注意以下4点。

(1)以个人名义所发的证明信,要写明证明人的政治面貌、工作情况等,以便审阅证明信的人了解证明人的情况,从而鉴别证明材料的真伪与可信程度。

(2)如果不太熟悉所写证明信的内容,则应写"仅供参考"等提示性语言。因为证明信有时是作为结论性证据的,应实事求是、严肃认真,言之有据。

(3)对于随身携带的证明信,一般要求在证明信的结尾注明有效时间,并写上"过期无效"等提示语言。

(4)证明信的语言要十分准确,不可含糊其词。证明信不能用铅笔、红色笔书写,若有涂改,必须在涂改处加盖公章。

6.2.4 证明信的写作格式

证明信包括标题、称谓、正文、结尾、落款等要素,具体格式如下。

◆ **标题:** 一般为"证明"或"有关××问题的证明"。

◆ **称谓:** 标题下另起一行,顶格写上单位名称后加冒号。

◆ **正文:** 证明的具体内容。

◆ **结尾:** 一般以"特此证明"收尾。

◆ **落款:** 署名并写上成文日期,出具人为单位的需要加盖公章。

6.2.5 证明信的范例

证　明　信

××中学党支部:

　　××年××月××日来信收到,根据信中要求,现将你校××同学的父亲,××同志的情况介绍如下:

　　××同志,现年××岁,中共党员,是我院计算机系副教授,其本人和家庭历史以及社会关系均清楚。该同志对教学工作认真负责,近年来多次被评为市模范教师。

　　特此证明。

　　　　　　　　　　　　　　　　××学院人事处
　　　　　　　　　　　　　　　　××年×月×日

点评：这篇证明信内容简短，开篇说明了写作这封证明信的目的，这样可以进一步强调后面所证明的内容的真实性；接着用精练的语句将需要证明的内容进行了陈述，并以"特此证明"结尾。这是典型的证明信写作结构，值得借鉴。

6.3 » 公开信

公开信是机关、单位、团体等组织就某项重要工作或者某个重大问题，向一定范围内的有关人员公开发布的书信。公开信可以手写，也可以印刷、张贴、刊登和广播。公开信的内容一般涉及比较重大的问题，具有普遍的指导作用、教育作用和宣传作用。

6.3.1 公开信的特点与类型

1．公开信的特点

公开信一般具备公开性和教育性两大显著特点。

◆ **公开性：**公开信无论是写给群众还是写给某一单位或个人的，其突出的特征就是它的公开性。无论是写给社会中的某一部分人还是写给个人，从写信者的角度来看，都希望有更多人阅读、了解，甚至讨论信中的问题。几乎所有的公开信都可以登在报刊上，也可以在广播电视上播放。

◆ **教育性：**公开信的内容一般都具有思想教育意义，它可以引导人们学习榜样，抵制歪风邪气，树立正确的思想观念，正确看待问题。

2．公开信的类型

根据使用场合的不同，公开信可以划分为以下3种类型。

◆ **在重大事件、活动或节日里所发的公开信：**这类公开信一般发给同这些重大事件、活动或节日有关的单位、集体或个人，一般有问候、表扬、鼓励的作用，如"'五四'青年节写给全体青年的公开信"。

◆ **针对某一问题的公开信：**这类公开信一般针对社会上存在的某些严重问题，诸如歪风邪气、贪污腐败，或针对出现的一些新的现象而向有关对象公布。这类公开信的目的是抑恶扬善、弘扬正气，有批评，有表扬，也有建议。

◆ **私人信件在特殊情况下被作为公开信发表：**不知道收信方的详细地址、情况，但又需要发给对方时，常以公开信的方式发表在报刊、电台上，如路遇好人好事要表示感谢，偶遇不正之风要进行批评的情况。

6.3.2 公开信的写作注意事项

写好公开信，应注意以下3点。

（1）公开信影响范围很大，因此写作前应当考虑是否的确有写公开信的必要，是否确有通过公开信来实现预计目标的可能。

（2）把握好发表公开信的最佳角度及最佳时机，使公开信取得较好的社会效果。

（3）应真心实意地将发表公开信的理由告诉受众，切忌夸大其词。

6.3.3 公开信的写作格式

公开信主要包括标题、称谓、正文、结尾和落款等要素。

◆ **标题：** 一般写"公开信"3个字，或用"×××致×××公开信"的形式。

◆ **称谓：** 针对发信对象的多少和发信方式的不同，有的写集体称呼，有的写个人姓名。在称谓之前，可以根据不同对象的身份特点写上"尊敬的""敬爱的"等字样。

◆ **正文：** 另起一行空两格开始写作，可根据篇幅长短分成若干段落，正文内容一般应充满感情，结束时一般可以提出要求、希望和号召。

◆ **结尾：** 写上表示祝愿的话，如"此致 敬礼""祝进步"等。

◆ **落款：** 另起一行，在右下方写发信单位或个人姓名，其下写成文日期。

6.3.4 公开信的范例

【在重大事件、活动或节日里所发的公开信】

××××年春节致市民的一封公开信

广大市民朋友：

新年伊始，万象更新。我们又迎来了××××年新春佳节和一年一度的春运。今年春运从×月×日开始至×月×日结束。今年春节假期国家继续实行小型客车免费通行，务工流、学生流、探亲流、自驾返乡流、旅游流叠加，道路交通流量持续增长，交通安全形势较为复杂。春运安全事关千家万户的幸福与社会的和谐，目前我市公安交警部门正紧密围绕"春运安全"目标，积极采取措施，全面排查和整改道路交通安全隐患，从严查处各类交通违法行为，全力保障广大市民朋友的出行安全。

"春运连着你我他，交通安全靠大家"。××交警作为你忠实的朋友，在此给你提个醒：注意天气变化和路况信息。气候对道路交通安全的影响极大，请驾驶人和出行人在出行前关注气候变化和路况信息，合理安排出行时间和行驶路线。

一、雨、雪天谨慎驾驶。雨、雪天时车辆轮胎与路面的附着力减小，轮胎容易打滑，这制约了车辆的制动性能。行驶中须严格控制车速，并保持平稳，不可突然加速或减速，严禁空挡滑行。行驶中最好多采用预防性措施，少用制动，如遇情况，要采用不分离发动机的制动法或间断制动，不可使用紧急制动，以免发生侧滑。

二、文明走路、文明行车。春运期间，车辆急增，外出务工人员相继返乡，道路压力加大。行人过马路请走斑马线，不要与车辆抢行。驾车外出请按车道有序行驶，摩托车请在最右侧车道或者紧靠道路右侧两米内行驶，不要强行超车。遇有前方车辆排队等候或者缓慢行驶时，不要从前方车辆两侧穿插或者超越行驶。

三、勿酒后驾车。饮酒后驾车，因酒精麻醉作用，人的手、脚触觉比平时迟钝，往往无法正常控制油门、刹车及方向盘。饮酒后，人对光、声刺激的反应时间延长，从而无法正确判断距离和速度。外出用餐时，同行人员要提醒驾驶人不要饮酒，切实做到"喝酒不开车，开车不喝酒。"

　　四、不要疲劳开车。当驾驶人在驾车途中出现疲劳时，常常会有腰酸背痛、眼睛模糊、手指和身体不灵活、反应和判断速度缓慢等现象出现。节日期间亲友聚会娱乐较晚的，请不要开车。外出连续驾车超过4小时的，应停车休息20分钟以上，且全天开车时间要控制在8小时以内。客运车辆严禁凌晨2:00—5:00行驶。

　　五、客车请勿超员。（略）

　　六、行车莫忘守法。（略）

　　七、出行莫忘安全。（略）

　　广大市民朋友，春节是温馨美好的时光。为了您自己和家庭幸福，为了××春运交通环境的和谐美好，让我们携手并肩，为创建一个和谐、平安、畅通的春运道路交通环境而共同努力！

　　最后，祝愿广大市民朋友节日快乐，阖家幸福！

××交警大队××支队

××××年×月×日

　　点评：公开信是将不必保密的全部内容公之于众，让大家周知和讨论的信件。公开信的内容一般都具有教育意义。一封好的公开信，在宣传中会产生较大的影响，能促使人们积极参与，树立良好的社会风气，指导工作广泛开展和推动活动顺利进行。本例中的公开信非常典型，针对春运车流量、人流量大的情况，用语重心长的语气向市民告知应避免的行为，内容极具亲和力，容易引起受众共鸣。开篇与结尾均用礼貌性语句表达祝福，首尾呼应，进一步体现了发布这篇公开信是设身处地地为民众着想的。

【私人信件在特殊情况下被作为公开信发表】

公开感谢信

××派出所的干警们：

　　你们好！

　　我是××村的房客，我向成功维护了房客权益，讨回被敲诈勒索的××元的××干警×××、×××以及××村警务室的基层村干部表示感谢。

　　×月×日，我所在的住处的房客与朋友喝酒到深夜，期间有人借酒性喧闹，我提出异议。喝酒的×××竟然打电话叫来二三十人，要求我道歉，并索取××元的道歉费。

　　我报警后，派出所干警晚上到达我的住处，在××村警务室的配合下，迅速追回了被敲诈的钱款，为我主持了公道。

　　为此，我对出警人员表示衷心的感谢和诚挚的慰问，你们辛苦了！你们是人民的警察，坚决维护了人民的利益！再次感谢！

×××

××××年×月×日

点评：这类私人信件在特殊情况下被作为公开信发表，其内容相对更为随意，但仍然有一定的写作结构。本例中的这封公开信，首先表示感谢之情，然后简单叙述整个事件的过程，最后再次表达自己的谢意，这种写法较常见，也是很典型的一种写作形式。

6.4 » 倡议书

倡议书是机关、单位、团体对人们所共同关心的事情，向社会或有关方面提出带有号召性建议的一种专用书信。

6.4.1 倡议书的特点

倡议书具有群众性、不确定性、公开性等特点。

◆ **群众性：** 广泛的群众性是倡议书的根本特征。倡议书面向的不是某个人或某个小集体，它的受众往往是广大群众，或是某部门的所有人，或是某地区的所有人，甚至是全国人民，所以其面向的对象十分广泛。

◆ **不确定性：** 倡议书的对象范围往往是不确定的，即便在文中明确了倡议的具体对象，但实际上，有关人员可以响应，也可以不响应。由于倡议书本身不具有很强的约束力，因此响应者是不确定的。

◆ **公开性：** 倡议书是一种广而告之的书信，它是让广大群众知道并了解倡议内容，从而号召更多的人响应，以期在最大范围内引起共鸣并产生影响。

> **专家点拨**
>
> 倡议书是公开提倡某种做法，倡导某项活动，鼓动别人响应的一种信函文书。根据写作者的不同，倡议书可分为个人倡议书和集体倡议书两种；根据传播角度的不同，倡议书可分为单式倡议书、张贴式倡议书、广播式倡议书和登载式倡议书。但无论是哪种倡议书，其写法和格式都大致相同。

6.4.2 倡议书的写作格式

倡议书一般由标题、称谓、正文、结尾、落款5个部分组成。

◆ **标题：** 倡议书的标题一般由文种单独组成，即在第一行居中用较大的字体写"倡议书"3个字。除此以外，有的倡议书标题也可以由"倡议内容＋文种"构成。

◆ **称谓：** 在标题下顶格书写。倡议书的称谓可依据倡议的对象来选用，如"广大的青少年朋友："、"广大的妇女同胞："等。有的倡议书也可不用称谓，而在正文中指出倡议的对象。

◆ **正文：** 在称谓下空两格书写。首先应写明倡议书的背景、原因和目的，只有交代清楚倡议活动的原因，以及当时的各种背景，并申明发布倡议的目的，人们才会理解和信服，才会自觉地照此行动。其次应该写明倡议的具体内容和要求，这是正文的重点部分。倡议的内容一定要具体化，如开展怎样的活动，做哪些事情，具体有哪些要求，价值和意义何在等，都应该交代清楚。这些具体的内容往往都是以条列式的方式写出，以保证内容清晰明

155

确，一目了然。

◆ **结尾：** 结尾一般要表示倡议者的决心和希望，或者写出某种建议。需要注意的是，倡议书一般不在结尾书写表示敬意或祝愿的话。

◆ **落款：** 在正文右下方写明倡议者单位、集体的名称或个人的姓名，并署上发出倡议的日期。

6.4.3 倡议书的范例

倡议书

民营经济是××市最大的发展优势、最亮的发展特色、最重的发展底牌。××市民营企业家是最具活力、最富创新、最能吃苦的企业家群体，是"十三五"期间××市跻身全省经济总量第二方阵的主力军，我们要拉高标杆，争先进位，勇当排头兵，再创民营经济新辉煌。

为此，我们向广大××市企业家发出如下倡议。

一、提振精气神，勇当排头兵

"两个毫不动摇"，体现了党中央对非公有制经济发展的高度重视，对非公有制经济人士的亲切关怀。当前，民营经济碰到了前所未有的困难，但阳光总在风雨后，××市企业家是一个善于逆势而上的群体，一定要提振发展信心，勇立潮头，争当排头兵，推动××市民营经济更好更快发展。

二、抓住新机遇，适应新常态

正确认识，积极适应新常态，争取新常态下的新作为、新提升、新发展。挑战越大，机遇越大。在宏观经济下行压力较大的情况下，××市企业家要牢牢把握危机中蕴含的机遇，把创新发展、转型升级摆在更加突出的位置，在爬坡过坎的过程中，坚守工匠精神，不断加强科技创新、人才创新、管理创新，逐步实现"走出低端、迈向高端"的目标，不断提升核心竞争力，进一步成为市场的强者，企业的常青树。

三、坚定理想信念，提升自身素质

企业家是创业成功人士，要注意自我学习、自我教育、自我提升，做"大众创业、万众创新"的示范者。深入开展以"守法诚信、坚定信心"为重点的理想信念教育实践活动，始终热爱祖国、热爱人民、热爱中国共产党，积极践行社会主义核心价值观，弘扬××市"和合文化"，以自己的模范行动，推动实现中国梦，再续××市民营经济新篇章，奏出××市民营经济最强音。

四、搞好传帮带，传承新生代（略）

五、立足××市大地，放眼全球发展（略）

六、按照"亲""清"标准，构建新型政商关系（略）

七、坚持守法诚信，维护良好形象（略）

八、坚持义利并举，履行社会责任（略）

××市工商业联合会（总商会）

××××年×月×日

点评：倡议书的写作关键是要富有感染力，能起到倡议作用。本例中的倡议书开篇便说明了取得的喜人成绩。如利用经济总量来说明到底取得了怎样的成绩等，这都为后面的倡议奠定了基础，使得倡议的内容能够在倡议对象中引起反响。如果没有开篇的这段文字，那么倡议书的内容就显得苍白无力，倡议效果也就可想而知了。

6.5 » 慰问信

慰问信是机关、团体、单位向有关方面或个人（一般是同级，或上级对下级单位、个人）表示安慰、问候、鼓励和致意的一种事务书信，它能体现组织的关怀、温暖，社会的爱心与支持，朋友、亲人间的深厚情谊，能给人以奋进的勇气、信心和力量。

6.5.1 慰问信的类型

从内容上看，慰问信可以分为3种类型，分别是对先进的慰问、对受难者的慰问和节日慰问。

◆ **慰问先进：** 对承担艰巨任务、做出了巨大贡献、取得了突出成绩的先进个人或集体进行慰问，并鼓励他们继续前进。

◆ **慰问受难者：** 针对由于某种原因而暂时遇到困难或蒙受巨大损失的集体或个人，对他们表示同情和安慰，鼓励他们克服暂时的困难，加倍努力工作，以期尽早地改变现状。

◆ **节日慰问：** 是上级对下级，机关单位对支援群众进行的一种节日问候，一般表示对他们以前工作的肯定和赞扬，并祝福他们在今后的工作、学习和生活中一切顺利等，以期取得更好的成绩。

6.5.2 慰问信的写作格式

慰问信主要包括标题、称谓、正文和落款4个要素，具体写作格式如下。

◆ **标题：** 一般包括"慰问信""写给×××的慰问信""×××致×××的慰问信"等几种常用的格式。

◆ **称谓：** 在标题下顶格书写，注意称谓应当包含表示尊敬的内容，如果是写给个人，则要在姓名前面加上"敬爱的""尊敬的""亲爱的"等字样，同时还应在姓名之后加上"同志""先生""师傅"等词语。但有的慰问信也可以没有称谓。

◆ **正文：** 简要讲述原因、背景，提起下文，然后全面具体地叙述事实、表示慰问，最后结合形势提出希望，表示共同的愿望和决心，以勉励的话语结束全文。

◆ **落款：** 在正文下一行右下角署名，在署名下一行写上成文日期。

6.5.3 慰问信的范例

【慰问先进的慰问信】

这类慰问信可以简述先进事迹及意义，对其表示赞扬，鼓励他们再接再厉，乘胜前进，争取更好的成绩。开头可用"欣闻……非常高兴，特表示祝贺并致以亲切的慰问"等语句，中心段可写成绩的取得过程及意义，然后给予赞扬，最后可勉励他们再接再厉，继续前进。

致全市劳动模范的慰问信

全市广大劳动模范：

在××××年"五一"国际劳动节来临之际，市总工会谨向全市各地、各行业的劳动模范，致以节日的问候和崇高的敬意！

劳动模范是劳动群众的杰出代表。长期以来，我市广大劳动模范在市委、市政府的领导下，始终站在时代前列，以高度的政治觉悟和顽强的奋斗精神，积极投身"三市"建设的伟大实践，充分发挥示范引领作用，为全市经济社会发展做出了突出贡献，以实际行动和丰硕成果诠释了人民伟大、劳动神圣的真正意义。你们不愧为时代的精英、××的脊梁、人民的楷模。你们的崇高精神和光辉业绩，国家不会忘记，人民不会忘记。

劳模精神是宝贵的财富，代表的是一个时代的人生观、价值观和道德观，彰显的是中华民族顽强拼搏、自强不息的精神风貌，是新时期激励全市人民团结奋斗、勇往直前的强大正能量。社会各界要积极地宣传劳模事迹、弘扬劳模精神，用劳模的高尚情操感召人民群众，用劳模的优秀品质引领社会风尚，用劳模的精神力量助推××发展，在全社会进一步形成崇尚劳模、学习劳模、争当劳模、关爱劳模的良好氛围。

（略）

艰苦奋斗、无私奉献的模范，勇于实践、锐意创新的模范，勤奋学习、勇攀高峰的模范，学法用法、促进和谐的模范，希望你们更好地团结和带动广大职工群众，为××"三市"建设做出新的贡献！

祝全市广大劳动模范身体健康，工作顺利，阖家幸福，节日快乐！

××市总工会

××××年×月×日

【慰问受难者的慰问信】

这类慰问信的内容主要是对受难者表示同情和安慰，鼓励他们克服困难、勇往直前、夺取胜利。开头可用"惊悉……深表同情，并致以深切的慰问"等语；中心段着重写克服困难、战胜灾难的有利因素，如社会主义制度的优越性、安定团结的大环境、人民的大力支持等，鼓励他们努力奋斗、战胜眼前的困难；最后可以写上自己（发信单位或个人）对他们的美好祝愿。

慰问信

亲爱的灾区同胞们：

大家好，×月以来的强降雨，给××带来了严重洪涝灾害。×月×日至×日，肆虐的××水先后两次撕裂了××大堤，××、××等镇顿成一片汪洋，你们的家园被淹，良田被毁，遭受了巨大的损失。灾情发生后，党中央、国务院及我省各级领导高度关注此事，迅即指挥和调动各级政府机关人员、公安、民兵预备役等多种社会力量，投入抢险救灾、安置灾民的工作之中。

×月×日清晨，省委书记×××同志紧急约见我校党委书记×××、校长×××等领导，亲自部署妥善安置灾民的工作。当日，我校立即部署，迅速行动。

（略）

亲爱的灾区同胞们，目前××决堤溃口已被成功堵上，随着灾区消杀防疫等工作的顺利完成，乡亲们就要离开我校，重返你们日思夜想的家园。共同度过的时光虽然短暂，但这次的经历让我们共同体会到了"洪水无情，人间有爱"的真谛。

我们坚信，有党中央、国务院和各级党委政府的深切关怀，有社会各界的广泛支持，有你们自己的勤劳勇敢、顽强拼搏，你们一定能够渡过难关、战胜灾难，重建美好家园！

我们衷心祝愿灾区同胞们的明天更加美好，未来的生活更加甜蜜、幸福！

××市××大学党委办公室

××××年×月×日

【节日慰问信】

节日慰问信多是上级单位写给有关人员的，所以正文内容主要是强调节日意义，赞扬有关人员所取得的成绩或做出的贡献，并提出今后的希望。一般写法是开头概述节日意义及提出问候语，中心段赞扬有关人员所取得的成绩或所做的贡献，同时联系当前的形势阐述责任和今后的任务，最后提出希望。

慰问信

银猴踏春去，金鸡报晓来。

值此××××年新春佳节来临之际，我们很高兴通过××网向全区人民拜年，向多年来一直关心支持××经济和社会发展的上级领导及社会各界人士表示深深的谢意，向××的广大党员干部群众、各位企业家和各企事业单位职工表示亲切的慰问和最美好的祝愿！

刚刚过去的××××年，是我们××经济和社会发展较快，综合实力明显增强的一年。

一年来，我们在区委、区人大、区政府的正确领导下，在上级各部门的亲切关怀和帮助指导下，树立和落实以人为本、全面协调可持续的科学发展观，围绕"发展"这第一要务，着力推进××突破年、××建设年和××提升年活动，克服了用地难、用电难、融资难等困难，超额完成了区委区政府下达的考核目标。

（略）

在新的一年里，我们要认真贯彻落实区委十二届五次全体（扩大）会议，围绕"发展"这一强国富民的第一要务，向建设现代化××城镇的目标努力，充分利用××东出口大道和××货运基地的建设，主动与××做好规划上衔接和产业上对接，确保实现工农业总产值××亿元人民币，工业利润××亿元人民币，工业性投入××亿元人民币，外贸出口交货值××亿元人民币，利用区外内资×亿元人民币，外资×万美元的目标。始终坚持以经济建设为中心，充分发挥临近"××"和"××级试点×政策"这两大优势，着力推进工业化、城乡一体化和环境建设三大发展重点。坚定不移地做强经济总量，做优经济质量，变投入优势为产业优势，变创业优势为创新优势，变机制优势为发展优势，变产品优势为品牌优势。

确保发展中的基础配套设施和各项服务措施的到位，建设和谐社会，创建平安××，营造创业发展的良好氛围，为把××建设成为新兴的现代化××××而共同努力。

最后，我们再次衷心祝愿大家在新的一年里幸福安康！

××市××区人民政府办公室

××××年×月×日

点评： 以上3例慰问信虽然慰问的对象不同，但特点却十分相似。首先，都具备对象明确、重点突出的优点，均在开篇点出了慰问的对象；其次，使用的语言都亲切平实、精练质朴，感情真挚；最后，结尾都表达了一定的祝福，收尾较好。

6.6 » 感谢信

感谢信是向帮助、关心和支持过自己的集体（党政机关、企事业单位、社会团体等）或个人表示感谢的专业书信，它有着感谢和表扬的双重意义，在公私事务及日常生活中使用较为广泛。

6.6.1 感谢信的特点与类型

1. 感谢信的特点

感谢信具备确指性、事实性和感激性3个特点。

◆ **确指性：** 被感谢者是特定的单位或个人。

◆ **事实性：** 写感谢信的缘由为已成事实，时间、地点和事件都是真实的。

◆ **感激性：** 感谢信中表述的主要内容就是对对方的感激之情。

2. 感谢信的类型

按照感谢对象范围的不同，感谢信可分为普发性感谢信和专指性感谢信两种类型。

◆ **普发性感谢信：** 对众多的单位或大众表示感谢，一般是个人处于困境时，得到了集体的帮助，并在集体的关心和支持下克服困难，渡过难关，摆脱困境。

◆ **专指性感谢信：** 被感谢者为特定的单位或个人。这类感谢信可以是个人或单位为了感谢某个人或单位曾经给予的帮助或照顾而写。

6.6.2 感谢信与表扬信、慰问信的区别

感谢信与表扬信有所不同。表扬信一般用于长辈受到晚辈的帮助时，对晚辈表示赞扬夸奖，也有表示感谢之意；而感谢信则不分年龄辈分，重在感谢。

与慰问信相比，虽然二者都是书信体文书，即发送方式一样，书写格式也相同，而且都有表扬的成分，但二者仍有明显的区别。具体来说，首先二者的内容的侧重点不同，感谢信重在表示谢意，侧重写对方对自己的帮助和支持，而慰问信则重在表示慰问，侧重写对对方的勉励和激励；其次，二者的写作对象略有不同，感谢信可以是感谢单位的，也可以是感谢个人的，而慰问信则多是对某些单位、集体或群众表示慰问。

6.6.3 感谢信的写作格式

感谢信一般由标题、称谓、正文、结语、落款5个要素构成。

◆ **标题:** 常见的有3种形式,分别为"感谢信""致×××的感谢信""×××致×××的感谢信"。

◆ **称谓:** 即感谢对象的单位名称或个人姓名。对个人而言,应加上后缀"先生(女士)"或职务(职称)。

◆ **正文:** 主要写出两层意思,一是感谢对方的理由,二是直接表达感谢之意。感谢理由要交代出人物、时间、地点、事迹、过程、结果等基本情况;表达谢意则可对对方的品德做出评价和颂扬,表示感谢及表示向对方学习的态度和决心。

◆ **结语:** 一般用"此致 敬礼"或"再次表示诚挚的感谢"之类的敬语结尾,也可自然结束正文,不写结语。

◆ **落款:** 分别书写感谢者的单位名称或个人姓名,以及成文日期。

6.6.4 感谢信的范例

【普发性感谢信】

致全市人民的感谢信

尊敬的市民朋友们:

为应对××××年×月×日至×日的空气重污染情况,本市依据新修订的《空气重污染应急预案》,及时启动了红色预警。此次空气重污染持续时间长、影响范围广、污染程度重,给全市人民工作生活带来严重不便和影响。对此,全市人民克服许多困难,并以实际行动积极参与治污减排行动,展现了顾全大局、无私奉献的良好精神风貌。有关企业和施工单位自觉落实主体责任,严格执行停限产和停工措施,为遏制空气重污染进一步加剧做出了积极贡献。

据初步分析,应急措施有效降低了本地污染物排放强度,减缓了累积速度,削减了浓度峰值。与此同时,应急预案的实施,也进一步凝聚起全社会众志成城、同心协力参与治污的强大正能量。在此,市委、市政府对全市人民的奉献精神和全力支持表示衷心的感谢,并致以崇高的敬意!

我们深深感到,治理大气污染离不开全市人民的支持和参与。我们将牢固树立绿色发展理念,把生态文明建设放在更加突出的位置,紧紧依靠全市人民,以更加有力的措施,持续改善空气质量,坚决打赢大气污染防治攻坚战。

再一次感谢全市人民!

中共××市委

××市人民政府

××××年×月×日

【专指性感谢信】

致合作商家的感谢信

尊敬的合作伙伴们：

衷心感谢您长期以来对××国际旅游度假区的关心、支持和帮助。

为更好地迎接国庆假期，塑造××的形象，××××年×月×日至×月×日×园打造期间，各合作伙伴们均组织员工参与到××园××的组装、安装等工作，全力协助了××景区管理有限公司，全体员工发扬任劳任怨、无私奉献的精神，坚守岗位、密切配合、协同作战，为××国际旅游度假区××园的开园做出了突出贡献。在此，××管理有限公司全体同仁向你们表示深深的谢意，感谢你们的关心与帮助！

××国际旅游度假区自开园以来，正是因为有你们的参与、支持和帮助才使得各项工作得以顺利推进，才取得了今天的成绩。我们深知，一路走来，每一步都离不开你们的鼎力相助；每一次佳绩的取得都离不开你们的支持。展望未来，××国际旅游度假区将一如既往地秉承"合作共赢"的理念，与你们一起构建一个健康、高效的合作环境，携手共赢，再创辉煌！

最后，感谢时间为我们筑起信任的基石，愿未来的日子里，我们继续并肩携手，不断进取，共同成长。

××管理有限公司
××××年×月×日

✍ 写作技巧

写好感谢信应注意：（1）叙事要简洁，内容要真实，有关人物、事件、时间、地点、原因等要交代清楚；（2）评价和颂扬对方良好的行为及品德时，既要有一定的高度，又要注意适度；（3）情感要真挚，文字要精练。

6.7 » 聘请书

聘请书又称聘书，它是指单位或个人用来聘请有关人员担任某一职务或承担某项工作任务时使用的一种专门文书。

6.7.1 聘请书的作用

聘请书可以把人才和用人单位很好地联系起来，当一个单位聘请所需人才时，就需要用聘请书给受聘人提供具有效力的工作保证。除单位与个人外，聘请书也加强了不同单位之间的合作，如聘请某单位的人才到本单位临时担任某个职位，这就使各单位之间可以根据需要互通有无、互相支援，这就是聘请书起到的纽带作用。

另外，聘请书是单位出于对受聘人有着极大的信任和尊重才发出的，受聘人接受聘请书后，也就必须为自己受聘的职务和工作负责。这不仅加强了受聘人的责任感，也明确了受聘人是在某方面确有专长或能做出特殊贡献的人，可以较充分地发挥受聘人的聪明才智，所以聘请书的授予也促进了人才的交流。

最后，聘请书是具有法律效力的，因此它的发出与受聘人的接受，都代表着信任和守约等一系列行为，给双方都提供了有力的保证。

6.7.2　聘请书的适用范围

聘请书主要用于聘请人才，具体适用于以下几种情况。

◆ 用人单位承担的某项工作，靠本单位或现有的人才资源无法顺利完成任务时。

◆ 由于用人单位的发展，事业的扩大，需要重新聘用一些有专长、能在工作中起作用的人。

◆ 社会团体举办某些重要的活动时为了提高自身知名度、扩大影响力，常常聘请一些有名望的人加盟或参与，以期更好地开展活动。如聘请名人做顾问、指导、评委等。

6.7.3　聘请书的写作格式

聘请书一般由标题、称谓、正文、结尾和落款5个要素构成。

◆ **标题：**一般是书写"聘请书"或"聘书"字样，有的聘请书也可以不写标题。

◆ **称谓：**在标题下顶格写受聘人姓名或称呼，然后再加冒号；也可以在正文中写明受聘人的姓名或称呼，而不用专门写称谓。如一些印制好的聘书基本在第一行空两格写"兹聘请××……"。

◆ **正文：**首先要交代聘请的原因和受聘后所干的工作或所要担任的职务，其次应写明聘任期限和待遇，还可写上对受聘人的一些希望。

◆ **结尾：**一般写上表示敬意的结束用语。如"此致　敬礼""此聘"等。

◆ **落款：**署上发文单位名称或单位领导的姓名、职务，然后署上发文日期，同时要加盖发文单位公章。

6.7.4　聘请书的范例

聘请书

兹聘请×××同志为××家电集团维修部总工程师、主任，聘期自××××年×月×日至××××年×月×日，聘任期间享受集团高级工程师全额工资待遇。

此聘。

（公章）

××家电集团

××××年×月×日

第7章

告启公文范例与解析

告启公文是指机关团体、企事业单位、个人就某一具体事项向群众公开陈述、报道、解说，以使其知晓的一种应用文。

实际上，党政公文中的一些文种就属于告启公文，如公告、通告、通知、通报等。本书将主要介绍其他几种告启公文的写作格式和写作方法，具体包括启事、声明、公示、简报和新闻稿等。

7.1 » 启事

启事是机关团体、企事业单位或个人向社会公众陈述事宜、告知音讯、请求协助时所使用的告知性文书。

7.1.1 启事的特点与类型

1. 启事的特点

启事具有公开性、广泛性、求应性、自主性和简明性等特点。

- ◆ **公开性：** 启事主要用于向社会各界公开陈述或说明某些事项，目的在于吸引公众参与。
- ◆ **广泛性：** 启事形式多样，可以用于招生、招聘、开业、庆典、单位成立、商标的使用与更换等各种事宜，应用范围较广。
- ◆ **求应性：** 启事不只是一种向社会"告知"的声明，它还希望通过告知得到社会广泛的回应，以解决某一事务。
- ◆ **自主性：** 启事不具备法令性和政策性，更不具有强制性和约束力，因此启事的受众可以自主选择参与或不参与。
- ◆ **简明性：** 启事常借助广播、电视、报纸、杂志等媒介广为传播，如果内容过多，受众会缺乏耐心而不会进一步了解。因此启事的内容一般简洁明确，篇幅短小。

2. 启事的类型

启事的种类很多，根据启事的事项不同，启事可分为寻找、征招、周知和声明4种。

- ◆ **寻找类启事：** 这类启事是为了得到公众的响应和协助，如寻人启事、寻物启事、招领启事等。
- ◆ **征招类启事：** 这类启事是为了得到公众的配合与协作，如招生、招考、招聘启事；征文、征订、征集设计启事等。
- ◆ **周知类启事：** 这类启事是为了开展工作和业务，把某些事项公之于众，以便让公众知晓，如开业启事、迁址启事、变更启事等。
- ◆ **声明类启事：** 这类启事是为了完成法律程序。启事事项经公开声明后，对其引起的事端不再承担法律责任，如遗失启事、更正启事和其他声明启事等。

7.1.2 启事与启示的区别

启事与启示是两个完全不同的词语，二者不能通用。启事，是为了公开声明某事而登在报刊或张贴栏上的文字。这里的"启"是说明的意思，"事"就是指被说明的事情。而启示的"启"则是开导的意思，"示"是把事物摆出来或指出来让人知道，因此启示是指启发指示，开导他人，使人有所领悟。无论是"征文启事"，还是"招聘启事"，都只能用"事"字，而不能用"示"字。

7.1.3 启事的写作格式

启事一般由标题、正文、落款3个部分组成。

◆ **标题：** 启事的标题通常有3种写法，分别是"事由""事由＋文种""发文机关＋事由＋文种"，如"招聘""招聘启事""××公司招聘启事"等。

◆ **正文：** 启事的正文一般包括目的、内容、要求、联系单位名称或个人姓名、联系方法、地址、电话号码、邮政编码等。启事的正文要求简洁明了，描述准确。

◆ **落款：** 启事的落款需要写明启事的单位名称或个人姓名以及启事日期。如果标题或正文中已写明单位名称，则此处可以省略。凡以机关、团体、单位的名义张贴的启事，还应加盖单位公章。

✍ **写作技巧**

启事的正文应做到一事一启，不能将几件事放在同一启事中。所写的内容务必真实，语言表述应当简明、准确。即便是寻人寻物之类的启事，也应在准确全面的基础上，尽量简化内容。

7.1.4 **启事的范例**

【**寻找类启事**】

寻找类启事一般需要写明3个方面的内容。首先是遗失（走失）的时间、地点、原因。其次就是所寻找对象的准确特征，如寻人启事就需要写明姓名、性别、年龄、身高、体重、相貌、衣着、口音、其他生理特征等，寻物启事则需要写明数量、形状、质地、颜色、特殊标记等。最后还需要写明联系方式及酬谢事宜。

寻人启事

×××，男，××省××市××人，身高××厘米，出生日期：××××年×月×日。于××××年×月×日在××走失。特征描述：黑色短发，皮肤较黑，左眉有一条疤痕。走失时肩挎米色帆布包。家人非常着急！有知其下落者，请速与××市××街道×××联系，必有重谢。

联系电话：×××××××××（家）

×××××××××××（手机）

联系人：×××

××××年×月×日

寻物启事

本人不慎于×月×日乘坐××路公共汽车时，将内装身份证、驾驶证和单位业务发票数张的黑色公文包遗失。有拾到者请与××局××办公室联系，必有重谢。

电话：×××××××××

启事人：×××

××××年×月×日

点评：以上两篇启事都较简短，利用最少的文字将启事的寻找对象、联系方式和酬谢情况说得清清楚楚，这对于寻人启事和寻物启事而言是非常重要的。写作时需要在说明所寻找对象的特点和信息量多少之间找到合理的平衡点，这能够提高找到失物等的概率。

【征招类启事】

征招类启事主要包括征稿、征订、征集设计启事，招生、招聘启事等。其中，征稿、征订、征集设计启事应当明确地写出征集目的、相关背景、内容要求、体裁限定、字数、截止日期、投寄地址、奖励办法、注意事项等；招生、招聘启事则应当写明数量、工种（或专业）、应具备的条件、考核和录用办法、报名事项、待遇等。

征集设计启事

我商场是××市较早经营旅游产品的专卖商场，已有××××年的历史。为了树立品牌形象，维护店方和消费者的权益，特向各界征集标志设计。具体要求如下。

一、要有旅游纪念品专卖商场的特征，有较浓厚的文化内涵，具有地方特色；

二、主题形象突出，构图简洁明了，美观大方；

三、征集时间自××××年×月×日至××××年×月×日；

四、征集稿件请寄××市××区××街××号；

五、作品一经采用，即付酬金××元。

竭诚欢迎大家赐稿。

××市××旅游纪念品专卖商场

××××年×月×日

招生启事

一、招生对象与条件

1．具有一定文化艺术素养，了解掌握书法、绘画的基本知识。

2．身体健康，热爱书画艺术，年龄18周岁以上。

二、学习内容

书法，包括楷书、行书、草书、篆书等；绘画，包括山水、花鸟、人物等。

三、教学方法

邀请著名书画家授课，针对学员书画基础、技法之共性问题集中讲授，个别问题重点点评，使学员在书画艺术理论以及实践上有提高、有突破、有创新。

×月×日至×月×日开班，每周六上午8:30~11:30，周日下午15:30~18:30在××会议室授课。

四、奖励办法

培训结束时，每人提交结业作品，经院专家组评审后发予结业证书。优秀作品可优先在××报和××杂志发表，学习优秀者可优先聘为××书画院院士。

五、收费标准

每学期2个月，每月学费400元。

六、报名方法

持本人有效身份证件即可报名，同时交2张2寸免冠近照。

报名地址一：××市××路××号

电话：××××××××
　　　××××××××
　　　××××××××
联系人：×××，×××
报名地址二：××路与××路交叉口向北20米路东，××城2楼
电话：××××××××
　　　××××××××
联系人：×××

××书画院

××××年×月×日

点评：征招类启事的篇幅比寻找类启事稍长一些，这类启事需要完整说明相关的征招事项。上述两篇征招类启事在这方面做得都较好。特别是招生启事，不但全面说明了招生对象与条件、学习内容、教学方法等，而且全文的文字量适中，内容也很到位，便于受众理解。

【周知类启事】

周知类启事只需要将开业、迁址、变更、婚庆等相关内容准确表述出来，让受众能够明白具体的情况即可。

开业启事

××大厦装饰工程已顺利完工，××百货商场定于×月×日正式开业，欢迎各界人士光临、光顾。

××百货商场

××××年×月×日

【声明类启事】

声明类启事一般涉及更为正式的事务，如企业更名、更正启事等。这类启事的写作应当严谨，将需要声明的情况完整且正确地表述出来，让受众完全了解具体的情况。

更名启事

经上级有关部门批准，我单位将"××旅游服务中心"更名为"××旅游开发公司"。自××××年×月×日起启用新名称，原中心的各种印章即予废除，原来的银行账号不变，原来的一切业务关系及未尽事宜均由"××旅游开发公司"办理。

××旅游开发公司

××××年×月×日

7.2 » 声明

声明是就有关事项或问题向社会表明自己立场、态度的文种。政党和国家的领导机关及其领导

人、机关单位、社会团体、企事业单位、其他组织或公民个人均可发表声明。

7.2.1 声明的特点

声明可以在报刊上登载，也可以通过广播、电视播发，还可以进行张贴。它一般具有以下特点。

（1）表明立场、观点、态度。

（2）警告、警示。

（3）保护合法权益。

专家点拨

声明与申明不能通用，前者是公开表示态度或说明真相，重在公开宣布，以让公众知道；申明是郑重说明的意思，重在说明，以说服对方。

7.2.2 声明的写作格式

声明主要由标题、正文和落款3个部分组成。

◆ **标题：**常见的标题写作格式有3种。最简单的是直接写上"声明"二字，另外可以由"事由＋文种"构成，如"遗失声明"，也可由"发文机关名称＋授权事由＋文种"构成，如"××公司授权法律顾问××律师声明"。

◆ **正文：**简明扼要地写明发表声明的原因，表明对有关事件的立场、态度，结尾一般以"特此声明"结束。

◆ **落款：**包括署名和成文日期，首先在正文后署上发表声明的单位或个人，然后在署名下方标记成文日期。

写作技巧

有的声明在正文内容中还包含希望公众检举揭发侵权者的内容，此时就应在署名项目的右下方附注单位的地址、电话号码、电传号码以及邮政编码等，以便公众进行联系。

7.2.3 声明的范例

声 明

普通话水平测试是根据《中华人民共和国国家通用语言文字法》和教育部、国家语委有关文件组织的国家级考试。普通话水平测试由经省级以上语委认定的具备相关资质的测试机构组织实施。

最近发现社会上有些培训机构在网站上打出"官方合作培训测试"及"参加培训测试包过"的虚假广告，以此来招揽考生；同时还接到群众及相关部门反映，有个别培训机构通过不正当手段办理外省的普通话水平测试等级证书，严重损害了普通话水平测试的社会声誉，误导和欺骗了广大考生。为此郑重声明。

一、我省的普通话培训测试站从未与社会上任何培训机构有合作关系。敬请各位考生切勿相信有关普通话培训测试的不实宣传，直接到经省语委认定具备相关资质的普通话培训测试站报名参加测试。目前我省有55个经批准成立的测试站，完全可以满足广大考生的测试需求。

二、在省外取得普通话水平测试等级证书的考生，申请教师资格认定时需要一并提供发证单位所在省份学习或工作经历证明（学生证、毕业证或工作证）的原件及复印件，不能提供者需要在户口（或工作、学习）所在地重新报名参加测试。

三（略）

特此声明。

××省语言文字培训测试工作办公室

××××年×月×日

点评：这是一篇针对虚假培训测试的声明，是一则典型的案例。第一段首先说明国家规定的普通话水平测试的情况，第二段介绍了目前出现的虚假广告以及所造成的不良影响，再利用"为此郑重声明"自然过渡到声明的主要内容，结尾以"特此声明"结束。通篇结构严谨且合理，值得借鉴。

7.3 » 公示

公示是党政机关、企事业单位、社会团体等事先告知群众，用以征询意见、改善工作的一种应用文文体，并不是公告和告示的"合二为一"。

7.3.1 公示的特点

公示具有以下4个特点。

◆ **公开性：**指公示所写的内容、承载的信息，都是向一定范围内或特定范围内的人员公开的，具有较强的透明度。

◆ **周知性：**指公示写作的目的是让关注公示内容的人群都能了解具体的情况，从而参与其中。

◆ **科学性：**指选择公示的时间要科学合理。公示是事先的公示，不是事后的公示。公示的内容是初步的决定而非最终的决定。

◆ **民主性：**指公示的过程与结果，都是公开、公平、公正的，都是有群众参与和监督，并为他们所认可的。

7.3.2 公示的写作格式

公示主要由标题、正文和落款3个部分组成。

◆ **标题：**公示的标题有两种写法，即直接使用"公示"二字，或采用"关于×××的公示"这种结构。

◆ **正文：**公示的正文应当包含进行公示的原因、事情的基本情况、公示的起始及截止日期、意见反馈、单位地址及联系方式等内容。

◆ **落款：** 包括署名和成文日期，署名为公示的发文机关，署名下方应当标记成文日期。

7.3.3 公示的范例

关于推荐××××年度享受政府特殊津贴人选的公示

根据省人社厅《关于开展××××年度享受政府特殊津贴人员选拔工作的通知》（××人社函〔××〕××号）精神，经单位推荐、专家评议和厅党组研究，我厅拟推荐省规划院副院长、教授级高工、百千万工程省级人选×××同志为××××年享受政府特殊津贴人选，现予公示。公示时间为××××年×月×日—×月×日。

欢迎大家来电、来函反映情况，发表意见和看法。

联系电话：×××××××××（厅人事处）

×××××××××（驻厅纪检组）

附：×××同志主要业绩

厅人事处
××××年×月×日

7.4 » 简报

简报即简明情况报告，它是政府机关、企事业单位、社会团体等组织用来汇报、反映、沟通情况和交流经验的一种文体。简报不属于正式公文，不能公开出版，只在内部发行。日常工作中所见的通信、动态、要情、摘报、情况反映、信息通报、内部参考等都属于简报的范畴。

7.4.1 简报的特点与类型

1. 简报的特点

简报具有真实性、专业性、准确性、及时性、新鲜性、简短性、内部性等多种特点。

◆ **真实性：** 简报中所反映的事情必须真实、可靠，对事情的分析解释必须坚持实事求是的科学态度，符合实际，事件、材料、数据要仔细核实。

◆ **专业性：** 简报一般由有关单位、部门主办，专业性十分明显。如"人口普查简报""水利工程简报"等，分别由主办单位组织专人撰写。

◆ **准确性：** 简报的准确性体现在内容、材料和语言等方面。选择的内容要是具有价值、值得重视的情况和问题；所运用的材料要经过调查研究，仔细核实，确保其真实性；语言的使用要准确、规范，避免用词不当、语义混淆。

◆ **及时性：** 简报的及时性在于"快"，要写得快、印得快、发得快，以便使有关人员根据情况及时地处理问题，制定政策。重要的情况要一日一报，甚至可以一日数报，以便更好地发挥简报的作用。

◆ **新鲜性：** 简报要报道新情况、新经验，而且内容要有较大的参考价值。

◆ **简短性：** 简报的篇幅通常比较短小，因此内容力求简明、行文平实，无须进行艺术描述和理论阐述。

◆ **内部性：** 简报一般在编报机关管辖范围内各单位之间交流，不宜甚至不能公开传播，特别是涉外机关和专政机关主办的简报。有的简报往往是专写给某一级领导人的，有一定的保密要求，更不能任意扩大受众范围。

2．简报的类型

简报形式多样，内容繁多，总体而言简报可分为3种类型，即情况简报、动态简报、会议简报。

◆ **情况简报：** 这类简报也称工作简报，主要用于反映工作中的动态情况和一般工作进展情况。

◆ **动态简报：** 这类简报就是迅速及时、简明扼要地反映最近发生的事情和情况。动态简报内容新、反应快、动态性和时效性强。

◆ **会议简报：** 这类简报主要是及时报道某个会议的概况，会议中交流的情况、经验以及探讨、研究的问题等，反映会议形成的决议和基本精神。

扩展阅读 **简报的选稿要求**

扫一扫

选稿是机关文字工作中经常涉及的问题，但简报选稿要有时代性。要选好稿件，必须围绕该简报所在机关的职能来确定主要选稿原则，"有的放矢"地选稿。简报编辑要从大量稿件中挑出优秀的稿件，需要注意4点：思想要有敏感性，看问题要有预见性，判断要准确，要灵活把握稿件的质量。具体内容可扫描右侧二维码详细了解。

简报的选稿要求

7.4.2 简报的写作格式

简报主要由报头、按语、标题、正文、报尾5个部分构成。

1．报头

简报的报头通常包含5个方面的内容：一是简报的名称，用大号字写在报头正中部位；二是期号，在简报名称下居中写明并用括号括起来；三是主编单位，写在期号下，分隔线上方左侧；四是印发日期，写在期号下，分隔线上方右侧；五是密级程度，写在简报名称的左上方，没有则不写。

2．按语

按语是简报的编者针对简报的内容所写的说明性文字或评论性文字。按语一般写在标题之前，并在某段文字的开头处写上"编者按""按语""按"等字样。重要简报要加编者按语，一般性简报可不加。

3．标题

简报的标题可以采用正副标题的写法，正标题提示全文的思想、意义，副标题写出事件与范围，起到补充说明的作用。

4．正文

简报的正文通常由开头、主体、结尾3个部分构成。

◆ **开头：** 简报的开头可以采用叙述式写法，直接写要反映的事件的时间、地点、人物、原因、结果，使读者一目了然。开头也可以采用结论式写法，先写出事情的结果或因此而得出的结论，然后再做具体说明，或写出得出结论的理由。开头还可以采用疑问式写法，即提出几个重要问题，引起读者的注意，然后再在主体部分做出具体回答。

◆ **主体：** 简报的主体应写得翔实、充分、有力。主体的写法有很多，可按时间顺序，即按照事情发生、发展、结束的顺序来写，这种写法也叫作新闻式写法；可按空间变换的顺序来写，这适合报道一个事情的几个方面的情况；也可按逻辑方法分类、归纳，即用序号或小标题把所有材料归纳为几个部分或几个方面，再按序号或小标题分别叙述；可采用夹叙夹议法，即边叙述、边评述，适合反映某种带有倾向性问题的简报；可采用对比法，即在对比中展开论述。

◆ **结尾：** 简报结尾时可以把主体中叙述的情况用一句话或一段话进行总结，结束全文。也可以在叙述完主体后省略结尾，直接结束。

5. 报尾

报尾在简报末页的下方，也用分隔线与正文隔开，在左侧写发送范围，右侧写印发份数。

扩展阅读 简报的写作要点

扫一扫

要写好简报，应做到在内容规划上抓支点、抓热点、抓沸点、抓亮点、抓材料，并保证内容实在、简明扼要、讲究时效。如抓支点，就是抓要害，抓主导，抓全局性、指导性的问题，抓问题的核心、关键。更多内容可扫描右侧的二维码进行阅读。

简报的写作要点

7.4.3 简报的范例

【情况简报】

情况简报有综合性情况简报和专题性简报之分。前者是在明确的主题贯穿下，综合反映工作情况和问题；这类简报既有广度又有深度，不是有闻必录，而是抓住主要问题，反映最有价值的情况。后者则主要是将某一项专门工作的动态、进展、问题向主管部门反映，或向有关部门、下属单位通报，借以传播信息，推动工作。

简 报

（第××期）

中共××省委主办　　　　　　　　　　　　　　　　××××年×月×日

××市积极推进学习型党组织建设常态化实效化

××市在学习型党组织建设工作中，充分发挥载体作用，不断完善工作机制，努力推进基层学习型党组织建设各项工作常态化、实效化。

一是加强组织领导。把学习型党组织建设纳入党的建设总体规划，并作为重要指标纳入全市科学发展综合考核体系，在充分调研的基础上，制定出台《关于进一步做好学习型党组织建设

173

工作的若干意见》等一系列政策、文件，成立由市委主要领导任组长、各基层党委主要负责人为成员的建设工作领导小组及办公室，形成党委统一领导、宣传部门牵头协调、有关部门分工负责、各级党组织积极参与的领导体制和运行机制。

二是注重载体建设。根据试点先行、分类实施的原则，立足实践，树立标杆，并发挥其示范引导、带动辐射的作用，从而实现基层党组织学习活动的整体推进和全面提高。通过严格把关，遴选建立了××个学习型党组织建设工作联系点、××个基层党员学习教育实践点、××个流动党员学习教育联谊点，实现各级党组织、所有党员学习全覆盖。

（略）

五是突出学习实效。充分运用遍布市内外、省内外的××余个学习型党组织建设工作联系点、基层党员学习教育实践点、流动党员学习教育联谊点，紧密联系党员干部群众的思想、生活、工作实际，积极开展党员学习教育活动。先后组织现场观摩、技能比拼、成果展示等学习实践活动××场次，培训党员干部××人次，引领××名党员群众走上致富道路，吸引千余名外出务工党员返乡创业，使基层党组织的战斗堡垒作用和党员的先锋模范作用得到充分发挥，取得"民得实惠，党得民心"的实效。××市委荣获省首批学习型党组织建设先进单位称号。

【动态简报】

动态简报有工作动态简报和思想动态简报之分。工作动态简报主要反映本系统、本部门内部工作的正反两方面的新情况和新动向；思想动态简报主要反映公众对政府重大方针、政策的反应和认识，社会上的某种思潮或思想倾向，各行各业各阶层的思想状况等。

扫一扫
动态简报范例

【会议简报】

会议简报以报道会议内容为主，既可以综合报道会议各阶段的情况，也可以摘登大会发言或小组讨论发言。会议简报编发时要力求准确、全面、如实地反映出发言者的基本观点和思想倾向，并且尽可能送交发言人或大会秘书处有关负责人审阅后再编发。

基建工程施工安全会议

简 报

（第××期）

××大学基建处主办　　　　　　　　　　　　　××××年×月×日

基建处联合保卫处召开基建工程施工安全会议

×月×日上午，基建处联合保卫处在图文信息中心第二会议室召开××××年基建工程施工安全会议暨外来施工单位安全治安防范责任书签约仪式。学校基建处全体人员、保卫处、××街道办事处、××区市容执法局、施工单位、监理单位等参加会议。会议由基建处处长×××主持。基建处针对近期我校建设工程量大面广的情况提出安全施工管理的总体要求，要求施工参建单位思想上要高度重视，做到廉政无案件、施工无事故；要有完善的、切实可行的安全生产责任制和群防安全管理体系，确立"安全第一，预防为主"的指导方针；以创建文明工地为抓手，在工地上做好文明施工；加强各类安全检查，消除施工中的不安全因素，提高全体参建人员的安全生产意识和自我保护的能力，杜绝重大伤亡事故的发生，切切实实地保护好国家财产及劳动者的健康和安全。

…………

××区市容执法局的同志就夜间施工，施工场地周边卫生、噪声、渣土、建筑材料运输等的证照办理以及施工单位的安全监察提出了要求。施工单位和监理单位代表发言，表示一定会按照国家、××市和学校的规章制度以及"安全第一，预防为主"的指导方针，以创建××市文明工地为抓手，高度重视安全文明施工，在"预防"二字上下功夫，把事故消灭在萌芽状态，确保安全生产。

最后，学校基建处和保卫处与施工单位签订了外来施工单位安全治安防范责任书。

7.5 » 新闻稿

新闻稿是机关单位、企事业单位等组织发送给媒体的信息，主要用来公布有新闻价值的消息。

7.5.1 新闻稿的特点

新闻稿具有以下4个特点。

◆ **内容真实，事实准确：** 真实，即事实真实，所写的人物、时间、地点、事情发生发展的经过均不能虚构。准确，即每个事实，包括细节在内都准确无误。如果一条新闻失真或有差误，不仅会降低新闻稿的价值，还会损害单位的形象和利益。

◆ **内容新鲜，有价值：** 新闻贵在新，而且有认识意义、启迪意义和指导意义。新闻稿只有新，才能引起注意，让人先睹为快。所谓的"新"，不仅要把新人物、新事件、新经验报道出来，更重要的是应选择有意义、有价值，能给人以启迪，有指导性的事物。

◆ **迅速及时，有时效性：** 迅速是新闻的价值，如果新闻报道速度迟缓便会降低新闻稿的价值，"新闻"会变成"旧闻"。时效，就是速度要快，内容要新。对于新人、新事、新情况、新问题，要敏锐地发现，尽快地了解，迅速及时地反映。

◆ **简明扼要，篇幅短小：** 简短是新闻区别于其他文体的主要标志。所谓简短，就是"三言两语，记清事实，寥寥数笔，显出精神，概括而不流于抽象，简短而不陷于疏漏"，用语要简洁利落，内容集中精练。

7.5.2 新闻稿的要素

新闻稿一般都具有6个要素，即时间、地点、人物，事件的起因、经过和结果。明确这6个要素，可以在新闻工作中起到以下作用。

（1）有助于在采访新闻时迅速地弄清每一个事实的要点。

（2）有助于迅速抓住新闻的重点，尤其是在新闻导语的写作中。

（3）有助于明了新闻体裁的要义。

7.5.3　新闻稿的写作格式

1．组成要素

新闻稿一般由标题、导语、主体、结语和背景等组成。

◆ **标题：** 高度概括新闻内容，以吸引眼球。

◆ **导语：** 用来提示新闻的重要事实，使读者一目了然。

◆ **主体：** 在导语之后，是新闻的主要内容，是集中叙述事件、阐述问题和表明观点的中心部分，也是整篇新闻的关键所在。

◆ **结语：** 一般指新闻的最后一句话或最后一段话，是新闻的结尾，根据内容的需要，可有可无。

◆ **背景：** 是事物的历史状况或存在的环境、条件，是新闻的从属部分，常用在主体、导语或结语之中。

2．写作方式

新闻稿的格式有很多，一般可以分为4类，即倒金字塔式、正金字塔式、折中式和平铺直叙式。

◆ **倒金字塔式：** 这种写作方式是将新闻中最重要的消息写在首段，或是以据要的方式出现在新闻的最前端，有助于受众快速清楚新闻的重点。由于这种格式不是契合事物发展的基本时间顺序的，所以在写作时要从受众的角度出发来构思，按受众对事物重要水平的熟悉程度来安排。

◆ **正金字塔式：** 这种写作方式与倒金字塔式相反，是以时间顺序作为行文布局的写作方式，一般采用"引言—过程—结果"这一流程，以渐入高潮的方式将新闻重点摆在文末。

◆ **折中式：** 这种写作方式又叫新华体，兼具倒金字塔式和正金字塔式的特点。即将新闻中最重要的信息放在最前面，这是按倒金字塔式的方式写作，然后又按照正金字塔式的方式写作下面的内容。

◆ **平铺直叙式：** 这种写作方式注重行文的起、承、转、合，力图语言的流利精准，适合机关单位等组织在发表对政策、思想等的看法时使用。

7.5.4　新闻稿的范例

消费扶贫，××在行动！

政企携手助老区人民迎来幸福中国年！

　　核心提示：×月×日，"中国××•××温暖扶贫年货节"正式开幕。本次年货节由中共××县委、××县人民政府主办，××集团、××文化、××电商中心、××网络科技有限公司协办。

　　×月×日，"中国××•××温暖扶贫年货节"正式开幕。本次年货节是由中共××县委、

××县人民政府主办，××集团、××文化、××电商中心，××网络科技有限公司协办，政企携手，共同助力老区人民迎接××幸福中国年而打造的大型活动。

…………

在××县委、县政府的大力支持和引导下，组织、有关单位筹办了这场线上线下首次相结合的年货节。政府"搭台"，企业"唱戏"，百姓受益——××人的新年从新颖实惠、温馨便捷的年货节开始。此外，××××年货节的成功举办，对推动××产品上线、增进××人民群众的互联网意识、促进××县电子商务的发展具有重要的意义。

点评：这则新闻稿比较简短，首先通过"核心提示"说明了此稿件的主要内容，然后介绍了主办单位和协办单位。正文逻辑性强，内容完整但不啰唆，以活动时间为写作顺序，流畅自然，是可以借鉴的一种写作流程。结尾对此项活动进行了适当总结，并总结了该活动的意义。总体而言，这则新闻稿是一篇不错的新闻稿。

第 8 章

礼仪公文范例与解析

礼仪公文是为达到礼仪目的、在礼仪场合使用的文书，它包含许多种类，如贺卡、请柬、名片、喜报、祝酒词、祝寿词、礼笺、对联、祝贺信、慰问信、感谢信等。本章介绍的礼仪公文，侧重于外交公文和对外公文，包括贺信（电）、邀请书（请柬）、讣告、唁函（电）、悼词。

礼仪公文应当准确、适当地表现出礼仪，根据不同的时机和对象，力求把公文写得恰如其分、恰到好处。公文中涉及的时间、地点和其他有关资料，均应经过核对，做到翔实可靠。不应把礼仪公文仅仅视为"应景文章"，简单抄袭套用现成的格式，导致其成为"打官腔，不能用"的文书。

8.1 » 贺信（电）

贺信（电）是机关、团体、企事业单位或个人向取得重大成就、做出卓越贡献的有关单位或人员表示祝贺的礼仪书信。贺信（电）已成为表彰、赞扬、庆贺对方在某个方面所做贡献的一种常用形式，同时还兼有表示慰问和赞扬的功能。

8.1.1 贺信（电）的特点与类型

1．贺信（电）的特点

贺信（电）具有视贺性和信电性的特点。

◆ **祝贺性：** 发出贺信（电）的目的是恭贺对方，增加喜庆气氛，增进相互的感情。

◆ **信电性：** 庆贺者发出贺信（电）皆是由于不能当场向受贺者表示祝贺，只能通过信电的方式，通过人工投递或电子邮件送抵受贺者的手中。

2．贺信（电）的类型

按作者的不同，贺信（电）有单位发出和个人发出之分。而根据行文方向的不同，贺信（电）可分为上级给下级的贺信（电）、下级给上级的贺信（电）、平级单位之间的贺信（电）、国家之间的贺信（电）、个人之间的贺信（电）等。

◆ **上级给下级的贺信（电）：** 这类贺信（电）的内容可以是节日祝贺，也可以是对下级取得的工作成就表示祝贺等，一般在贺信（电）的最后都会提出希望和要求。

◆ **下级给上级的贺信（电）：** 这类贺信（电）一般是对全局性的工作成就表示祝贺，此外还要表明下级对完成有关任务的信心和决心。

◆ **平级单位之间的贺信（电）：** 这类贺信（电）一般是就对方单位所取得的工作成就表示祝贺，同时还可以表明向对方学习的谦虚态度，以及保持和发展双方关系的良好愿望。

◆ **国家之间的贺信（电）：** 这类贺信（电）一般在有外交关系的国家新首脑（主席）就职或者友好国家有重大喜事时使用。这既是礼节上的需要，同时也是谋求双方共同发展、维护双方共同利益的方式。

◆ **个人之间的贺信（电）：** 这类贺信（电）一般用于亲朋好友在重要节日、重大喜事中互相祝贺、慰勉、鼓励，或者祝贺某人在工作、学习中取得了好成绩，以分享快乐。

8.1.2 贺信（电）的写作格式

贺信（电）一般由标题、称谓、正文、结尾和落款5个部分构成。

◆ **标题：** 贺信（电）的标题通常直接由文种名构成，即在第一行正中书写"贺信"或"贺电"二字。有的标题可在"贺信"或"贺电"前面加上"谁写给谁"这一内容，或者写明祝贺事由等。个人之间的贺信（电）可以不写标题。

◆ **称谓：** 在标题下顶格写明被视贺单位的名称或个人的姓名。若被视贺的是个人，则需要在姓名后加上"同志""先生"等尊称，称呼后面要用冒号。

◆ **正文：** 贺信（电）的正文应当包含3个方面的内容。一是说明对方取得成就的背景或历史条件；二是说明对方取得了哪些成就，并可进一步分析其成功的原因等；三是表示祝贺、提出希望等。

◆ **结尾：** 结尾要写上祝愿的话，如"祝取得更大的胜利""祝您健康长寿"等。

◆ **落款：** 写明发文单位的名称或个人的姓名，并署上成文日期。

8.1.3　贺信（电）的范例

【**上级给下级的贺信（电）**】

这类贺信（电）在祝贺对方取得了突出成就的同时，一般要对该成就进行充分肯定和赞扬，分析取得成就的原因及意义，结尾往往会提出一定的希望。

贺　电

国家体育总局网球运动管理中心：

欣闻××在刚刚结束的××网球公开赛上一路过关斩将，勇夺桂冠。这是××继××××年获得××网球公开赛女子单打冠军后，又一次在国际网坛大满贯赛事中夺冠，实现了中国网球运动的新突破，创造了中国网球运动的新历史，为祖国争得了荣誉，为全国广大体育爱好者送上了一份新春贺礼。向××及其团队表示衷心的祝贺。

××在此次××赛场上表现出的不畏强手、顽强拼搏的精神，展现出的从容坚定、落落大方的风度，展现和代表了我国广大运动员的精神风貌，也为更多的青少年积极进取做出了示范、树立了榜样。同时，××的再次突破也将会进一步鼓舞和激励我国其他项目的运动员刻苦训练、奋勇拼搏，为实现自己为祖国争光、为民族争气、为人生添彩的诺言而不懈努力！

预祝××和中国网球运动员在今后的比赛中，再接再厉，再创佳绩。

国家体育总局
中华全国体育总会
中国奥委会
××××年×月×日

点评： 这封贺电开门见山，表明态度，即首先表示热烈的祝贺，随后用两段文字，一段讲述所取得成就的重要意义，另一段提出要求和希望，并以此收尾。全文层次清晰，逻辑严密，值得借鉴。

【**下级给上级的贺信（电）**】

这类贺信（电）如果是祝贺所取得的工作成就，则在表示祝贺的同时也要表现完成工作的决心；如果是祝贺会议召开，则往往会祝愿大会取得圆满成功。

贺　信

中国共产党××科技大学第一次代表大会：

在我校隆重庆祝建校××周年的喜庆日子，我们迎来了××科技大学第一次党代会的胜利召开。这次大会是全校师生员工政治生活中的一件大事，我们要总结经验，谋划未来，汇聚力量，振奋精神，为学校的发展和腾飞出谋划策，校工会对大会的胜利召开表示热烈的祝贺！

学校建校以来，校党委始终全面贯彻党的教育方针，坚持社会主义办学方向，紧紧依靠全校师生员工，抓住高等教育改革和发展的有利时机，坚持走产学研紧密结合的办学新路子，抢抓机遇，深化改革，开拓创新，使学校在短期内实现了跨越式的发展。学校的办学水平、科技创新能力、社会服务功能均有了显著提高，学校的面貌发生了巨大变化，各项工作取得了重大成效。学校的建设和发展令人鼓舞，催人奋进。

建校以来，在学校党委的正确领导下，校工会为学校的改革和发展做了大量工作，取得了一定成效。今后，校工会将更加自觉地接受校党委的领导，紧紧围绕学校中心工作，服务学校稳定大局，积极履行工会的各项职能，充分发挥桥梁和纽带作用，把全校教职工的智慧和力量凝聚到实现这次党代会确定的奋斗目标和各项任务上来，为把我校建设成为产学研紧密结合、国际知名的高水平研究型大学而努力奋斗。

最后，预祝大会取得圆满成功！

中国教育工会××科技大学委员会
××××年×月×日

【平级单位之间的贺信（电）】

这类贺信（电）往往是通过祝贺来使双方进一步加强联系和沟通，成为事业上长期的合作伙伴。

贺　信

××职业学校：

欣闻贵校成立××周年，××区职业高级中学谨向你们表示热烈的祝贺和最诚挚的问候！

春华秋实××载，与时俱进育英才。贵校从初建校时的××名学生到现在的××名学生，名师荟萃，人才济济，成为××省的重点高中。贵校的成功与贵校一直以来的努力是分不开的。××年来，贵校在各级领导的指导下，一直秉承"以德育人、以礼教人"的教育宗旨，实行理论与实践相结合的教育方针，弘扬"行胜于言"的学风，为国家、为社会培养出一批又一批的高素质技能型人才。贵校为人才的培养、社会的发展、国家的兴旺做出了巨大贡献。

（略）

最后，祝贵校在教育方面更上一层楼，为国家、社会培育更多的技能型人才；祝贵校老师身体健康，事业蒸蒸日上；祝贵校学生学业有成！

××区职业高级中学
××××年×月×日

【个人之间的贺信（电）】

这类贺信（电）侧重于祝愿，内容与格式较为随意，只要能表达出对对方的祝贺即可。

给××老先生的祝寿贺信

尊敬的××老先生：

　　花甲又添四十岁月，古稀更添三十春光，在今天这个特别的日子里，庆贺您老一百岁生日。

　　今日南极星辉，光照寰宇，彭祖含笑，喜满华堂。自古道"寿登期颐，喜称人瑞，年到百岁，松青鹤唱"。老人笑口常开，心情舒畅，吉星高照，四世同堂。真可喜蟠桃三千仙翁献果，百岁高龄，椿庭增光。在此，我谨代表我的家人，祝您老寿比南山青松不老，全家福禄祯祥。

　　（略）

　　夕照桑榆晚景好，时逢盛世老人安，愿福、禄、寿三吉星永远为您老高照。愿您老生命之火长燃，生命之树常青，生命之水长流。最后，再次恭祝××老先生身体健康，福寿延年！

晚辈×××
××××年×月×日

8.2 » 邀请书（请柬）

　　邀请书又叫请柬或请帖，是为了增进友谊、开展业务而邀请客人参加各种活动的信函。商务邀请书（请柬）一般由主办方发出，邀请对方出席正式的商务庆典、商务联谊、商务事务等重要活动。邀请书（请柬）的适用范围很广，如招投标邀请书、投资邀请书、会议邀请书（请柬）、仪式邀请书（请柬）、参展邀请书（请柬）、宴会邀请书（请柬）等。有些活动，如访问、比赛、交流、会面、协商等也会使用邀请书（请柬）向对方发出正式的邀请。

8.2.1 邀请书（请柬）的写作格式

　　邀请书（请柬）的结构一般由5个部分组成，即标题、称谓、正文、结尾和落款。

◆ **标题：** 第一行居中写标题"邀请书"或"请柬"。

◆ **称谓：** 换行顶格写被邀请者的姓名（姓名后需加上尊称）或单位名称，再加上冒号。

◆ **正文：** 需要写清楚邀请的事由、时间、地点，以及有关要求或注意事项（如被邀对象、人数等）。

写作技巧

　　如有参观环节、文艺活动，或有礼品赠送，应附上入场券或领取礼品的赠券；如有宴请，应写明"敬备菲酌""沏茗候教"等字样，并注明"席设"何处，以及入座时间；如有特殊的着装要求，应当在正文中注明；如需乘车乘船，应交代路线及有无专人接站等。

◆ **结尾：** 表示希望对方接受邀请、欢迎对方前来的诚意，一般用"欢迎指导""敬请光临""恭请莅临""请届时光临指导"等语句表示对被邀请方的恭敬和礼貌。

◆ **落款：** 在正文右下方写邀请单位或个人的名称，署名的下一行写发出邀请的具体时间。

8.2.2 邀请书（请柬）的范例

家长会邀请书

尊敬的家长同志：

您好！首先感谢您对我校的信任，把您优秀的孩子送到我校学习。还要感谢您一直以来对我校工作的大力支持，相信在我们的共同努力下，您的孩子一定会健康成长，全面发展，成为未来社会的精英人才。

我校坚持以人为本的管理理念，狠抓队伍建设。我们深知，学生的每一张笑脸都承载着各位家长的殷切希望和美好憧憬；我们深知，学校一切成绩的取得都离不开各位家长的关注与付出；我们深知，学校每一步的发展都离不开各位家长的关心和支持。

您一定非常关心孩子的成绩，关注孩子在校的生活、思想状况，希望能与老师沟通，共同探讨孩子的未来。为了使您能更好地指导、教育子女及配合学校做好对您子女关键时期的教育、管理工作，我校定于×××年×月×日（星期六）14:00在各班级召开以"与学生共同成长"为主题的家长会，共同分析探讨近阶段孩子在校的学习情况，特邀请您参加。

（略）

您的积极参与和宝贵意见，会大大地促进我们学校各项工作迈上一个新的台阶。您的心愿正是我们努力的方向。为了一个共同的目标，期盼您的参与，恭候您的到来。我们诚挚邀请您在百忙之中抽出时间光临学校，共同搭建家校联系的平台。

××县××乡××中学
×××年×月×日

扩展阅读　回复邀请书

接到对方的邀请后，无论接受与否，出于礼貌，都必须及时答复。通常应当在接到邀约之后3日之内回复，而且回复得越早越好。扫描右侧二维码，可详细了解与邀请书回复相关的知识。

扫一扫

回复邀请书

8.3 » 讣告

讣告是把某人不幸去世的消息通知其亲戚好友和有关方面的一种公告式文体，一般由死者所属单位组织的治丧委员会或者家属向其亲友、同事以及社会公众发出通知。讣告可以张贴于死者的工作单位或住宅门口，较有影响的人物去世可登报或通过广播、电视向社会发出，以便将讣告的内容迅速而广泛地告知社会。

8.3.1 讣告的写作格式

讣告一般包含标题、正文、结语和落款等部分。

- ◆ **标题：** 直接写明"讣告"二字。
- ◆ **正文：** 先写死者的职务、姓名、逝世时间、地点、死因和终年岁数；然后可介绍死者的生平事迹；最后可写明举行吊唁或召开追悼会的时间、地点和有关事项。
- ◆ **结语：** 常用"特此讣告""谨此讣闻"等收尾。
- ◆ **落款：** 署上发文单位的名称或个人姓名，然后换行写明成文日期。

8.3.2 讣告的范例

讣 告

　　××市原政协委员×××同志因病医治无效，不幸于××××年×月×日×时×分在××市逝世，终年××岁。今定于××××年×月×日×时在××火葬场火化，并遵×××先生遗愿，一切从简。

　　特此讣告。

××市政协
××××年×月×日

点评：这篇讣告的语言准确、简练，同时充满了沉痛与严肃之情，整体结构也是先说明某人逝世的情况，再说明火化等后续事宜，属于较为典型的讣告结构。

8.4 » 唁函（电）

　　唁函（电）是因无法亲往吊唁，而向死者亲属或单位发出的表示哀悼、慰问的信件或电报。它可以以单位或集体的名义发送，也可以以机关、单位负责人的个人名义发送。国家间的唁函和唁电，则一般以行政首长的个人名义发送。

8.4.1 唁函（电）的写作注意事项

　　写作唁函或唁电时，需要注意以下4点。

　　（1）用词要深沉、质朴、自然，不能滥用修饰词语，更不能油腔滑调，应当最直接地体现出吊唁者的悲痛悼念之情。

　　（2）对死者生前的品德、情操和功绩，要实事求是、恰如其分地叙述，同样应当突出重点，不可添油加醋、本末倒置。

　　（3）篇幅不应过长，语言则要深沉、凝重、精练、概括、朴实。

　　（4）写作和发文都应当及时。

8.4.2 唁函（电）的写作格式

　　唁函（电）一般包含标题、称谓、正文、结尾和落款5个部分，具体如下。

- ◆ **标题：** 常见的标题是直接以文种作为标题，即"唁函"或"唁电"二字，或用"致×××的唁函（电）"或"×××致×××的唁函（电）"这类结构作为标题。也可以以"沉痛悼念×××（姓名）××（称谓）"为唁函（电）的标题。

◆ **称谓：** 在标题下顶格写收唁函、唁电的单位名称或死者家属的姓名，姓名后加称呼，如"同志""先生"等，称呼后加冒号。

👤 专家点拨

唁函、唁电一般发给死者的亲属，对死者亲属的情况不清楚或对担任一定领导职务的死者，也可发给死者所在单位或治丧委员会。发给单位或治丧委员会的，通常在唁函、唁电中写明"请代表我们向×××的亲属表达深切的慰问"之类的安慰用语。

◆ **正文：** 唁函、唁电的主要内容一般包括3个部分。一是对死者的不幸去世表示深切哀悼，可将听到噩耗后的悲伤之情略加叙述，如"惊悉×××不幸去世，深感震惊""顷接×××不幸逝世的噩耗，×××全体同志深感悲痛"等。二是追述、回忆死者生前的业绩、恩情，一般用高度概括的语言追述即可。三是对死者亲属表示慰问，以及希望其亲属忍痛节哀、化悲痛为力量。

◆ **结尾：** 一般写"此致敬礼""特此电达""肃此电达"等。

◆ **落款：** 分别写发文机关名称或个人姓名，以及成文日期。

8.4.3　唁函（电）的范例

唁　函

×××同志治丧办并转其亲属：

　　惊悉×××同志不幸逝世，我们单位全体同志万分悲痛。谨向×××同志表示沉痛哀悼，向其亲属表示亲切慰问。×××同志一生为党的事业奋斗不息，堪称后人楷模。我们一定化悲痛为力量，努力做好各项工作。请以我们单位全体同志的名义向×××同志代献一个花圈（用款后寄）。

　　×××同志千古！

××单位　×××

××××年×月×日

8.5 » 悼词

悼词是对死者表示哀悼的话或文章，一般是指在追悼大会上对死者表示敬意与哀思的宣读式哀悼文体。

扩展阅读　悼词的发展

今天的悼词是从古代的诔辞、哀辞、吊文、祭文一步步演变而来的。诔辞作为中国哀悼文体的最古老形式，最初是一种专门表彰死者功德的宣读性的哀悼文体。扫描右侧二维码可详细了解悼词的发展情况。

扫一扫

悼词的发展

8.5.1 **悼词的特点与类型**

1．悼词的特点

悼词的篇幅较长，除此以外，它还具有以下3个特点。

◆ **肯定死者：**悼词往往就是总结死者的生平业绩，并肯定其一生的贡献，是一种具有高度思想性和现实性的文体，不仅可以寄托哀思，还能通过死者的业绩激励后来者。

◆ **内容积极：**悼词的内容都是积极向上的，情感基调是昂扬健康的，它不像古代的哀悼文，一味地宣泄情绪，充满着悲伤的情调，而是排除一切感伤主义、悲观主义、虚无主义等消极内容的文体。它面对和影响的不是过去，而是现在和将来。

◆ **表现多样：**悼词的表现形式和表现手法都具有多样性。它既可以写成记叙文或议论文，又可以写成散文；既能以叙事为主，也能以议论为主，还能以抒情为主；既有供宣读的形式，又有书面形式。最终都是以质朴无华的语言和多种多样的形式体现化悲痛为力量等积极内容。

2．悼词的类型

按照悼词用途的不同，悼词可以分为专用于追悼大会的宣读体悼词和发表在报刊上的散文类悼词。

◆ **宣读体悼词：**这类悼词一般是在追悼大会上由有一定身份的人进行宣读。它是对在场参加追悼的人们的讲话。悼词表达出全体在场的人对死者的敬意与哀思，同时勉励其他人化悲痛为力量。

> 👤 **专家点拨**
>
> 宣读体悼词以记叙或议论死者的生平功绩为主，而不以个人抒情为主。另外，宣读体悼词受追悼会的时间、地点、条件的限制，在形式上相对较为稳定。

◆ **散文类悼词：**这类悼词包括所有的向死者表示哀悼、缅怀与敬意的文章，基本都被发表在报纸杂志上。其通过对死者过去事情的回忆，展现死者的品质和精神，虽志在怀念，但目的也是通过展现死者的品质和精神对人们进行鼓舞和激励。

按表现手法的不同，悼词可以分为记叙类悼词、议论类悼词、抒情类悼词。

◆ **记叙类悼词：**这是最常见的悼词类型，表现手法以记叙死者的生平事迹为主，适当结合抒情或议论，通过朴实的记叙文体来表达对死者的哀悼和怀念之情。

◆ **议论类悼词：**这种类型的表现手法以议论为主，以抒情、叙事为辅，重在评价死者对社会的贡献，能够和现实生活紧密结合，是社会意义较强的一种悼词类型。

◆ **抒情类悼词：**这类悼词的表现手法以抒发对死者的悼念之情为主，并适当地结合叙事或议论。它经常以抒情散文的形式出现，通过崇高而真挚、质朴而自然的感情缅怀死者。

8.5.2 **悼词的写作注意事项**

写作悼词时，应注意以下3点。

（1）悼词的目的是介绍死者的生平事迹，歌颂死者生前在革命或建设中的功绩，但这种歌颂是严肃的，应当不夸大、不粉饰，而是根据事实做出合理的评价。

（2）悼词要达到化悲痛为力量的效果。死者生前为党为人民做好事，应当让这种美德时时触动人们的心灵，勉励生者节哀奋进。

（3）悼词的语言应当简朴、严肃、概括性强。

8.5.3 悼词的写作格式

散文类悼词一般没有固定的格式，这里主要介绍宣读体悼词的构成。宣读体悼词一般由标题、正文和落款组成，其写作格式如下。

1．标题

悼词标题的组成方式一般有两种。一种是直接由文种名称组成，即"悼词"；另一种由死者姓名和文种共同组成，如"在×××同志追悼会上的悼词"。

2．正文

悼词的正文通常由开头、中段、结尾3个部分组成。

◆ **开头：** 一般以沉痛的心情说明召开或参加此次追悼会的目的，全面而准确地说明死者的职务、职称等。然后简要地叙述死者的逝世时间和死因，以及所享年龄等。

◆ **中段：** 这是悼词的主体部分，首先介绍死者的生平事迹，即对死者的籍贯、学历以及生平业绩进行集中介绍，应突出死者对人民、对社会的贡献。然后对死者的思想、精神、作风、品质、修养等做出综合的评价，介绍其对他人和社会产生的积极影响，以起到鼓舞和激励的作用。

◆ **结尾：** 主要写明生者对死者的悼念及如何向死者学习，继承其未竟的事业，化悲痛为力量，为国家、为社会做出更大的贡献等内容。最后要写上"永垂不朽""精神长存"等习惯性用语。

3．落款

悼词一般在开头便介绍了参加追悼会的人员情况，所以悼词的落款一般只署上成文日期即可。

8.5.4 悼词的范例

悼 词

各位领导、各位来宾、各位亲友：

今天，我们怀着十分沉痛的心情聚集在此，深切悼念离休老干部××同志。××同志因病医治无效，于××××年×月×日×时×分与世长辞，享年××岁。

（略）

今天前来参加追悼会的来宾分别来自省政府、省外办、市政协、文化厅、国土局、××军区、在×各相关企事业单位，以及××同志的亲友。

××同志，××人氏，××××年×月×日出生，汉族。××同志少年即立志兴邦报国，年轻时投身于解放战争以及新中国的建设。截至离休时，××同志先后任职于省政府、水利厅、建工局以及设计院等单位。

　　××同志的一生，是勤劳奉献的一生。在成长历程中，他勤奋好学，严格要求自己，处处以全心全意为人民服务为己任，勤勤恳恳做事，清清白白做人。为了自己所钟爱的伟大事业，××同志倾其心血，无怨无悔。他为人倔强耿直、操守廉洁、公道正派、襟怀坦荡、乐于助人、急人所难、不求回报、声誉甚好。

　　（略）

　　××同志的不幸逝世，使我们失去了一位老干部、好同志。他虽离我们而去，但他那种勤勤恳恳、忘我工作的奉献精神，那种艰苦朴素、勤俭节约的优良作风，那种为人正派、忠厚老实的高尚品德，仍值得我们学习和记取。我们要化悲痛为力量，努力学习和工作，再创佳绩，以慰××同志在天之灵。

　　××同志精神长存！

　　××同志一路走好！

××××年×月×日

　　点评： 这是一篇典型的悼词。开篇分别叙述了××同志的逝世情况及到场来宾；然后用简练的语句介绍了该同志的生平和做出的贡献，每词每字铿锵有力、掷地有声；最后再次缅怀该同志，并以他为榜样，激励在世之人。这种写作结构是悼词的典型写法，可以学习并借鉴。

第 9 章

活动庆典公文范例与解析

机关单位、企事业单位或其他组织在举办各种会议、活动或庆典时，也会用到各种公文，如开幕词、闭幕词、演讲词、欢迎词、答谢词等。本章将它们统一归为活动庆典公文的范畴，并详细介绍这些公文的写作方法。

9.1 » 开幕词

开幕词（或称开幕辞）是党政机关、企事业单位、社会团体等在隆重活动或会议开始时，由主持人或主要领导人所做的重要讲话的文稿。开幕词对活动或会议起着指示、介绍的作用，使与会者对活动有一个总体的认识。无论召开什么重要会议或开展什么重要活动，按照惯例，一般都由主持人或主要领导人致开幕词，这是一个必不可少的程序，标志着会议或活动的正式开始。

9.1.1 开幕词的特点与类型

1. 开幕词的特点

开幕词主要具有宣告性、引导性、鼓动性等特点。

◆ **宣告性：** 开幕词是活动或会议开始的序曲和标志，它拉开了活动或会议的序幕，宣布了活动或会议的开始。只有正式宣告开幕后，活动或会议的各项议程才能陆续展开。因此，开幕词具有宣告活动开始的特点。

◆ **引导性：** 开幕词一般要阐明活动或会议的宗旨、任务、目的、意义等，为活动或会议定下基调，指导活动或会议按此基调进行。这对于整个活动或会议的成功举行起着引导作用。

◆ **鼓动性：** 开幕词带有期望活动或会议成功的良好祝愿，并通过向与会者介绍活动或会议的议程和宗旨，激发与会者的参与意识，调动其积极性。从这个角度来看，开幕词也具有一定的鼓动性。

2. 开幕词的类型

开幕词按准备情况的不同，可分为口头演说开幕词和书面开幕词。通常比较隆重的大中型活动或会议应采取规范的书面开幕词。按开幕词的内容来划分，开幕词可分为侧重性开幕词和一般性开幕词两种。

◆ **侧重性开幕词：** 往往对活动或会议召开的历史背景、重大意义或会议的中心议题等做重点阐述，其他问题一带而过。

◆ **一般性开幕词：** 只对活动或会议的目的、议程、基本精神、来宾等做简要介绍。

9.1.2 开幕词的写作注意事项

写作开幕词时，应注意以下3点。

（1）要有明确的针对目标。开幕词的宣告性、引导性和鼓动性决定了撰写内容时必须根据活动或会议的宗旨，针对活动或会议所要解决的问题进行分析，表明态度。

（2）要全面了解活动或会议的基本精神，全面、细致地理解活动或会议各方面的情况，熟悉有关文件和材料，清楚活动或会议的目的和整体安排等。

（3）开幕词重在提示、指导以及原则性地向与会者交代一些重要的相关问题，其作用在于画龙点睛。所以，涉及的具体问题不宜展开，更不能引经据典使其成为长篇大论，语言要力求精练概括，篇幅应尽量写得简短。

9.1.3 开幕词的写作格式

开幕词的结构一般由标题、称谓、正文构成。

1．标题

开幕词的标题形式比较多样，常见的有以下4种。

◆ 直接由文种构成，如"开幕词"。

◆ 由"事由＋文种"构成，这是最常见的一种形式，如"××大会开幕词"等。

◆ 由"致词人＋事由＋文种"构成，如"××在××大会上的开幕词"等。

◆ 由"主标题＋副标题"这种双标题的形式构成。主标题揭示活动或会议的宗旨、中心内容，副标题与上述第二种、第三种标题的构成形式相同，如"合作发展 共创辉煌 ××在××峰会上的开幕词"。

✍ **写作技巧**

往往可以在开幕词标题下方的居中位置用括号注明活动或会议召开的日期；如果标题未涉及致词人，则可在日期下写明致词人的姓名。

2．称谓

开幕词的称谓应视活动或会议的性质和与会人员的身份，选用泛称或类称，如"同志们""各位来宾""女士们、先生们、朋友们"等。

3．正文

开幕词的正文通常由开头、主体、结尾3个部分构成。

◆ **开头：**开头应简洁、鲜明、热情，营造出热烈的气氛。开头通常可以表示对大会开幕的祝贺，对与会代表和来宾的欢迎；可以简述活动或会议的有关情况，如筹备情况、与会人员的构成、出席会议的领导和来宾等；也可以简述活动或会议的重大意义、会议议题等。

◆ **主体：**主体部分的写作要紧扣主题，态度鲜明，层次清晰，语言凝练，语气热烈。主体通常可以首先说明活动或会议召开的背景，回顾历史或概括形势，指明举办活动或会议召开的意义；也可以直接提出活动或会议的指导思想或宗旨，然后交代议题及议程或对活动或会议的某些看法等，最后提出想达到的预期效果，也可提出要求和希望。

◆ **结尾：**结尾的写作应简洁有力，具有号召性和鼓动性。结尾通常可以呼应开头，概述对活动或会议成功的期盼；也可以做预示性评价，如"这将是一次具有深远意义的大会""这次活动将成为××的里程碑"等；也可以直接用"预祝大会圆满成功"作为结语。

9.1.4 开幕词的范例

【侧重性开幕词】

构建创新、活力、联动、包容的世界经济
——在二十国集团领导人杭州峰会上的开幕辞

（2016年9月4日，杭州）

各位同事：

我宣布，二十国集团领导人杭州峰会开幕！

很高兴同大家相聚杭州。首先，我谨对各位同事的到来，表示热烈欢迎！

去年，二十国集团领导人安塔利亚峰会开得很成功。我也愿借此机会，再次感谢去年主席国土耳其的出色工作和取得的积极成果。土耳其以"共同行动以实现包容和稳健增长"作为峰会主题，从"包容、落实、投资"三方面推动产生成果，中国一直积极评价土耳其在担任主席国期间开展的各项工作。

（略）

第一，面对当前挑战，我们应该加强宏观经济政策协调，合力促进全球经济增长、维护金融稳定。（略）

第二，面对当前挑战，我们应该创新发展方式，挖掘增长动能。（略）

第三，面对当前挑战，我们应该完善全球经济治理，夯实保障机制。（略）

第四，面对当前挑战，我们应该建设开放型世界经济，继续推动贸易和投资自由化便利化。（略）

第五，面对当前挑战，我们应该落实2030年可持续发展议程，促进包容性发展。（略）

各位同事！

二十国集团承载着世界各国期待，使命重大。我们要努力把二十国集团建设好，为世界经济繁荣稳定把握好大方向。

第一，与时俱进，发挥引领作用。（略）

第二，知行合一，采取务实行动。（略）

第三，共建共享，打造合作平台。（略）

第四，同舟共济，发扬伙伴精神。（略）

（略）

让我们以杭州为新起点，引领世界经济的航船，从钱塘江畔再次扬帆启航，驶向更加广阔的大海！

谢谢大家。

点评： 整篇开幕词以主人公的身份，宣布峰会开幕、欢迎嘉宾、肯定去年峰会主办国的成绩，并对本次峰会提出了建议和展望。总体来看，开幕词的篇幅虽然较长，但前后衔接自然，并无多余的文字。这种表达方式符合峰会的主题和气氛，语气陈述有力且态度诚恳，对写作类似的开幕词有很好的借鉴意义。

【一般性开幕词】

××大学首届科技节开幕词

各位领导、各位来宾、老师们、同学们：

大家好！

在这南风送爽、夏意渐浓的美好季节里，我们迎来了××大学首届科技节。在这隆重的开幕式上，我代表我校全体师生对今天光临的领导、嘉宾表示最热烈的欢迎！同时，对我校首届科技节的按时召开表示热烈的祝贺！

经过两个月的精心策划和酝酿，针对本届科技节，构建出了一套完整可行的方案，整个方案融知识性、趣味性、科学性于一体，内容丰富，形式多样，有科普知识讲座、趣味实验、科技作品评比等活动。本届科技节，是我校科技教育得以顺利开展的新起点和新台阶，它将为我校学生搭建起一个大展科技才能和科技风采的舞台，也将为我校校园文化建设增添新的内涵。

（略）

激情参与，尽情创造，放飞梦想与快乐。同学们，让我们热爱科学，勇于探索，创造未来，尽力展现自己的才智！

最后预祝××大学首届科技节圆满成功！

谢谢大家！

点评：这篇开幕词开篇点出活动开幕，与结尾预祝活动成功首尾呼应，然后对来宾表示欢迎，叙述了组织活动的目的、条件和过程。内容简单，结构通顺，非常符合一般性开幕词的写作要求，对于类似活动的开幕词，可适当参考此篇的写作格式和内容。

9.2 » 闭幕词

闭幕词（或称闭幕辞）是与开幕词相呼应的文种，它是主持人或领导人在活动或会议结束前致词的文稿。闭幕词除了可以宣布活动或会议闭幕外，还能评价和总结活动或会议，肯定活动或会议的成果，也能激励与会者认真贯彻执行活动或会议精神。

9.2.1 闭幕词的特点

闭幕词具有总结性、概括性、号召性等特点。

◆ **总结性：** 闭幕词可以对活动或会议的内容、精神和进程进行简要的总结，并做出恰当评价，肯定成果，强调主要意义和深远影响。

◆ **概括性：** 闭幕词可以对活动或会议的进展情况、完成情况、取得的成果、精神意义等进行高度概括。

◆ **号召性：** 闭幕词可以激励参与者，增强他们贯彻活动或会议精神的决心和信心。因此，闭幕词一般都充满热情，语言坚定有力，富有号召性和鼓动性。

9.2.2 闭幕词的写作格式

闭幕词与开幕词的写法基本相同，也由标题、称谓和正文构成。

1．标题

闭幕词的标题与开幕词一样有多种形式，写作时只需将文种"开幕词"换为"闭幕词"即可。如"××在××大会上的闭幕词"等。

2．称谓

闭幕词的称谓即对参与者的称谓，也应当视活动或会议的性质和与会人员的身份而定。

3．正文

闭幕词的正文由开头、主体和结尾3个部分构成。

◆ **开头：** 闭幕词的开头可以对活动或会议的圆满成功表示祝贺；也可以概述活动或会议成功举办、召开的意义和作用；还可以概括总结活动或会议的情况，并做简要的评价。总体而言，闭幕词的开头应以简练的语言总结性地写明情况，有的闭幕词开头还要对活动、会议做基本评价，以进一步加深与会者的印象。

◆ **主体：** 主体是闭幕词的重点部分，着重总结和评价活动或会议所取得的成就，如获得的成绩、通过的决议、获得的经验等，并应当论述活动或会议成功的原因、意义及其作用，提出贯彻活动或会议精神的意见，指出今后工作的重点和方向等。

◆ **结尾：** 结尾应当使用简明、富有号召力的语言发出号召，希望与会者贯彻执行活动或会议精神，同时向活动或会议的承办单位和人员以及各方面人士致谢，对与会代表、来宾表示良好的祝愿。最后宣布活动或会议闭幕。

9.2.3　闭幕词的范例

第××届××次工会会员代表大会暨第××届××次职工代表大会闭幕词

（××××年×月×日）

党委书记　××

各位代表、同志们：

　　××市中心医院第××届××次工会会员代表大会暨第××届××次职工代表大会经过全体代表的共同努力，已经顺利完成各项议程，即将闭幕。这是一次民主团结、求真务实、振奋精神、开拓奋进的大会，体现了报告好、精神状态好、会风好这3个"好"，达到了提振信心、凝聚共识、点燃激情、引领发展的目的。

　　这次大会，代表们不负全院职工的重托，认真履行职责，讲大局、议大事，重实际、求时效，齐心协力、集思广益，会议的各项成果充分体现了院党委的主张和职工意志的统一，展现了高度的政治责任感和历史使命感。在此，我受大会主席团委托，向参加大会的各位代表、列席代表和为筹备召开本次大会而做了大量工作的同志们致以崇高的敬意和衷心的感谢！

　　（略）

　　现在我宣布：××市中心医院第××届××次工会会员代表大会暨第××届××次职工代表大会胜利闭幕！

　　最后，祝各位代表同志身体健康、工作顺利、阖家欢乐、万事如意！

　　谢谢大家！

9.3 » 演讲词

　　演讲词也叫演讲稿，是演讲者在某些公众场合或集会上就某一问题发表自己的主张和见解，表达自己的情感或阐述某种事理时所依据的讲话文稿，对宣传教育活动和交流工作经验有着重要的作用。

专家点拨

演讲词是演讲前准备好的文稿，是演讲的依据。但富有经验的演讲者可以根据实际情况，发挥临场应变能力，随时补充、纠正演讲内容，还可借助于神情、仪表、手势等，强化听众的视觉感受。

9.3.1 演讲词的特点与类型

1．演讲词的特点

演讲词具有许多特点，具体如下。

◆ **针对性：** 撰写演讲词要考虑听众的需要，讲话的题目应与现实紧密结合，所提出的问题应是听众所关注的事情，所讲内容的深浅也应符合听众的接受水平。同时，演讲要注意环境气氛和场合，比如是庄严的会议或重大活动，还是同志间的座谈会；是欢迎国宾，还是一般的友人聚会等。不同的场合，演讲词针对的内容不同。

◆ **可讲性：** 演讲词的最终目的是用于讲话，要求语言表述要适合口头表达，把较为正规严肃的书面语言转化为易听易懂的语言。

◆ **鼓动性：** 演讲的目的是鼓动听众的情绪，依靠演讲词中的丰富的内容、深刻的见解、精辟的论证，形象生动、富有感染力地达到演讲的目的。

◆ **临场性：** 演讲一般是在一定场合进行的。演讲词要对临场情况有一定的预见性，事先准备应变方案，并根据实际情况随机调整。

◆ **条理性：** 演讲的目的是让听众听清、听懂演讲的内容，这就要求演讲词条理清楚、层次分明。否则，所讲内容虽然丰富、深刻，但散乱如麻，缺乏逻辑性，也会影响演讲的效果。

写作技巧

写作演讲词时应当使用通俗性的演讲语言并加入适当的感情色彩。撰写时语句不宜过长，修饰不宜太多，不宜咬文嚼字，要合乎口语的特点；同时，既要冷静地分析，晓之以理，又要有诚挚热烈的感情，动之以情。

2．演讲词的类型

根据内容和性质的不同，演讲词可分为以下3种类型。

◆ **政治宣讲类：** 是指政治家或代表某一权力机构的要员阐述政治主张和见解的演讲稿。政治家的竞选演讲，新当选的领导人的就职演讲，各级领导的施政演讲等，都属于这一类型。

◆ **学术交流类：** 学术演讲稿是传播、交流科学知识、学术见解及研究成果的演讲文稿。随着科学事业的发展、社会建设的需要、国内外学术交流活动的日益增多，学术演讲或学术报告等活动也越来越多。不仅各类专业科学技术工作者要经常参加学术类活动，机关、企事业单位的领导也要经常参加。因此，学术交流类演讲稿具有较广的应用范围。

◆ **思想教育类：**这类演讲稿针对现实生活中人们的思想动态、思想倾向和思想问题，以真切的事实、有力的论证、充盈的感情来讴歌真善美、鞭挞假恶丑，引导听众树立正确的人生观、世界观，激励听众为崇高的理想、事业而奋斗。

9.3.2 演讲词的写作注意事项

演讲词的写作原则是理正、情切、辞顺。理正方能令人信服；情切才能使人感动；辞顺可使听者得到享受。同时，写作演讲词还应注意以下4点。

（1）要对听众的各种情况，如年龄、职业、文化程度、政治态度，以及演讲场所的设施、环境有较具体的了解。要抓住听众所关心的、感兴趣的"热点"，选好演讲的话题，做到心中有数，有的放矢。

（2）演讲词的观点要明确，举例要恰当生动，引用材料要真实准确。对问题的分析要客观公正、实事求是，注意处理好事、理、情之间的关系。

（3）一篇演讲词应当紧扣一个主题，达到一个目的，不可贪求面面俱到。讲得过多过长，会使听众心烦气躁。简明扼要、干净利索的演讲词是最受欢迎的。

（4）演讲词要多用口语，句子要短，修饰成分要少；同时要有文采，以便演讲得生动形象、朴实亲切，具有雅俗共赏之妙。

9.3.3 演讲词的写作格式

演讲词没有严格、固定的格式，但一般由3个部分组成，即标题、称谓和正文。

1．标题

演讲词的常用标题形式由活动或会议的性质、演讲内容和文种组成。如"庆祝××成立××周年演讲词""在××博览会上的演讲词"等。有的演讲词的标题则直接采用可以揭示内容或目的的鼓动性语言，如"科学的春天"等。

2．称谓

演讲词的称谓即对听众的称呼语，一般根据听众的身份而定，如"同志们、朋友们"等，称谓后加冒号。

3．正文

演讲词的正文包括开头、主体和结尾3个部分，各部分的具体写法如下。

（1）开头。

在演讲词的开头要能获得听众的认同感，再者就是要打开演讲的局面，引入正题。因此，开头一般要开门见山地提出全文的中心论点或主要内容，说明演讲意图。好的演讲词开头的写法有以下5种。

◆ **悬念式开头：**演讲开始时，或提问题，或引出故事，目的在于设置悬念，激发听众的兴趣。

◆ **名言警句式开头：**利用名言警句开场，能够让听众易于接受，振奋精神。

◆ **提问式开头：**开场设问，引导听众积极思考，以便让听众主动投入到演讲中。

◆ **对比式开头：**用数字、列表、画图等方式进行对比，吸引眼球，使听众的注意力更加集中。

◆ **笑话谜语式开头：**用笑话或谜语开场，吸引听众的兴趣，然后切入正题。

（2）主体。

演讲词的主体要突出和强调演讲的中心话题，不可轻重不分、不可面面俱到。主体应当有突出的中心思想，有一致的观点和材料，有严密清晰的层次与段落关系。一般可采用以下3种方式来表达主体内容。

- **叙述式：** 向听众陈述自己的思想、经历、事迹，转述自己看到、听到的他人的事迹或事件，可夹以议论和抒情。
- **议论式：** 摆事实、讲道理，既有事实材料，又有逻辑推断，立场坚定，主题鲜明。
- **说明式：** 向听众说明事理，通过解说某个道理或某一问题来达到树立观点的目的。

专家点拨

一个集中、鲜明的主题是演讲成功的关键。无中心、无主次、杂乱无章的演讲不能引起听众的兴趣。一篇演讲稿只能有一个中心，全篇内容都必须紧紧围绕着这个中心去铺陈，这样才能给听众以深刻的印象。

（3）结尾。

演讲词的结尾应当总结全文，给听众留下深刻的印象。演讲词常见的结尾方式有以下6种。

- **启发式结尾：** 在演讲结束时，提出问题，可以给人启示，给人留有思考的余地。
- **赞美式结尾：** 通过对所述的人物或事件进行赞颂，激发听众的情绪。
- **诗词式结尾：** 用诗词结尾，典雅而富有魅力。
- **总结式结尾：** 在演讲的最后总结归纳自己的见解、主张，强调演讲的中心内容，深化主题。
- **号召式结尾：** 提出充满激情、给人以鼓舞的奋斗口号，发出号召。
- **展望式结尾：** 用能展示美好前景的语言鼓舞听众。

9.3.4 演讲词的范例

【政治鼓动类演讲词】

这类演讲词往往涉及的是政治问题，关系到国家、政党、民族以及改革、和平与进步等。演讲者要表明自己的政治倾向，宣传自己的政治观点，力求正确把握历史的发展方向。演讲者通过演讲，让听众了解自己的施政纲领或政治观点，从而获得理解和支持，这是最基本的演讲目的。演讲时要显示出无懈可击的逻辑力量，只有这样才能使听众口服心服，才能赢得听众的理解和支持。

区长与班子成员就职演讲稿

同志们：

全区瞩目的区××届人大××次会议已圆满结束，新一届区政府领导集体开始正式运作。本届政府寄托着人民代表及全区广大干部群众的信任和希望，肩负着继往开来、全面建设小康社会的使命和职责，任务艰巨，责任重大。要不负众望，不辱使命，必须从加强自身建设做起。为此，我想就建一个什么样的政府、组一个什么样的班子、当一名什么样的领导干部讲3点意见，与大家共商共勉。

一、建设一个讲服务、讲效率、讲法制的信用政府

新一届政府班子组成后，我想大家首先应思考的一个问题，就是我们要建设一个什么样的政府。这是未来5年政府工作开展得好坏的一个前提。我国市场经济发展到今天，特别是加入世界贸易组织以后，我们要按照国际通行的经济规则办事，要从制度安排上彻底改变计划经济的运行模式，最重要的是政府角色的根本转变。也就是说新一届政府要积极转变职能，塑造全新形象，这是加强政府自身建设的需要，是推进市场化改革进程的需要，也是扩大对外开放的需要。（略）

二、建成一个讲团结、讲勤政、讲廉洁的务实班子

新一届政府领导班子中，既有上届政府继续留任的，也有新进的新生力量，从年龄结构、工作阅历看，应该说是一个年富力强的班子。未来5年，完成《政府工作报告》提出的各项任务，需要调动和发挥全区上下的积极性和创造性，需要集中和凝结全区广大干部群众的智慧和力量。要肩负如此重任，政府领导班子首先要成为一个有战斗力、有创造力、有感召力的班子，成为一个讲实话、办实事、求实效的班子。

具体如下。

一要高举旗帜，与时俱进。（略）

二要加快发展，执政为民。（略）

三要依法行政，科学决策。（略）

四要强化合力，求实创新。（略）

五要艰苦奋斗，清正廉洁。（略）

三、成为一名讲学习、讲政治、讲正气的领导干部

班子集体是由每个个体组成的，个人的修养、个人的素质，直接影响班子整体功能的发挥。因此，政府班子的每一位成员都要肩负组织的重托，倍加努力学习、扎实苦干；都要珍惜代表的信任，倍加勤政为民，当好公仆；都要珍惜人民赋予的权力，倍加谦虚谨慎、艰苦奋斗，努力成为一名合格的领导干部。

一要加强学习。（略）

二要坚持原则。（略）

总之，在新的起点、新的征程上，我们要以新的作风、新的形象，务求新的发展、新的成就。5年的任期，不单是一个时间的概念，它为我们提供的实际上是一个广阔的舞台，是一个成就事业、造福人民的机会。在人民信任和期待的目光中，我们能不能不辱使命，关键要看我们自身的作为。

在其位，就要谋其政、尽其责、立其业。我们应当也必须有新的姿态、新的干劲、新的作为，在加快发展、富民强省、全面建设小康社会的进程中，以实际的行动和业绩，向全区人民交出一份满意的答卷。

×× 区区长 ×××

××××年×月×日

点评：这是一篇就职演讲稿。开篇点明了演讲的主要内容是建设一个什么样的政府和什么样的领导班子，接着从3个方面围绕这个核心内容进行阐述，结尾总结了整个演讲的内容，并展现出一定的就职决心。这样的写作结构可圈可点，贵在严谨和真诚。

【**学术交流类演讲词**】

这类演讲词讨论的问题是科学性的，而不是社会性的，是对某一学科领域中的现象或问题进行系统剖析和阐述，能够揭示事物的本质及发展的客观规律。写作这类演讲词时，不能泛泛地讲一般的知识，而要有自己的新材料、新方法、新见解。撰稿时要对某些专业知识进行必要的注解，把抽象深奥的科学道理表达得深入浅出、通俗易懂。

电力安全生产演讲稿

同志们：

大家好！

开展"爱心活动"、实施"平安工程"，是国家电网公司党组的重大决定，是国家电网公司服务国家大局，服务电力客户，服务发电企业，服务经济社会发展，统筹推进内质外形建设，为社会经济发展提供可靠的电力保障，促进建设社会主义和谐社会的一项重要举措。

××电网处于××走廊的枢纽地带，在××省电网"一盘棋"的格局中处于重要的战略地位。××期间，××电网的机遇与挑战并存，电网发展任务紧迫而艰巨，驾驭新时期电网的能力有待进一步提高。国家电网公司党组开展"爱心活动"、实施"平安工程"的决定，为解决××电网发展中存在的困难和问题，提供了全局的、根本的途径，其意义十分重大。

（略）

坚持建设安全、稳定、和谐、适应地方经济发展的××电网。××地处××西部，供电区域面积大，点多、线长、面广，很多电网设施处于恶劣的自然条件中，××电网存在管理难度大、抗自然灾害能力差、电力设施被盗严重等现实问题。此外，部分输电线路已运行××年以上，许多安全隐患尚未得到有效彻底的整改；××千伏电网结构薄弱，特别是接收破产矿电网比较突出，运行方式不灵活，市区部分城区供电卡口比较严重；农网中低压配电设施装置性违章较为普遍；基层单位安全生产的基础还不牢固，科学化、规范化、制度化、法制化管理方面有待改善，各级人员的安全意识、自我保护意识有待进一步提高。同时，××供电公司是个有着××年历史的老企业，职工众多，历史包袱比较重，一些深层次的矛盾和问题，随着电力改革的不断深入而逐渐凸显。

在生产系统开展"爱心活动"、实施"平安工程"启动大会上，全体生产职工表示，要开拓进取，通过开展"爱心活动"、实施"平安工程"活动创出××特色与品牌。要全力打造具有××公司特色的安全文化品牌。组织好"十个一"活动，通过网络、板报、宣传栏、竞赛、演讲、晚会等形式，宣传平安工程，营造平安氛围，培育平安理念，倡导"关爱企业、关爱他人、关爱家庭、关爱社会"的良好风尚，引导职工"从我做起，从身边做起，从小事做起"，要把"纠正一次违章、避免一次事故、化解一次矛盾"等细节作为奉献爱心的具体行动和经验成果。

××电网的发展和建设要结合××地方经济发展实际，坚持运用科学发展观，深入开展"爱心活动"，实施"平安工程"。

××电网要坚持3条原则。

（一）科学规划，改变电网发展方式，夯实安全基础。（略）

（二）科学调度，确保电网安全、稳定、经济地运行。（略）

（三）科技创新，增强××电网抵御各种自然灾害的能力。（略）

×××× 年 × 月 × 日

【思想教育类演讲词】

这类演讲词所涉及的内容一般是现实生活中比较突出的问题，具有浓郁的时代气息。撰写这类演讲词时，要把握时代精神，如实宣传现实生活中的新事、新思想、新风尚。以劝说、引导、警示人们为目的，演讲者要站在特定的立场上，列举大量翔实的材料，具体生动地阐明自己的观点，使听众受到感染，引起思想上的共鸣。

扫一扫

思想教育类演讲词
范例

9.4 » 欢迎词

欢迎词是在迎接宾客的仪式上或在会议开始时对宾客的到来表示欢迎的讲话文稿。热情洋溢的欢迎词可使宾客感到愉悦与温暖，能在宾主之间制造一种和谐融洽、相互尊重、亲切友好的气氛，还可使宾主之间在短时间内缩短距离、增进了解，便于日后的接触与合作。

9.4.1 欢迎词的特点

欢迎词具有欢愉性和口语性两个特点。

◆ **欢愉性：**欢迎词的内容应当使人愉快，用语应富有激情并表现出致词人的真诚，给来宾一种"宾至如归"的感觉，为活动的进行打好基础。

◆ **口语性：**欢迎词是在现场当面向来宾口头表达的，因此口语性是欢迎词的必然特点，在遣词用字上要运用生活化的语言，既简洁又亲切，以拉近主人和来宾的关系。

9.4.2 欢迎词的写作注意事项

写作欢迎词时，应注意以下4点。

（1）热情大方，礼貌尊重。整篇欢迎词都应体现尊敬、友好、亲切的态度。字里行间应流露出真诚、谦逊、热情与友善，让对方有温暖、愉快、轻松之感。

（2）措辞委婉，不卑不亢。既表示亲切友好，又不失尊严，不过分谦恭；既坚持原则，又不失礼貌，不盛气凌人；慎重措辞，不可信口开河。

（3）了解对方，不犯禁忌。事先了解对方的风俗习惯、宗教信仰等，以免触犯对方的禁忌、伤害双方的感情。

（4）语言明快，篇幅简短。欢迎词一定要通俗易懂、简短明快，否则就有可能冲淡欢迎仪式的欢快气氛。

9.4.3　欢迎词的写作格式

欢迎词一般由标题、称谓、正文和落款4个部分组成。

1．标题

欢迎词的标题通常有以下3种形式。

◆ 直接由文种构成，即只写"欢迎词"3个字。

◆ 由"致词场合＋文种"构成，如"在××会议开幕式上的欢迎词"。

◆ 由"致词人＋致词场合＋文种"构成，如"××在××会议开幕式上的欢迎词"。

2．称谓

欢迎词中称呼欢迎对象时要特别注重礼貌，称对方姓名要用全名，不得用简称、代称；名字前要加"尊敬的""亲爱的"等表示亲切的词语，名字后要加头衔、职务或"先生""女士""朋友"等称呼。

3．正文

欢迎词的正文主要包括开头、主体和结尾3个部分。

◆ **开头：**一般先概括说明宾客来访的背景，然后说明致词人以什么身份、代表谁向谁表示欢迎。

◆ **主体：**这是致词的中心内容。应写明对方来访的意义、作用，表达主人对客人的殷殷期盼之情。也可回顾双方的交往与友谊，或表示对来访者的期待与祝愿等。

◆ **结尾：**一般是祝愿来宾的此次来访取得圆满成功，并祝愿其访问期间过得愉快。也可再一次表示欢迎。

4．落款

欢迎词的落款要在正文右下方署上致词单位名称、致词人的身份和姓名，并署上成文日期。

9.4.4　欢迎词的范例

欢迎词

市目标考核组的各位领导、各位同志：

在新的一年刚刚到来、新的征程即将开启之际，你们不辞辛劳，莅临××指导检查工作，令我们倍感振奋，备受鼓舞。在此，我代表××班子和××人民，对你们的到来表示热烈的欢迎和衷心的感谢，并向你们致以春天的问候与新年的祝福！

××××年，在市委、市政府的领导下，在市级各部门的关心支持下，我们团结带领全县人民，紧紧围绕建设"工业经济强县、特色农业大县、商贸旅游旺县、民营经济新县、绿色生态靓县、财税收入富县"的奋斗目标和"工业立支柱，农业兴产业，三产上台阶，城市升形象，党建出成果"的发展思路，众志成城，攻坚克难，开拓进取，克服不利影响，开创了经济快速增长、社会大局稳定、人民安居乐业的良好局面，在工业化、农业产业化、重点建设、招商引资、民营经济、社会事业及党建工作各方面取得了一系列新的成就。在全市半年工作目标现场考评中，我县3项工作获一等奖，其余4项获二等奖。在年终全市招商引资暨重点工程建设总结会上，我县2项工作均获一等奖。经济社会实现了协调发展、良性互动的大好局面。

各位领导，各位同志，我们深知，××的每一点进步，都离不开你们的关心与帮助；××的每一份成绩，都离不开你们的理解与支持；你们今天的到来，更是对我们莫大的鞭策与鼓励。我们深信，在今后的工作中，有各位领导一如既往地关心我们，一如既往地关怀我们，××经济社会一定能实现新的跨越。

祝考核工作取得圆满成功！

祝各位领导新春吉祥、万事如意！

××县人民政府

××××年×月×日

点评： 这篇欢迎词包括3个部分。一是写欢迎的原因以及对上级领导表示热烈欢迎；二是写发文单位取得的具体成绩，以便领导进行考核；三是对上级领导的感谢并预祝其工作圆满成功。通观全文，言辞情真意切，友善礼貌，营造出了一种友好和谐的气氛。

9.5 » 答谢词

答谢词是指在特定的公共礼仪场合，来宾发表的对主人的热情接待和关照表示谢意的讲话。答谢词也是指来宾在举行必要的答谢活动中发表的感谢主人的盛情款待的讲话，一般适用于较为隆重宏大的社交场合，要求庄重严谨、真挚诚恳、言简意赅。

9.5.1 答谢词的特点与类型

1. 答谢词的特点

答谢词具有口语性和真诚性两个特点。

- ◆ **口语性：** 由于答谢词是宾客或其代表在会议上对主人热情的欢迎、款待或帮助表示感谢的答谢之词，所以具有口语性这一特点。

- ◆ **真诚性：** 答谢词是感谢对方的热情欢迎、周到服务、礼貌待客的话语，应当表现出真诚。

2. 答谢词的类型

根据不同的致谢缘由和致谢内容，答谢词可分为"谢遇型"答谢词和"谢恩型"答谢词。

- ◆ **"谢遇型"答谢词：** 用来答谢别人招待的致词，常用于宾主之间，既可用于欢迎仪式、会见仪式（与"欢迎词"对应），也可用于欢送仪式、告别仪式（与"欢送词"对应）。

- ◆ **"谢恩型"答谢词：** 即用来答谢别人帮助的致词，常用于捐赠仪式或某种送别仪式。

> **扩展阅读** **欢送词的写法**
>
> 欢送词是客人应邀参加了活动，主人为表达对客人的欢送之意，在一些会议或重大庆典活动、参观访问等结束时的讲话。内容或表示依依惜别之情，或表达照顾不周之意，或述说友谊长存之愿，或描述双方合作的乐观前景。建议扫描右侧二维码详细了解欢送词的写法。
>
> 扫一扫
>
> 欢送词的写法

9.5.2 答谢词的写作注意事项

写作答谢词时，应注意以下3点。

（1）感情要真挚、坦诚、热烈。答谢应该真挚、坦诚，只讲客套话会使人产生虚伪之感。虚情假意、言不由衷或矫揉造作，会引来对方的反感。

（2）措辞要得体、大方，注意分寸。在有些场合下，如涉及国与国之间的关系，必须表达自己的原则立场时，必须谨慎措辞，既要委婉含蓄地表达自己的立场，又要表示出友好的态度。

（3）篇幅要简短，语言要精练。内容要有概括性，篇幅不宜过长，切忌旁逸斜出。答谢词以"谢"为中心，一般不涉及具体的事务性内容。

9.5.3 答谢词的写作格式

答谢词由标题、称谓、正文和落款4个部分组成。

1．标题

答谢词的标题通常有以下3种形式。

◆ 直接由文种构成，即只写"答谢词"3个字。

◆ 由"致词场合＋文种"构成，如"××会答谢词"。

◆ 由"致词人＋致词场合＋文种"构成，如"××在××会议上的答谢词"。

2．称谓

答谢词中通常会写上出席答谢会的团体和个人的称呼，后面加冒号。称呼一般用泛称，可以根据与会者的身份来定，既可以是广泛的对象，也可以是具体对象。如"尊敬的×××主席""尊敬的×××朋友们"等。

3．正文

答谢词正文的侧重点应放在"谢"字上，一般由开头、主体和结尾3个部分组成。

◆ **开头：** 对主人的盛情款待或帮助表示感谢，对对方的优点予以肯定，并表达能有机会出席这一盛会的荣幸与激动，这是答谢词的写作重点。

◆ **主体：** 可以对对方的周到服务进行较详细的介绍，以示尊重。充分肯定双方共同取得的成果离不开对方的努力，还应提出希望与之进一步发展关系的强烈愿望，有时还要展望未来，表达进一步发展关系、深化合作的意愿。

◆ **结尾：** 再次用简短的语言强调对主人盛情款待、多方关照的感谢。

4. 落款

要在正文右下方署上致词单位名称、致词人的身份和姓名，并署上成文日期。

9.5.4 答谢词的范例

【"谢遇型"答谢词】

校庆宴会答谢词

尊敬的领导、来宾、亲爱的校友：

大家好！

在各级领导、各位校友、社会各界及兄弟学校的关心和支持下，××小学百年校庆庆典活动圆满落下帷幕。回顾校庆筹备以来的各项工作，回想庆典活动期间的热烈场景，我们倍感欣慰，心怀感激。在此，谨向长期关心和支持学校建设与发展的各级领导、各界人士、广大校友致以最诚挚的谢意！感谢你们，百忙之中不辞辛劳的光临；感谢你们，心系教育倾心倾力的参与；感谢你们，为××小学百年华诞平添无限喜庆；感谢你们，为全校师生带来无上荣光……

（略）

弦歌声稀，宾主情长。活动期间，群贤毕至，宾朋云集，学校的组织、服务工作难免有疏漏和不周之处，敬请谅解。我们衷心希望得到各级领导、社会各界、广大校友一如既往的关心与支持，并愿和你们一道，同发展，共辉煌，走向更加美好的明天！

祝各位领导、来宾、校友身体健康，家庭幸福，万事如意！

××小学校长　×××

××××年×月×日

【"谢恩型"答谢词】

答谢词

尊敬的××，省财政厅的各位领导，同志们：

在××人民团结一致，众志成城，奋力抗击××××年不遇特大旱灾的关键时刻，省财政厅各位领导和同志及时伸出援助之手，慷慨解囊，雪中送炭，为我们捐赠了××万元的抗旱物资。在此，我谨代表××市××班子和全市××人民，向省财政厅全体干部职工对××抗旱救灾工作的支持和帮助表示衷心的感谢！向省财政厅全体干部职工所表现出的高尚情操致以崇高的敬意！

×月×日，省财政厅积极响应省委"百厅包百县"的工作部署，派出以×××副厅长为组长的工作组前来指导我们开展抗旱工作。近1周来，工作组各位领导不讲条件、不讲代价、不辞辛苦，深入实地调查和听取汇报，全面了解和掌握我市抗旱浇麦和城乡人畜饮水情况，并分3组调研和督导我市城区供水、抗旱浇麦及人畜饮水工作，付出了辛勤的劳动和汗水，向我们提出了许多建设性的意见和建议，为我们战胜困难增强了信心、增添了动力。特别是今天，省财政厅全体干部职工充分发扬扶危济困的人道主义精神，为我们送来了抗旱物资，是对我们做好抗旱工作的极大支持和鞭策。（略）

　　最后，再次向省财政厅各位领导和同志表示衷心的感谢！并衷心祝愿大家工作顺利、身体健康、万事如意！

　　谢谢大家。

××市×××小组　×××

××××年×月×日

　　点评： 两篇答谢词在结构上比较相似，首先表示感谢之情，然后叙述了表示感谢的具体原因和事件，最后再一次表达感谢。但二者在感情和用语上有明显的不同，前一篇情感真挚，用语活泼，富有感染力，后一篇则更为严肃谨慎，二者均符合对应情形下的情感表达。

扩展阅读 **祝词**

　　祝词是指在吉庆佳节、迎送宴会以及各种集会庆典场合，主客各方发表祝贺的文体，一般是在婚嫁乔迁、升学参军、房屋落成等各种喜事中使用。可扫描右侧二维码详细了解。

扫一扫

祝词

第10章

计划公文范例与解析

对于机关单位、企事业单位和其他组织而言，不可避免地会有大大小小的事务或活动，会涉及安排、规划、计划、总结、调查报告、实施方案等文件的写作和编排，如会议安排、日程规划、工作计划、业绩总结、市场调查报告等。

由于这些文件对各种组织的良好发展起着各自的作用，因此如何对其进行编排和写作，便显得非常重要了。特别是其中一些篇幅较长的文件，如规划、计划、总结、调查报告等，其写作难度更大。

本章将重点介绍这些文件的写作方法，通过学习可以轻松掌握它们的编排和写作方法，为机关单位、企事业单位和其他组织提供专业的计划类公文资料。

10.1 » 安排

安排是短期内要做的，范围不大、内容单一，且布置具体的一类计划。换句话说，对某一时期的工作或活动有条理地做出规划、布置，或就其主要内容、形式、方法等提出切实可行的方案时，往往会用安排这一文种。

10.1.1 安排的特点与类型

1. 安排的特点

安排具有以下4个特点。

◆ **内容单一：** 安排中的事项一般比较单一，往往局限于某一项活动、工作内容。有的安排虽然同时针对几项不同的事情，但基本都是围绕同一工作中心进行的，而且对所安排事项内容的表达，大多数是单一的。

◆ **措施具体：** 安排的措施比较具体，更为切合实际，实施过程中一般变动较小。

◆ **时间较短：** 安排的时间要求比较短，有的为"日"安排，有的为"周"安排，有的为"月"安排。

◆ **简明扼要：** 安排的内容应简明扼要，把所要安排的工作列清，把要求、措施讲明。

> 🧑 **专家点拨**
>
> 　　行业中一般有"长计划、短安排"的说法，这也再次说明安排往往适用于近期工作。但是，如果计划缺乏完整的内容，只是对同项工作做出简单安排，则这类长期工作也可用安排来行文。另外，如果计划没有经过详细论证研究，没有经过一定程序的讨论通过，则也可以用安排来行文。

2. 安排的类型

安排的类型有很多，例如学习安排、生产活动安排、会议日程安排等不同内容的安排；也有部门制定的安排、单位制定的安排、班组制定的安排等在不同范围使用的安排；也有日安排、周安排、月安排等不同时期的安排。但就其表现形式而言，安排只有两种常见的类型，即条款式安排和表格式安排。

◆ **条款式安排：** 这类安排的篇幅相对较长，需要逐条逐款地交代清楚具体的措施和要求，便于受文对象了解和执行。

◆ **表格式安排：** 这类安排的内容较少，通过表格编排的方式不仅可以使内容清晰，也便于对比查看，简单明了。

10.1.2 安排的写作注意事项

写作安排时，应当注意以下4点。

（1）注意要和计划这类文种区分开，不能混用。可以从适用时限长短、详细周密程序、事项内容繁简程度来考虑，以免错用文种。

（2）安排的写作要开宗明义，不要大谈其意义，应直截了当地进入正文，交代措施和要求。

（3）安排事项要重点突出，文字要简练，条理要清楚，语气要肯定。

（4）安排措施要具体、要切合实际，切忌泛泛而谈。

10.1.3 安排的写作格式

安排一般只由标题和正文组成。

◆ **标题：**一般由"××事项＋文种"构成，如"中共××市委关于深入学习××文件的安排"。

◆ **正文：**正文首先用极其简要的语言介绍安排的目的、依据，常以"为了""根据"等词语起领，然后依次说明安排的事项和具体的要求、措施。

扩展阅读 **安排写法探究**

安排是计划中最为具体的一种格式，由于其工作比较确切、单一，不做具体安排就不能达到目的，所以其内容要写得较详细，这样容易使人把握。扫描右侧二维码可详细了解安排的写法要点。

扫一扫

安排写法探究

10.1.4 安排的范例

【条款式安排】

机关党委关于2017年政治理论学习的安排

机关党委所属各党支部：

2017年是党的十九大召开之年，也是学校推进"双一流"建设，实施"十三五"规划的重要一年。根据学校党委有关要求，结合机关实际，现对2017年机关政治理论学习作如下安排。

一、指导思想（略）

二、学习要求（略）

三、学习内容

1．习近平总书记系列重要讲话精神和党中央治国理政新理念新思想新战略学习专题（略）

2．"四个全面"战略布局学习专题（略）

3．党的十九大精神学习专题（略）

4．全国高校思想政治工作会议精神学习专题（略）

机关党委将根据学校党委的要求，对机关政治理论学习内容随时作相应的补充调整。

2017年×月×日

【表格式安排】

××单位2020年放假安排

根据国务院规定，现将我单位2020年元旦、春节、清明节、劳动节、端午节、中秋节和国庆节放假调休日期安排如下。

节日	放假时间	调休上班日期	放假天数
元旦	1月1日		共1天
春节	1月24日—30日	1月19日（星期日）、2月1日（星期六）上班	共7天
清明节	4月4日—6日		共3天
劳动节	5月1日—5日	4月26日（星期日）、5月9日（星期六）上班	共5天
端午节	6月25日—27日	6月28日（星期日）上班	共3天
中秋节、国庆节	10月1日—8日	9月27日（星期日）、10月10日（星期六）上班	共8天

10.2 » 规划

规划是对未来整体性、长期性、基本性问题的思考、考量和整套行动方案的谋划设计，是实现总体目标的行动计划，它时间跨度长、范围广、内容概括性强。一般来说，规划是目标确定以后的继续，总体目标只有通过具体的规划来加以实现，才能最终达到预期的效果。因此规划的职能就是决定最终的结果，以及实现目标的适当手段和全部管理活动。

10.2.1 规划的特点与类型

1．规划的特点

规划的特点主要表现在以下4个方面。

◆ **时间跨度大：**一般的工作计划基本以年为计，规划的时间跨度则更大，一般为5~10年，中期规划至少也有3年的时间跨度。

◆ **内容概括性强：**规划的目标任务、措施要求等要比一般计划中的概括性强，不像计划那样具体，更不可能落实到基层。规划提出的措施也更具有原则性。

◆ **有前瞻性和预见性：**规划安排的任务和措施都在若干年以上，因此必须提高调查研究、科学预测和决策的质量。没有高瞻远瞩的目光，没有深谋远虑、洞察未来的能力，规划的内容就会脱离实际，就失去了指导工作的价值。

◆ **可以配合使用：**规划是一种纲领性文件，不仅时间跨度大而且范围广，应当有与之配套的年度计划和专项规划来实现综合管理，才能充分发挥作用。

2．规划的类型

规划有其不同的内容、不同的层级。尽管形式多样，但按照不同的主体、性质、内容、作用、载体、层级和期限等标准，规划也可划分为不同的类型。

（1）规划主体不同。

以制定规划主体的不同为标准，规划可以分为总体规划和部门规划。

◆ **总体规划：**由政府主导编制并实施的规划，属于政府履职范围内的规划。这些规划普遍具有战略性、纲领性和综合性这些特点，也是编制本级和下级专项规划、区域规划以及制定有关政策和年度计划的依据。

- ◆ **部门规划：**由政府各部门或社会团体主导编制并实施的规划，属于部门职责范围内的规划，包括行业发展规划、企业发展规划等。

（2）规划性质不同。

以规划性质的不同为标准，规划可以分为经济社会发展规划和城乡建设规划。

- ◆ **经济社会发展规划：**侧重于思路理念、目标措施的制定，既包括经济领域行业发展规划、区域发展规划、产业布局规划、产业调整规划、功能区域规划和重点项目建设规划等，又包括教育、文化、卫生等事业发展规划，以及社会保障和社会管理规划等特定范围的规划。
- ◆ **城乡建设规划：**强调点线面的结合与落地，主要包括城乡建设总体规划、土地利用规划、城市环境建设规划、城市景观规划和城市生态绿化规划等。

（3）规划内容不同。

以规划内容的不同为标准，规划可以分为综合规划和专项规划。

- ◆ **综合规划：**指政府为了实现某种目标，对具有全局性的规划对象在未来一个时期内发展变化状况的展望、谋划和重大部署。如国民经济和社会发展规划、城市建设总体规划、主体功能区规划和土地利用规划等。
- ◆ **专项规划：**指以国民经济和社会发展的某一特定领域为对象编制的规划，是总体规划在特定领域的细化，也是政府指导该领域发展以及审批、批准重大项目，安排政府投资和制定该领域相关政策的依据。包括各部门规划、行业规划、重点项目建设规划和一些特定性质的规划。

（4）规划作用不同。

以规划作用的不同为标准，规划可以分为指导性规划和政府组织落实规划。

- ◆ **指导性规划：**编制这类规划的目的主要是通过对发展环境、市场需求、发展态势的分析预测和展望，阐明政府意图，引导资源配置方向，供市场主体决策参考，起到间接影响企业决策的作用。大多数竞争性产业的规划均属于此类规划，制定的主体不一定是政府，一些行业协会也可以编制这类规划。
- ◆ **政府组织落实规划：**编制这类规划的目的是在特定行业或领域，明确政府的责任和义务，统筹重大建设项目及其布局、资金来源等。其作用既是约束企业，也是约束政府自身行为。在公益事业、基础设施、高技术以及关系全局的关键环节和薄弱领域应编制此类规划。

（5）规划载体不同。

以规划载体的不同为标准，规划可以分为工业园区规划、产业集群规划、特色产业带规划等。

（6）规划层级不同。

以规划层级的不同为标准，规划可以分为国家层面的规划，省、自治区、直辖市一级的规划和市县级的规划。

（7）规划期限不同。

以规划期限的不同为标准，规划可以分为长期规划、中期规划。10年以上的规划为长期规划，如城市总体规划、土地利用规划、主体功能区规划等。3～10年的规划，一般称为中期规划或中长期规划，如国民经济和社会发展规划。

扩展阅读 **浅谈规划的职能、制定与实施**

　　大至国家，小至一个部门，领导者必须抓好制定规划的工作。规划做得好坏，体现了一个领导者水平的高低，也是上级主管部门对其进行工作考核的一项重要内容。扫描右侧二维码可进一步了解。

10.2.2 规划的写作注意事项

　　写作规划时要注意以下3点。

　　（1）尊重科学，实事求是。制定规划，要以大量的、宏观的、综合的、预测的信息为依据，严格按照自然规律和经济规律办事，既要有大胆开拓、勇于进取的革命精神，又要有实事求是、量力而行的科学态度。

　　（2）着眼全局，趋利避害。当今社会，科学技术和生产力的飞跃发展，要求规划的制定者熟练地掌握科学理论和预测方法。在论证长远目标的可行性时，要面向未来，既能全面把握大局，又能兼顾各个部分；既要扬长避短，又要趋利避害，充分发挥整体的优势。

　　（3）集思广益，力求最佳。要不断地提高分析、提炼材料的能力，善于从纷繁复杂的事物中发现规律、总结规律，不断提高归纳概括的能力，并善于运用图表来说明问题。拟订规划草稿时，要集思广益、群策群力，广泛地邀请专家、学者进行比较鉴别，反复论证，力求使规划的内容最大限度地满足广大人民群众的根本利益。

10.2.3 规划的写作格式

　　规划由标题和正文组成。

　　1．标题

　　规划的标题由规划制定单位、规划内容、规划时限和文种组成，如"××省疾病防治工作十年规划（2020年—2030年）"。视情况需要，标题有时也可以省略文种以外的某个要素，但在任何情况下都不能省略文种。

　　2．正文

　　规划的正文一般比较长，因此要求目录、大标题、小标题必须突出、鲜明。正文中应当写明以下内容。

　　◆ **前言：** 主要说明和交代制定规划的依据及基础，即社会条件、自然资源、经济基础和工作情况等背景材料。如无必要，可以省略。

✍ **写作技巧**

　　写作规划的前言时要注意：（1）对现状态势的分析，要侧重于现处方位、发展演化过程、特点和性质的描述，以明确制定规划的前提；（2）对未来环境的预测，描述未来可能面临的自然、社会、经济、政治、法律和技术环境等情况，使人对未来的发展有一个大致的了解；（3）对制定规划时所需要的基本背景信息的假设，要力求周全、客观。

- ◆ **指导思想：** 在前言的基础上，简要阐述今后工作中应该遵循的总纲和原则。文字表述既要简短、概括、明确，又要显得坚定有力，起到鼓舞人心的作用。

- ◆ **奋斗目标：** 这是规划的主体和核心。首先需要确立总体战略目标，然后将实现总体战略目标的过程分解为几个小的阶段，对每个小阶段又分别制定相应的、较小的战略目标，由近而远，循序渐进地推进，即提出每项工作的具体指标、时限和要求。叙述时应全面展开，力求明确具体、条理清晰。

- ◆ **主要措施：** 紧紧围绕规划目标，有的放矢地提出实施的具体步骤和方法，尤其要落实分工责任制。另外，落实规划必须任务明确、责任明晰、奖惩分明，这些也应当在该部分清楚说明。

- ◆ **结尾：** 可以用展望未来、发出号召来收尾，也可以自然结束，无须专门结尾。

10.2.4 规划的范例

【综合规划】

××新区综合发展总体规划（2013年—2020年）

目　录（略）

前　言

设立××新区是××市委市政府在新形势下做出的重大战略决策。站在新的历史起点，××新区肩负建设"加快转型升级的典范区""特区一体化的示范区""现代化国际化中轴新城"的新的历史使命，必须以前瞻的思维、战略的高度谋划未来，以更高水平、更高标准的规划引领新区跨越式发展，以新体制开创新局面，为全市实现有质量的稳定增长、可持续的全面发展提供示范和创造经验。

（略）

第一章　发展条件

一、发展基础

××新区地处××市中北部，南接××中心区，西连××、××、××，东邻××，北与××市交界，总面积××平方公里，下辖××、××、××、××4个办事处。新区地理位置优越，产业基础雄厚，生态环境良好，人文底蕴厚重，是××走廊的重要组成部分，全市乃至××重要的产业集聚基地，××地区高铁主枢纽，在××地区转型发展大局中具有重要的战略地位。

（一）经济建设

××新区作为××重要的电子信息产业和优势传统产业的集聚基地，产业基础扎实，工业化程度较高。2012年，××新区地区生产总值××亿元人民币，占全市的××%，位居全市××个区（包括新区）第六；规模以上工业总产值××亿元人民币，占全市的××%，出口总额××亿美元，占全市的××%，工业和出口在全市××区中均列第二。全球最大的电子信息制造企业××集团位于辖区内，通信设备、计算机及其他电子设备制造业产值占全部规模以上工业总产值的××%。高端汽车、装备制造等先进制造业发展态势良好，××汽车有限公司落户新区；战略性新兴产业发展势头强劲，××药业和××制药等现代医药、××创意产业园等项目顺利推进，全球最大的××高尔夫球会蓬勃发展；商贸流通业发展态势良好，优势传统产业稳步发展。

（二）社会发展（略）

第二章～第十章（略）

第十一章 实施保障

一、锐意改革创新

（一）深化经济领域改革（略）

（二）深化社会领域改革（略）

（三）深化城市建设和管理领域改革（略）

（四）深化行政领域改革（略）

二、配套政策支撑

（一）实施重点项目分类推进（略）

（二）加大公共财政投入保障（略）

（三）试点土地管理制度改革（略）

（四）制定产业发展支持政策（略）

三、强化组织实施

（一）建立规划实施协调机制（略）

（二）建立完善规划推进机制（略）

（三）建立重大问题协商机制（略）

（四）建立规划督促检查机制（略）

点评： 这篇综合规划内容非常详尽，篇幅很长，针对新区建设做了全方位的总体规划。由于内容较多，因此需要设置目录，以方便受众阅读。规划的前言简述了设立新区的决定、历史背景和要求，并说明了规划的形成原因、前提条件和规划的基本情况。正文从多个方面全面且系统地叙述了对新区建设的各种规划。整个写作结构对于这类大型规划而言是值得学习和借鉴的。

10.3 » 计划

计划是单位、部门或个人针对未来一定时期内要完成的工作、生产、经营和学习等任务拟定目标、内容、步骤、措施和完成期限等的一种应用文体。制订计划是一种科学的工作方法，它用以指导人们按既定的方向和目标努力，可以增强自觉性，减少盲目性。

10.3.1 计划的特点与类型

1. 计划的特点

计划规定了完成任务的具体目标、要求、时间进度等内容，这有利于实行标准化、正规化管理，有利于督促、检查与指导工作，也有利于考核评比、总结提高。它具有科学性、预见性、可行性、可变性等特点。

◆ **科学性：** 计划所提出的目标、措施、方法、步骤等应当符合事物发展的规律，要尊重科学，按辩证法办事。还要注意与上级组织和下级单位的衔接，与前后计划、上下工序的吻合，与协作单位的协调合作。

◆ **预见性：** 计划是针对事物发展主导趋势的大致情况做出的推断，也是针对未来事业设计的蓝图。计划的制订者应具有远见卓识，善于思前想后，周密运筹，充分预测未来可能出现的情况、问题及偏差，主动提出预防性的措施，甚至可以制订预案。

◆ **可行性：** 制订计划必须坚持实事求是的原则，善于将上级的方针、政策、计划和本单位、本人的具体情况相结合，从实际出发提出切实的指标、严密的步骤、正确的方法、得力的措施，做到先进可靠、切实可行，切忌急躁冒进的情绪和急功近利的妄想，也要防止僵化保守、无所作为的消极因素。

◆ **可变性：** 计划一经批准就要坚持贯彻执行，但如果在执行中发现原计划的某些内容与实际情况不符，或客观情况发生了变化，则应及时调整、修改、补充，甚至放弃原计划，重新制订计划。

2．计划的类型

计划的种类很多，可以按不同的标准进行分类。最常见的分类标准主要包括重要程度、时期长短、内容的明确与否等。

◆ **按重要程度分类：** 从计划的重要程度来看，计划可分为战略计划和作业计划。其中，应用于整体组织的，为组织设立总体目标和寻求组织在环境中地位的计划，称为战略计划；规定总体目标如何实现的细节计划，称为作业计划。

专家点拨

战略计划的一个重要任务就是设立目标，而作业计划则是假定目标已经存在，只是提供实现目标的方法。另外，战略计划趋向于包含较长的时间间隔，通常为5年甚至更长，且覆盖领域更宽。

◆ **按时期长短分类：** 按时期长短的不同，计划可分为长期计划、中期计划和短期计划。长期计划描述了组织在较长时期（通常是5年以上）的发展方向和方针，规定了组织的各个部门在较长时期内从事某种活动应达到的目标和要求，绘制了组织长期发展的蓝图；短期计划具体地规定了组织的各个部门从目前到未来的各个较短的时期阶段，特别是最近的时段中，应该从事何种活动、从事该种活动应达到何种要求，从而为各组织成员在近期内的行动提供依据；中期计划介于长期计划和短期计划之间，其蓝图效应比长期计划弱，紧急程度比短期计划低，主要针对切实可行但时期并不算短的事务活动。

◆ **按内容的明确与否分类：** 根据计划内容的明确与否，计划可分为具体性计划和指导性计划。具体性计划具有明确规定的目标，不能模棱两可；指导性计划只规定某些一般的方针和行动原则，给予行动者较大的自由，它指出重点，但不把行动者限定在具体的目标或特定的行动方案上。相对于指导性计划而言，具体性计划虽然更易于执行、考核及控制，但缺少灵活性，它要求的明确性和可预见性条件往往很难满足。

10.3.2 计划、规划、安排的区别

计划、规划与安排同属于计划性文体，它们之间主要有以下区别。

◆ **范围大小不同：** 规划是从宏观的角度，全面地展望前景，是对全国或某一地区、某项事业或较大工作的原则的谋划；规划的规模宏大，涉及面广，概括性强。计划是对工作、生产、经营和学习提出的具体打算；计划的规模比规划小，涉及面没有规划广，综合概括的程度比规划低。安排是从微观的角度，就某件具体事情提出任务和要求，做出具体的部署。

◆ **时期长短不同：** 规划是比较长远的发展计划，时间可以是3年、5年，甚至是10年、20年。计划比规划的时效性强，期限短，限期完成某一任务。安排的时间比计划的时间更短，是对短时间内的某项工作提出的要求和任务。

◆ **内容的具体程度不同：** 规划的内容庞杂概括，往往是对某项事业、某一任务、某个工程原则性地展示出发展蓝图；规划不做具体安排，主要是定目标、定规模、定前景，富有理想性和感召力。从内容上看，计划比规划要单一、具体，有较强的约束性，主要是定任务、定指标、定时间。安排的内容比计划的内容更单纯、详细，主要是制定某项任务的具体实施方法、步骤、措施，具有较强的可操作性。

10.3.3 计划的写作注意事项

写作计划时，应注意以下5点。

（1）在制订计划之前，必须认真学习党的方针政策，领会其精神实质，明确任务，牢牢把握住一段时期的工作重心，并将它具体落实到本单位、本部门。

（2）制订的计划要符合客观的需要，实事求是，量力而行，既要创新开拓，又要求真务实，努力把计划建立在切实可行的基础上。

（3）制订计划要虚心听取群众的意见，充分体现群众的意志，以调动群众执行计划的自觉性与积极性。

（4）制订计划，从目标的提出到时限的规定以及完成任务的步骤、措施、方法等，都要写得明确具体，做到"定事、定人、定时、定量、定质"，以便落实与执行，也为日后的检查与督促提供了方便。

（5）计划要突出工作重心，反映当前工作中需要解决的主要问题。各项工作既不能"等量齐观"，也不能只抓一点而忽视其他。必须在确保重点工作的同时，兼顾一般性工作。

10.3.4 计划的写作格式

计划没有固定的格式，但一个完整的计划通常包括标题、正文、结束语和落款这4个最基础的要素。

1．标题

计划的标题一般由制订计划的单位名称、计划时限、计划性质和"计划"二字组成，如"××省成人自考办××××年招生工作计划"。有时可以省略制订计划的单位，如"关于进行公务员考

核的计划"。如果计划还不成熟，需要试行一个阶段以后再进行修改，或者还未经过法定的会议讨论通过，则要在标题后面注上"征求意见稿""草案""供讨论用"等字样，如"××市工商局××××年工作计划（讨论稿）"。

2．正文

计划的正文应包括以下内容。

◆ **前言：**阐明制订计划的指导思想、依据和目的，有时还需要简要分析基本情况，说明制订计划的缘由。如无必要，也可以不写这部分，直接写计划事项。

◆ **主体：**这部分应明确具体的任务、指标及要求，提出具体的工作步骤、方法、措施及必要的注意事项等。主体部分内容要写得周密详尽、具体明白。语言应力求简洁通俗、条理清晰。具体应包括以下内容。

（1）任务、指标和要求。计划应写明总任务和应达到的指标，下面还可以有分任务，分别达到的具体指标，即解决"做什么"的问题。这部分内容既可以分条分项写，也可以列成表格，或将部分内容列成表格，作为附件处理。

（2）步骤与措施。步骤是工作程序和时间安排及要求。每项任务在完成过程中都有阶段性，要体现轻重缓急和时间顺序。措施主要是指实现计划目标过程中可能出现的问题的防护措施以及人力、财力、物力和思想政治工作等各项保证措施，即解决"怎样做"的问题。在这一部分内容中，也可提供方法，写明奖惩情况，以确保计划的实施。为了简洁明了，一般都分条分项写。

（3）完成时间。每个环节都要有明确的时间要求，顺序要合理，各环节要相互衔接，要环环相扣、切实可行，即解决"何时做"的问题。

（4）有关事项。包括应注意的问题，实施计划的措施，以及检查、评比、修改计划的办法等。

扩展阅读 **如何写好计划的主体**

计划的内容可以简要地概括为8个方面：计划的目的、内容；计划的相关人员；计划的实施场所；计划实施的时间范围；计划的缘由、前景；计划的方法和运转实施；计划的预算；预测计划实施的结果、效果等。扫描右侧二维码，可详细了解计划主体的写法。

扫一扫

如何写好计划的主体

3．结束语

这是计划的辅助、补充部分，可以写一些不宜在计划正文中写的内容，如计划的制订过程和修改时何人提出了好的意见等；可以强调工作中的重点和主要环节、分析实施过程中可能产生的问题、展望计划实施的前景等；还可以发出号召，激励大家为实现计划而努力。

4．落款

在计划正文的右下方写明制订计划的单位名称或个人姓名，然后换行写上成文日期。若单位名称已在标题里出现或已署于标题正下方，则此处可以省略不写。

10.3.5 计划的范例

××政府工作计划

××××年是全面深化改革的关键之年，是全面推进依法治县的开局之年，也是全面完成××规划的收官之年，做好今年的工作意义重大。今年政府工作的总体要求是：全面贯彻落实党的十八大，十八届三中、四中全会，中央经济工作会议精神，按照省委、市委、县委全会的工作部署，坚持稳中求进、好中求快、改革创新、率先跨越，主动适应经济发展新常态，深入实施《××县发展建设规划》，以更大力度调结构、稳增长，以更大决心抓改革、增活力，以更大气魄推创新、促转型，以更高标准强法治、促和谐，以更实举措保底线、惠民生，努力推动经济持续、平稳、健康发展，确保圆满完成××规划目标任务，开创尽快进入××第二梯队的新局面。

（略）

为实现上述目标，今年重点要抓好以下8项工作。

一、全力以赴稳增长，加快进入××第二梯队

全方位激发消费需求。推进×××、×××、×××小商品批发城等商贸项目建设，加快××仓储、××物流园、××工业仓储等物流项目建设。积极组团参加××产品××展览会、××展销会等活动。大力实施旅游、住房、文化等领域消费工程，深入推进"万村千乡""农超对接"市场工程，积极培育消费新增长点。

（略）

二、全力以赴抓创新驱动发展，推动产业转型升级

建设一批高科技项目。紧扣"增资扩产、智能化改造、设备更新"3个重点，积极引导企业进行技术改造。抓实抓好××等企业增资扩产，加快推进××精密刀具、××机器人、××孵化器等项目建设，大力培育创新型企业。

（略）

三、全力以赴抓改革攻坚，进一步增强经济发展活力和动力（略）

四、全力以赴抓三大主体功能区建设，进一步优化发展格局（略）

五、全力以赴抓"三农"工作，加快建设现代农业强县（略）

六、全力以赴抓生态文明建设，进一步展现美丽××新风貌（略）

七、全力以赴抓社会各项事业的发展，促进社会和谐稳定（略）

八、全力以赴抓好10件民生实事，进一步扩大惠民成果（略）

进一步健全民主法治。全面落实县委决策部署和县人大决议决定，定期向县人大及其常委会报告工作、向县政协通报工作，自觉接受县人大及其常委会的依法监督和县政协的民主监督，广泛听取各民主党派、工青妇、工商联、无党派人士和人民团体的意见和建议，认真抓好议案、提案、建议的办理工作。大力推进法治先进县创建活动。加强法律宣传教育，完成××普法任务。

（略）

加快建设服务型、高效型政府。自觉践行群众路线，不断巩固提升群众路线教育实践活动成果。深入开展网络问政、"行风热线"等活动，定期开展大调研、大接访、大下访，建立健全

密切联系群众的常态化机制。加强县社会服务中心、各镇便民服务中心、各村便民服务站建设，构建更加完善的"为民服务网"。牢固树立"效率就是生命"的意识，进一步压减政府会议，把时间和精力集中到抓落实上，形成"求实务实抓落实"的工作作风；进一步简化政府职能部门办事环节、办事流程，提高行政效率。

××县政府办

××××年×月×日

点评：这篇工作计划比较典型，主要包括两部分内容。第一是计划的目标和要求，即贯彻××精神，确保圆满完成××规划目标任务，开创尽快进入××第二梯队的新局面，目标明确、具体；第二是完成目标的措施，分别提出了8项需要重点抓好的工作，将大的目标进行了细化和分解，使目标得到了真正的落实。

10.4 » 总结

总结是事后对某一阶段的工作或某项工作的完成情况，包括取得的成绩、存在的问题及得到的经验和教训加以回顾与分析，为今后的工作提供帮助和借鉴的一种书面材料。它可以通过对一定时期内的工作加以总结、分析和研究，肯定成绩，找出问题，得出经验教训，摸索事物的发展规律，最终用于指导下一阶段的工作。

10.4.1 总结的特点与类型

1. 总结的特点

总结具有自身性、指导性、理论性和客观性等特点。

- **自身性：**总结以第一人称叙述，从自身出发，是对单位或个人实践活动的反映，其内容来自自身的实践，其结论也是为了指导今后自身的工作和学习实践。

- **指导性：**总结以回顾思考的方式对自身以往的实践进行理性认识，找出事物的本质和发展规律，得出经验，避免失误，以指导未来的工作。

- **理论性：**总结是理论的升华，是对前一阶段工作的经验、教训的分析研究，借此上升到理论的高度，并从中提炼出规律性的东西，从而能以正确的认识来把握客观事物，更好地指导今后的实践工作。

- **客观性：**总结是对实践工作再认识的过程，是对前一阶段工作的回顾。总结的内容必须完全忠于自身的客观实践，其材料必须以客观事实为依据，不允许东拼西凑，要真实、客观地分析情况、总结经验。

2. 总结的类型

按内容和范围的不同，总结可分为综合性总结与专题性总结两种类型。

- **综合性总结：**指的是对某一单位、某一部门的工作进行全面性总结，既要反映工作的概况、取得的成绩、存在的问题，也要写出经验教训和今后如何改进的意见等。

◆ **专题性总结：** 指的是围绕工作中的某一方面或某一问题进行的专门性总结。

10.4.2　总结的写作注意事项

写作总结时应注意以下5点。

（1）总结应以正确的观点为指导，要以党的路线方针政策为依据来检查分析实践活动，最终得出正确的、科学的结论。

（2）总结不能仅仅是材料的罗列，也不能只是空洞的议论，而应当以恰当的观点统率材料，并用材料说明观点。

（3）总结要坚持实事求是的原则，不可夸大或隐瞒事实。

（4）总结应当有自己的适当见解，方能显示出单位或个人的特点。

（5）总结的语言应当简明、准确，而且一定要从第一人称的角度出发，即从本单位或本人的角度来撰写。

10.4.3　总结的写作格式

总结主要由标题、正文和落款3个部分组成。

1．标题

总结的标题有许多形式，具体如下。

（1）由"单位名称＋时间＋内容＋文种"构成，如"××村××××年秋收竞赛总结"。

（2）由"时间＋内容＋文种"或"内容＋文种"构成，如"××××年教学工作总结""创先争优活动总结"等。

（3）有的总结的标题只是对内容的概括，并不标明"总结"字样，如"一年来的谈判及前途"。

（4）有的总结采用双标题，正标题点明文章的主旨或重心，副标题具体说明文章的内容和文种，如"构建农民进入市场的新机制——××区发展农村经济的实践与总结"。

2．正文

总结的正文主要包括开头、主体、结尾3个部分。

◆ **开头：** 主要用来概述基本情况，有需要时可以专列出前言部分。开头包括单位名称、工作性质、主要任务、时代背景、指导思想，以及总结的目的、主要内容提示等。总结的开头要简明扼要，文字不宜过多。

◆ **主体：** 主要内容包括成绩和做法、经验和教训、今后的打算等。这部分篇幅长、内容多，要特别注意层次分明、条理清晰。

◆ **结尾：** 一般应在总结经验教训的基础上，提出今后的方向、任务和措施，表明决心、展望前景，篇幅不应过长。有的总结也可以省略结尾。

3．落款

总结的落款包括署名和成文日期两项内容，按其他公文的写法顺次书写即可。如果标题中已有署名，则此处可以省略。

扫一扫

扩展阅读	**总结的常见写作模式**

　　常见的总结模式包括总分式、串联式、条文式、表格式等几种。不同模式有不同模式的写作特点，如总分式主要是先对工作进行概述，然后分条写出工作过程，一般可以按时间顺序书写。若要详细了解总结的常见写作模式，请扫描右侧二维码。

总结的常见写作模式

10.4.4　总结的范例

【综合性总结】

　　综合性总结的内容要求全面，但并非面面俱到，而是要突出主要工作和重要经验。写作时，往往选择成绩最显著、经验最突出或对全局最重要的几个方面进行总结，从而说明工作的整体情况。

××××年单位工作总结

　　××××年区××局在区委、区政府的领导下，围绕"科学发展、促进社会和谐"这个主题，以"保增长保民生保稳定"为目标，积极开展机关效能建设活动，认真做好××工作，完成上级部门布置的工作和区下达的目标任务。

　　一、圆满完成机关事业单位××××年度（绩效）考核工作。在区考核领导小组的领导下，完成××××年度年终（绩效）考核和评奖工作。根据市委组织部、市人事局《关于印发〈××市公务员年度（绩效）考核实施细则（试行）〉的通知》要求和××××年度考核工作安排，结合我区实际，制定《××区公务员年度（绩效）考核实施方案》，组织全区实施年度考核工作。全区年度考核分类分级进行，实行立体考核，机关公务员与事业单位工作人员分类考核，乡街、部门正职与副科以下工作人员分级考核。考核期间派人参加乡、街负责人述职测评，掌握基层单位考核情况。（略）

　　二、规范公务员管理，加强公务员队伍建设。（略）

　　三、实施事业单位岗位设置和义务教育学校绩效工资工作。（略）

　　四、以服务为宗旨，做好工资管理日常服务工作。（略）

　　五、以人为本，做好人事人才及年报统计工作。（略）

　　六、下一步工作安排。（略）

××单位
××××年×月×日

　　点评：这是一篇某单位的工作总结，开头部分写得简单明了，没有过多的铺陈，直截了当地说明了问题，有利于后面对主体部分的理解。主体部分归纳得当，将完成的各项工作罗列出来，详略得体，安排自然。

　　有些单位的总结，特别是某一职能部门的总结，在通常情况下往往是把具体的事例融入其中，进行归类和分析，理论性的东西相对较少，而具体罗列的事项较多。这时就需要根据工作的职能分工和活动性质进行有机结合，采用有主有次的安排，使整篇总结的表达能够围绕一个明确的主题来展开。

【专题性总结】

专题性总结往往偏重于总结某一方面的成绩、经验，其他方面可少写或不写。这类总结一般按"提出问题、分析问题、解决问题"这一思路构思。

"三严三实"专题教育总结

"三严三实"专题教育作为党的群众路线教育实践活动的延展深化，作为持续深入推进党的思想政治建设和作风建设的重要举措，作为严肃党内政治生活、严明党的政治纪律和政治规矩的重要抓手，要融入领导干部经常性学习教育和实际工作中，不分批次、不划阶段、不设环节，不是一次活动。从×月底开始，在机关处级以上领导干部和直属事企业单位中层以上管理人员中开展。

根据学校《关于开展"三严三实"专题教育实施方案》的通知精神，我中心自开展"三严三实"集中学习教育月以来，结合工作实际，认真安排、贯彻要求，组织开展了一系列集中学习教育活动。现在将"三严三实"学习总结如下。

一、传达通知要求、精心组织，制定实施方案

×月×日，我中心召开党总支委员以及支部书记、支部委员会议，认真传达通知要求，讨论制订学习计划和实施细则。学习方式：采取个人自学、集体学习和专题研讨相结合的方式。之后由中心总支书记带领大家学习《"三严三实"要求》和《为政莫忘"三严三实"》等相关文件。

二、认真学习，深刻领会精神实质

×月×日，组织全体党员进行集中学习"三严三实"专题教育总结汇报。（略）

三、强化措施，全力抓好贯彻落实

1.领导带头、贯彻落实。（略）

2.从严要求、贯彻落实。（略）

3.务求实效、贯彻落实。（略）

通过"三严三实"集中教育学习，我中心全体党员干部一致认为：践行"三严三实"要求，十分重要和必要，是党的群众路线教育活动的深入发展，有助于进一步推进党员干部作风建设和推动中心各项工作开展。（略）

下一步，我中心党总支将继续以"三严三实"的精神认真开展群众路线教育实践活动，一边学习，一边查找问题、整改问题，边查边学，边学边改。从整改工作纪律问题着手，形成规范的管理制度、工作制度和学习制度。把"三严三实"的学习成果运用到实际工作中，加强作风建设，提高工作水平，为我院发展作出应有贡献。

××中心

××××年×月×日

点评：这篇专题性总结采用了总结常用的分块式写法；开头部分说明专题教育的情况，并采用"根据……精神，开展……活动。现总结如下"的固定式结构顺利过渡到下文，即总结的具体内容；通过分块陈述总结的情况，对开篇的内容进行了深化和完善，以利于进一步理解这篇总结。

10.5 » 调查报告

调查报告是根据调查研究成果来撰写的反映客观事物的应用文体。它是将深入调查了解到的全部事实进行科学分析与研究，通过分类整理后所写出的反映情况、揭示本质、发现规律并提出建议的书面材料。调查报告在工作中具有重要作用，它可以用来交流工作经验、开发深层信息，可以为领导者提供决策依据。

10.5.1 调查报告的特点与类型

1．调查报告的特点

调查报告具有以下特点。

◆ **真实性：**真实性是调查报告首要的、最大的特点，这一特点要求撰写调查报告时必须尊重客观事实，用事实说话。调查报告是调查研究成果的反映，这种反映是用事实说话，客观地、公正地反映先进与落后、成功与失败、经验与教训、成绩与缺点，并用可靠的事例和精确的数字加以证实和说明。

◆ **针对性：**调查报告一般都是针对现实生活中的问题或工作中需要解决的矛盾，有目的地深入实际，调查研究，提出看法和意见，回答人们普遍关心的问题，引起社会的注意和重视，达到解决问题的目的。

◆ **典型性：**指的是撰写调查报告所采用的事实材料要具有代表性、典型性，所揭示的问题要具有普遍性、规律性。

◆ **系统性：**指的是要把被调查的情况完整地、系统地从事物的现象和本质上交代清楚。这样调查材料所得出的结论才具有说服力，才能形成完整的论证过程。

◆ **指导性：**指的是进行调查研究后撰写出的调查报告，目的是将具有普遍意义的经验教训和规律认识进行推广，以指导并开展更加全面的工作。

2．调查报告的类型

根据调查范围的不同，调查报告可分为专题型调查报告和综合型调查报告；根据理论与实际的侧重不同，调查报告又可以分为理论研究型调查报告、实际建议型调查报告和现实情况型调查报告。

（1）按调查范围分类。

◆ **专题型调查报告：**侧重对某个问题、某类问题进行较深入的调查后形成的调查报告。这类调查报告的针对性强，能及时揭示现实生活中的矛盾，反映群众的意见和要求，研究急需解决的、具体的实际问题，并根据调查结果提出处理意见、对策或建议。

◆ **综合型调查报告：**以综合调查众多的对象及其基本情况为内容并作全面系统的分析所形成的调查报告。这类调查报告具有全面、系统、深入的特点，能够使读者从报告中看到事物的相对完整性。

（2）按理论与实际的侧重分类。

◆ **理论研究型调查报告：**以学术研究为目的而撰写的调查报告。这类调查报告的内容多为收集、分类、整理资料并提出问题或者结论，大多发表在学术刊物中或刊载于学术著作中。

◆ **实际建议型调查报告：**以预测、决策、制定政策、处理问题为目的，进行调查并提出相应的建议而形成的调查报告。这类调查报告的针对性强，在调查研究的基础上，重点是提出解决问题的建议和对策。

◆ **现实情况型调查报告：** 以正在发生、发展的现实生活为对象进行调查所形成的调查报告。这类调查报告可以让读者了解和认识某些事物和问题的客观现实情况和发展脉络，并可作为其他认识活动的依据或参考。

10.5.2 调查报告与总结的区别

调查报告与总结都以事实为依据，用材料证明观点，指导工作实践，二者有一些相同之处，但又有着明显的区别，具体体现在以下4个方面。

◆ **目的与范围不同：** 总结的目的是从本单位或个人的角度出发，检查、评价执行计划的情况，总结经验，找出存在的问题，以指导今后的工作；调查报告的目的是针对典型事例或疑难问题进行调查研究，得出结论，并对当前或未来以及被调查对象以外的单位、个人都具有普遍指导作用，用以推动工作。

◆ **内容不同：** 总结是对前一阶段工作的回顾、评价，内容仅限于反映本单位或者个人在贯彻执行党的方针政策、任务等方面的经验教训；调查报告的内容十分广泛，可以调查历史与现状，可以总结经验，也可以调查新事物的成长，还可以揭露问题。

◆ **人称不同：** 总结是以本单位或个人的身份回顾自身的实践活动，用第一人称撰写；调查报告则以局外人的身份，站在客观立场上调查并用第三人称撰写他人的实践活动。

◆ **侧重点不同：** 总结要求把握工作过程中矛盾的发生、发展，重点在于阐明经验、措施和方法；调查报告则在介绍和分析新事物发展时，着重阐述其意义、性质、作用。

10.5.3 调查报告的写作注意事项

写作调查报告时，应注意以下4点要求。

（1）深入调查，掌握材料。深入调查，全面且详尽地掌握第一手材料是撰写调查报告的前提。因此，首先必须学习与调查内容有关的党和国家的路线方针政策，领会其精神实质，然后拟定调查提纲，确定调查的目的、对象和要点，安排调查的方法、时间、进度，然后才能深入实地、扎扎实实地做调查，通过调查充分掌握第一手材料，为写调查报告做好充分准备。

（2）研究材料，提炼观点。研究是形成调查报告的关键环节，将调查得到的事实材料，进行去粗取精、去伪存真、由此及彼、由表及里的加工制作，分清主流与支流、本质与现象，辨明真与假、虚与实，找出事物内部的联系和规律，才能真正提炼出明确的理论观点。

（3）合理布局，有叙有议。首先应根据调查报告的类别确定采取何种结构形式，然后根据调查报告的内容选择表现手法，是先议论后叙述，还是先叙述后议论，或者夹叙夹议。调查报告要用事实说话，要准确地叙述客观事实，把事情的发生、发展和变化过程交代清楚，但叙事仅是手段，不是目的，目的是通过叙述事实，引出理性认识，得出正确的结论。议论则在叙述事实的基础上进行，要叙议结合、相辅相成。

（4）实事求是，讲究方法。写作者在对调查所得的全部材料的分析中总结出能揭示事物规律的结论，无论是成绩或者问题、经验或者教训，还是对策或者建议，都是实事求是的结果，绝不能先入为主。这就需要在对观点与材料的表述上下功夫，做到观点鲜明、准确，要用事实说话，观点统率材料，材料证明观点。如运用一组材料来说明观点，运用对比方法来说明观点，运用统计数字来说明观点等。

10.5.4 调查报告的写作格式

调查报告没有固定的格式，应根据不同的写作目的和不同的材料，采用合理的结构来写作。但总体来看，调查报告的结构一般应包括标题、正文和落款3个部分。

1．标题

调查报告的标题一般有以下3种写法。

◆ **说明式：** 直接点明调查的地点、对象、内容等，如"××区私营企业的考察报告"等。

◆ **提问式：** 用问句作为标题，如"怎样办好种植培训班？"

◆ **正副标题式：** 正标题揭示调查报告的内容或意义，副标题标明调查的对象、事项等，如"搞好理论教育的关键是抓好'龙头'——××省干部理论教育调查报告"等。

2．正文

调查报告的正文可以包含前言、主体、结尾3个部分。

◆ **前言：** 也叫调查报告的引语、导语。前言的写作要求开门见山、言简意赅、统领全文。

◆ **主体：** 这是调查报告的核心，是对导语提出的问题加以分析和解决；或对导语中概括的新发现、新经验进行具体的展开和说明。对内容丰富、情况复杂的调查报告，需要精心安排文章的结构、层次，有序地表现主题。

◆ **结尾：** 调查报告的结束语要写得简短、有力、自然。或"画龙点睛"，深化主题；或预示未来，做出展望；或提出问题，启发思考；或指明方向，提出建议。如果在主体部分已经有所叙述，则可省略结束语。

扩展阅读 **调查报告前言与主体的常用写法**

调查报告的前言一般可以采用简介情况、点明主题、说明意图、提出疑问等方式来写作；主体则可根据实际情况选择纵式结构、横式结构或综合式结构来写作。如社会情况的调查报告一般可以采用"情况—成果—问题—建议"的结构进行写作。可扫描右侧二维码进一步了解相关知识。

扫一扫

调查报告前言与主体
的常用写法

3．落款

调查报告的落款包括署名和成文日期两个要素。一般情况下，调查报告要署单位名称或个人姓名，均可置于正文之后的右下方，也可以署于标题下；成文日期则写在署名的下方。

10.5.5 调查报告的范例

【专题型调查报告】

专题型调查报告是针对某一方的局部性问题、特殊的事件、个别事情所做的调查报告。这是使用频率最高的一种调查报告，既可以用于推广典型经验，表彰先进人物，又可用于揭露矛盾，反映弊端。其形式灵活，使用方便，易于及时反映调研情况。

关于城区社会管理情况的调查报告

近年来，随着我县经济和社会的发展，作为全县政治、经济、文化中心的××城区面积倍扩、人口激增，建设进程不断加快。如何加强城区社会管理，促进建管并举、良性发展，已成为社会各界关注的重要课题。最近，县政协法制群团委员会组织有关方面，对××城区社会管理情况进行了调查。

一、××城区社会管理的现状

××城区通过近年的旧城改造和新区开发，面积由原来的××平方千米扩展到××平方千米，人口由××万增加到××万，水、电、汽、路和通信等基础设施建成规模，居民生活环境得到改善。短短几年，城市人口数量大增，发展速度惊人。但另一方面，城区社会管理明显滞后于城市建设进程，基本处于缺乏活力，不适应发展的状态。

目前实施××城区管理的一是××镇政府，从职责上承担城区的各项社会管理事务；二是有关职能部门如城建、交通、工商、城管等也参与相应事务的具体管理，形成条块分割的格局。一方面现城区交通秩序较混乱，市场管理较差，卫生死角难除，治安防范不力，文化生活单调，市民素质不高，社区建设缺位等问题仍然存在；另一方面一些新兴的社会服务如物业管理、家政服务等又极不规范，质量低下。社区管理的近期目标、长远规划更是一片"空白"，总体现状堪忧，必须认真研究解决。

二、存在问题

从我们调查的情况分析，当前××城区社会管理存在的主要问题有以下几方面。

1．认识不到位。（略）

2．管理体制不顺。（略）

3．基层组织薄弱。（略）

三、几点建议

针对上述问题，提出如下建议。

1．提高认识，加强对城区社会管理工作的领导。（略）

2．理顺管理体制，明确职责，强化××镇政府对城区社会管理的主体地位。（略）

3．加强居委会建设、夯实城区社会管理基础。（略）

××县政府调查报告小组

××××年×月×日

点评：这是一篇针对城区社会管理的专题调查报告。首先说明了调查报告的原因和目的，然后对现状、调查存在的问题，以及针对问题提出的建议进行了详细陈述。这种写作结构非常标准且典型，循序渐进地将整个调查报告及其前后相关的事情进行了介绍，值得学习和借鉴。

【 综合型调查报告 】

综合型调查报告又称全局性调查报告，一般围绕一个重要的社会问题或工作问题，进行多方面的、广泛的调查，以求揭示某种普遍的社会现象或某项全局性工作的内在规律，为妥善地解决这些具有全局性意义的问题打好基础。

人口调查报告

人口问题已经是一个世界性的问题，它影响着一个国家经济的发展、社会的稳定、环境的保护等很多方面，尤其是在发展中国家，人口问题更是一个值得关注的问题。借此第××次人口普查结束之际，我们对国家公布的数据进行了简单的分析，现在报告如下。

一、人口普查结果特点

第××次人口普结果：全国总人口为××人。

1．城镇化进程加快（略）

2．受教育程度增加（略）

3．流动人口增加，我国经济活力不断增强（略）

二、面临的问题

1．我国人口处于低生育水平（略）

2．性别比例仍是男多女少（略）

3．老龄化进程在加快（略）

三、建议

此次人口普查结果暴露了我国人口中的一些问题，对此有以下几点建议。

1．基本国策的适当调整（略）

2．努力提高人口受教育程度（略）

3．大力宣传男女平等（略）

四、总结

第××次人口普查公布的数据让我们看到了我国人口的特点以及面临的挑战，这些数据将帮助我们更好地判断我国人口未来的发展趋势，以此来制定出适应当下、兼顾长远的政策，未雨绸缪地对我国的各项发展政策加以完善，能使我们通过现象，研究本质，把人口问题变成人口资源，为我国经济社会的发展作出贡献。

全国人口普查小组　×××

××××年×月×日

10.6 » 实施方案

实施方案是指对某项工作，从目标要求、工作内容、方式方法及工作步骤等角度做出全面、具体而又明确的安排的计划类文书。

10.6.1 实施方案的特点

实施方案具有以下特点。

- **广泛性：** 实施方案的适用范围很广，其使用主体既可以是各级党政机关，也可以是企事业单位和各种社会团体，涉及的内容包括政治、经济、文化等各个方面。
- **具体性：** 实施方案要对某项工作的内容、目标要求、实施的方法步骤、领导保证、督促检查等各个环节都要做出具体明确的安排，否则无法达到有效实施的目的。
- **规定性：** 实施方案有很强的规定性，它首先要根据上级的有关文件及精神，以及所要实施的工作的目的、要求，工作的内容及单位的实际情况来制定，一旦制定完成，制定机关及相关部门单位就要按照实施方案认真组织实施。

10.6.2 实施方案的写作格式

实施方案通常由标题、主送机关、正文、落款4个部分构成。

1．标题

实施方案的标题通常有3种形式，具体如下。

（1）"实施的内容＋文种"形式，如"奶牛良种补贴项目实施方案"。

（2）"发文机关＋实施的内容＋文种"形式，如"××大学教师职务岗位考核实施方案"。

（3）"发文时间＋制文机关＋实施的内容＋文种"形式，如"××××年××地区科技进步工作目标考核实施方案"。

2．主送机关

实施方案一般用于下发给发文机关所属的部门、单位及各科室，要求其遵照执行，此时一般会有主送机关。此要素可以放在正文之前，也可放在文件尾部的主送栏、抄送栏。如果是发给上级机关的实施方案，则一般是放在抄送或抄报的位置，以便于审批或备案。

3．正文

实施方案的正文分为前言、主体、结尾3个部分。

- **前言：** 简明扼要地写明制发实施方案的目的和依据，一般先写制发的目的，常以"为""为了"开头，然后说明制发的依据，并以"根据……结合我单位的实际，制定本实施方案"来结束前言的编写。
- **主体：** 主体部分是实施方案的主要内容，应当简要阐述实施某项工作的重要性和必要性，阐明实施某项工作的指导思想、目标要求及指导原则，说明实施某项工作的安排、步骤、方式方法等，然后说明关于工作的组织领导及资金保证等其他情况。

✍ **写作技巧**

实施方案的主体应写得具体明确，具有很强的可操作性，如实施某项工作分为哪几个步骤、每个步骤安排在什么时间、时间安排的长短以及每个步骤由哪些部门、哪些人员负责落实等都要做好具体明确的安排。

- **结尾：** 结尾部分通常是对贯彻实施方案提出明确的要求，要求受文机关认真贯彻执行，同样应写得简明扼要。

4．落款

实施方案的落款包含署名和成文日期，在正文右下角分别写上发文机关的名称和发文日期。如果标题中已写明发文机关，这里可以省略不写。

10.6.3 实施方案的范例

××省"互联网+"行动实施方案

各省辖市、省直管县（市）人民政府，省人民政府各部门：

为贯彻落实《国务院关于积极推进"互联网+"行动的指导意见》（国发〔2015〕40号），抓住新一轮科技革命和产业变革机遇，推动互联网与各行业融合发展，加快形成经济增长新动力，促进社会进步，结合我省实际，特制定本实施方案。

一、重大意义

"互联网+"是把互联网的创新成果与经济社会各领域深度融合，推动技术进步、效率提升和组织变革，提升实体经济的创新力和生产力，形成更广泛的以互联网为基础设施和创新要素的经济社会发展新形态。随着互联网新技术、新业态、新模式的不断涌现，互联网应用呈现出横向延伸、纵向深入、跨界融合发展的态势，对经济社会发展产生着战略性和全局性的影响。加快推进"互联网+"发展，有利于稳增长、保态势，有利于促进大众创业、万众创新，有利于改造提升传统产业、培育新兴业态，有利于保障改善民生、提升公共服务和社会治理水平。对主动适应和引领经济发展新常态，形成经济发展新动能，推动经济提质增效升级，提升社会服务水平具有重要意义。（略）

二、行动要求

（一）基本思路。（略）

（二）主要原则。（略）

（三）行动目标。（略）

三、行动任务和重点专项（略）

四、基础支撑和制度保障（略）

五、组织实施（略）

××省人民政府

××××年×月×日

扩展阅读 **工作要点**

工作要点是党政机关的某一部门或单位在某一个阶段制订自己从事脑力劳动或体力劳动的行动计划时，常使用的一种应用文样式。它是针对未来一个时期工作的简明扼要的安排，多用于领导机关对下属单位布置工作和交代任务。可扫描右侧二维码详细了解。

扫一扫

工作要点

参考文献

[1] 张保忠，陈玉洁. 党政公文格式与常用范本大全[M]. 北京：中华工商联合出版社，2014.

[2] 岳海翔. 党政机关公文标准与格式应用指南 解读 案例 模板[M]. 北京：人民邮电出版社，2019.

[3] 张保忠. 中国党政公文写作要领与范例[M]. 北京：经济科学出版社，2013.

[4] 胡森林，马振凯. 公文高手的自我修养：大手笔是怎样炼成的[M]. 哈尔滨：北方文艺出版社，2017.

[5] 刘俊. 实用公文写作一本通[M]. 北京：经济科学出版社，2012.

[6] 付家柏. 财经应用文写作[M]. 北京：清华大学出版社，2014.

[7] 甘佩钦. 财经应用文写作教程[M]. 北京：人民邮电出版社，2014.

参考文献

[1] 张保忠，陈玉洁. 党政公文格式与常用范本大全[M]. 北京：中华工商联合出版社，2014.

[2] 岳海翔. 党政机关公文标准与格式应用指南 解读 案例 模板[M]. 北京：人民邮电出版社，2019.

[3] 张保忠. 中国党政公文写作要领与范例[M]. 北京：经济科学出版社，2013.

[4] 胡森林，马振凯. 公文高手的自我修养：大手笔是怎样炼成的[M]. 哈尔滨：北方文艺出版社，2017.

[5] 刘俊. 实用公文写作一本通[M]. 北京：经济科学出版社，2012.

[6] 付家柏. 财经应用文写作[M]. 北京：清华大学出版社，2014.

[7] 甘佩钦. 财经应用文写作教程[M]. 北京：人民邮电出版社，2014.